A ASSOCIAÇÃO SINDICAL NO
SISTEMA DAS LIBERDADES PÚBLICAS

ZORAIDE AMARAL DE SOUZA

Professora Titular de Direito do Trabalho e Direito Processual do Trabalho do Curso de Mestrado em Direito da Faculdade de Direito de Campos e Professora de Direito Processual do Trabalho da Universidade; Doutora e Livre-Docente pela Universidade Gama Filho e Membro da Academia Nacional de Direito do Trabalho.

A ASSOCIAÇÃO SINDICAL NO SISTEMA DAS LIBERDADES PÚBLICAS

2ª edição

Editora LTr
SÃO PAULO

Dados Internacionais de Catalogação na Publicação (CIP)
(Câmara Brasileira do Livro, SP, Brasil)

Souza, Zoraide Amaral de

A Associação Sindical no Sistema das Liberdades Públicas / Zoraide Amaral de Souza. — São Paulo : LTr, 2008.

Bibliografia

ISBN 978-85-361-1241-1

1. Sindicatos — Brasil 2. Liberdade de associação — Brasil 3. Sindicatos — Leis e legislação — Brasil I. Título.

08-06826   CDU-34:331.8

Índice para catálogo sistemático:

1. Associação Sindical : Sistema das liberdades públicas : Direito   34:331.8

© Todos os direitos reservados

EDITORA LTDA.

Rua Apa, 165 — CEP 01201-904 — Fone (11) 3826-2788 — Fax (11) 3826-9180

São Paulo, SP — Brasil — www.ltr.com.br

LTr 3714.6   Novembro, 2008

*Dedico esta obra às minhas filhas e aos meus netos,
que representam todo o meu viver.*

Ao trazer a lume a obra intitulada
A Associação Sindical no Sistema das Liberdades Públicas,
*agradeço a todos os amigos que prestaram a sua valiosa colaboração,
sem os quais não teria conseguido chegar ao meu desiderato.*

SUMÁRIO

Prefácio — *Leonardo Greco* 13

Introdução 15

I. Os Regimes de Trabalho e a Liberdade 17
    1.1. Trabalho – Etimologia 17
    1.2. Definição de trabalho 18
    1.3. Breve escorço histórico do trabalho 20
        1.3.1. O trabalho em Roma 20
        1.3.2. O trabalho na Idade Média 22
        1.3.3. O trabalho na Idade Moderna 22
        1.3.4. O trabalho na Idade Contemporânea 23
    1.4. Os regimes de trabalho e sua correlação com a liberdade 24
        1.4.1. O trabalho no regime econômico da família patriarcal 24
        1.4.2. A escravidão e o absoluto comprometimento da liberdade 25
        1.4.3. A servidão e a submissão dos servos à gleba 27
        1.4.4. As corporações de artes e ofícios e as restrições à liberdade de trabalho 30
    1.5. O regime do salariado e a relatividade da liberdade 32

II. A Liberdade Abstrata 34
    2.1. Liberdade – Etimologia 34
    2.2. Conceito de liberdade 34
    2.3. Natureza do direito à liberdade 44

III. Garantias Constitucionais das Liberdades 50
    3.1. A Constituição do Império 50
    3.2. A Constituição Republicana de 1891 51
    3.3. A Carta Magna de 1934 52
    3.4. A Carta Outorgada de 1937 53
    3.5. A Constituição Social Democrática de 1946 54
    3.6. O retorno à exceção com a Carta de 1967 56
    3.7. Os avanços da Constituição de 5 de outubro de 1988 57

IV. As Liberdades em Espécie, segundo o Ordenamento Jurídico Constitucional Vigente 61
4.1. Liberdade de locomoção 61
4.2. Liberdade de pensamento e de expressão 63
 4.2.1. Liberdade de opinião 64
 4.2.2. Liberdade de consciência e de crença 64
 4.2.3. Liberdade de comunicação 65
4.3. Liberdade de reunião 66
4.4. Liberdade de associação 67

V. Sindicato 70
5.1. Conceito 70
5.2. Natureza jurídica 74
5.3. Associações profissionais ou de classe e os sindicatos 77
5.4. Registro sindical 79
5.5. O sindicato em juízo 88

VI. Direitos Individuais e Sociais e os Sindicatos 99
6.1. Direitos individuais 100
6.2. Direitos sociais 106
6.3. Correlação entre a liberdade sindical e as liberdades públicas 108
6.4. Liberdade sindical e liberdade individual 112
6.5. Liberdade sindical e liberdade de reunião 118
6.6. Liberdade sindical e liberdade de opinião e de expressão 120

VII. Garantias Específicas da Liberdade Sindical 122
7.1. Liberdade de formação de sindicatos 122
 7.1.1. Criação de entidade sindical 123
 7.1.2. Unidade ou pluralidade sindical 124
  7.1.2.1. A Convenção n. 87, de 1948, da OIT 131
  7.1.2.2. A liberdade sindical e o advento da Constituição Federal de 1988 134
 7.1.3. Formalidades legais e aprovação dos estatutos 139
7.2. Liberdade de filiação e desfiliação sindical 141
7.3. Liberdade de escolha dos dirigentes sindicais 144
7.4. Livre administração das organizações sindicais 147
 7.4.1. Contribuição sindical 149

7.5. Proibição de intervenção, suspensão e dissolução das entidades sindicais, salvo por ordem judicial 155

7.6. Liberdade de filiação a entidades sindicais de grau superior e às organizações internacionais de empregadores e de trabalhadores 157

7.7. Das centrais sindicais 160

       7.7.1. A Lei n. 11.648, de 31.3.2008 167

7.8. Proteção contra a discriminação anti-social. Garantia dos dirigentes sindicais 171

7.9. Proteção contra a ingerência de outras categorias 174

7.10. Prerrogativas dos sindicatos 175

7.11. Exercício pelos sindicatos de atividades econômicas e de funções delegadas do Poder Público 177

VIII. Conclusões 179

IX. Bibliografia 185

PREFÁCIO

Honrou-me a Professora *Zoraide Amaral de Souza* com o convite para que prefaciasse esta 2ª edição do seu livro *A Associação Sindical no Sistema das Liberdades Públicas*.

Nesta nossa longa convivência acadêmica e profissional há mais de vinte e cinco anos, não posso deixar de recordar o momento em que este livro foi escrito, como tese para um concurso acadêmico a que se submeteu a Autora na Universidade Gama Filho, ainda nos primeiros anos da vigência da Constituição de 1988, que havia exaltado a liberdade sindical, desatrelando as respectivas entidades do controle estatal, mas mantendo a unidade sindical e a contribuição sindical compulsória.

Esse paradoxo desencadeou, num primeiro momento, uma proliferação de novas entidades sindicais, mesmo ao arrepio da unidade sindical, o que só veio a cessar com a decisão do Superior Tribunal de Justiça, confirmada pelo Supremo Tribunal Federal, em mandado de segurança que impetrei como advogado da Confederação Nacional da Indústria, para restabelecer a continuidade do registro único das entidades sindicais no Ministério do Trabalho.

Esses primeiros anos pós-88 foram de muitas incertezas quanto à sobrevivência ou não de toda a disciplina legal da organização sindical da CLT, tendo até muitas edições da legislação trabalhista simplesmente eliminado esse capítulo, assim como deixado de reproduzir o quadro anexo ao art. 477, relativo ao chamado enquadramento sindical.

O livro de *Zoraide* veio no momento certo, pois, com muito equilíbrio, conseguiu separar o joio do trigo e definir com bastante rigor o que era incompatível com a nova dimensão da liberdade sindical e, portanto, revogado pela Constituição de 1988, e o que era necessário preservar para que não se frustrassem os comandos constitucionais que mantiveram a unidade sindical e a contribuição sindical legal. Além disso, liberdade de associação não é soberania, devendo subsistir um regramento mínimo que legitime todas as prerrogativas que a própria Carta Magna confere ao sistema sindical.

Os anos se passaram. Os ventos liberais globalizantes que varreram o mundo e especialmente o Brasil, assim como a importância crescente das centrais sindicais, prenunciavam que não tardaríamos a ter uma nova legislação sindical, possivelmente com a reforma da própria Constituição nessa matéria, a extinção da contribuição compulsória e a adoção da pluralidade sindical.

A chegada da esquerda assumida ao poder, com a eleição do Presidente Lula, reforçava essa previsão, que, surpreendentemente, não se concretizou até agora. A estabilidade econômica, a crescente necessidade de redução de custos para assegurar a competitividade das empresas num mercado globalizado, a assunção de funções e de compromissos de governo por muitos antigos líderes sindicais, com a conseqüente perda do poder de pressão dos sindicatos e das centrais sindicais, colocaram a reforma sindical em compasso de espera... e por quanto tempo não se sabe!

Enquanto isso, os que estudam as relações sindicais e lidam com o Direito Sindical, querendo ou não, vão tendo de conviver com o mesmo arcabouço normativo anterior a 88, em que a obra da Autora navega com bastante segurança.

Daí a oportunidade desta 2ª edição, pela qual parabenizo a amiga *Zoraide* e também os seus leitores.

Leonardo Greco

INTRODUÇÃO

A Carta Magna de 1988 abriu novas perspectivas para as associações sindicais em todo o País, haja vista o fato de a chamada Constituição Cidadã ter como parâmetro maior assegurar o exercício pleno das liberdades democráticas, após o malfadado período de trevas em que ficamos imersos desde 1964.

Foi neste sentido que se viu reintegrada em 1988 a liberdade de associação que fora determinada desde o alvorecer da República, por meio da Constituição de 1891.

É para contribuir com o esclarecimento desses princípios de liberdade que escrevemos este livro. Desejamos construir com o leitor uma reflexão bem fundamentada sobre as associações sindicais numa perspectiva democrática, em que elas se mostrem cada vez mais legitimadas como representantes dos trabalhadores brasileiros.

E, se o sindicato tem a missão de representar e defender a categoria profissional como um todo, até que ponto o exercício desse papel vem sendo convenientemente assimilado e praticado pelas instituições brasileiras? Por outro lado, de que maneira os sindicatos têm-se comportado na defesa dos interesses trabalhistas, sem cair na armadilha de ser massa de manobra para os interesses individuais de apenas alguns dirigentes ou facções políticas?

É comum verificar-se, no cenário institucional, políticos que se firmaram como líderes sindicais e se apropriaram dessa liderança para utilização como trampolim para outras finalidades muitas vezes diametralmente opostas à defesa dos interesses coletivos.

Outro aspecto também a ser discutido a partir de nossa abordagem é o divórcio entre a entidade sindical e a tutela do Estado. Após a Constituição de 1988, tentou-se oferecer uma maior liberdade às entidades sindicais, à medida que ficassem livres do controle do Ministério do Trabalho, com o advento da autogestão. Porém, a adoção do sistema de sindicato único, previsto na Consolidação das Leis do Trabalho (CLT) e endossado pela Carta Magna de 1988, impediu a possibilidade de haver, na base territorial, mais de uma entidade sindical por categoria. Não se sabe ao certo qual foi a motivação do legislador, mas esse dispositivo deu condições de haver uma limitação à liberdade de organização sindical, ao deixar sem opção os trabalhadores que não se alinhem à linha de ação da entidade monopolista da região em que estiverem atuando.

Como nosso estudo pretende discutir as interfaces oferecidas pelo Direito do Trabalho, inclusive em nível internacional, procuramos levar em consideração a posição da Organização Internacional do Trabalho (OIT) que, por delinear uma visão mais global sobre o assunto, traz uma maior iluminação sobre o significado de determinadas garantias da liberdade das entidades, especialmente no que tange à formação, à unidade ou à pluralidade sindical e aos aspectos inerentes à gestão, tais como a escolha dos dirigentes e a arrecadação de recursos econômicos.

Sobre esse último aspecto, recentemente se discutiu no Congresso brasileiro a delicada questão da dissolução do imposto sindical, devendo as entidades passarem a se manter exclusivamente por meio da contribuição dos associados. A medida gera debates acirrados até mesmo por conta da diversificação de procedimentos reinante nos países estrangeiros onde já houve maior avanço nos direitos trabalhistas.

Por sua alta significação e o reconhecimento de sua importância, não poderíamos deixar de enfocar a presença das Centrais Sindicais no cenário trabalhista brasileiro. Apesar de não haver clareza na legislação para melhor definir sua natureza jurídica, as Centrais Sindicais têm atuação amplamente justificada, à medida que congregam associações e entidades diversas, ganhando assim mais força e consistência na discussão dos pleitos trabalhistas em nível nacional, principalmente, com a edição da recente Lei n. 11.648, de 31 de março de 2008.

Conforme se constata, o exercício da liberdade sindical do País ocorre mediante uma extensa gama de possibilidades. Cabe à observância da normalidade jurídica uma substancial fatia de responsabilidade para a preservação dessa liberdade, a favor dos interesses coletivos das diversas categorias trabalhistas e no sentido de se obter um necessário equilíbrio entre os interesses do capital e do trabalho.

I. OS REGIMES DE TRABALHO E A LIBERDADE

Impossível abordar a liberdade sindical sem que se faça uma prévia análise dos regimes de trabalho, procurando-se estabelecer as indisfarçáveis conotações entre aqueles e a tutela da liberdade, esta, a seu turno, observada como expressão do regime econômico merecedor do *placet* jurídico ditado pelas classes dominantes.

Assim, este estudo inicia-se por uma retrospectiva, se bem que abreviada, dos regimes de trabalho ao longo da história, com ênfase em alguns dos seus mais significativos marcos, limitando-se, contudo, tais observações apenas à colocação de alguns aspectos que se mostram necessários a uma melhor compreensão da liberdade sindical.

1.1. Trabalho — Etimologia

A palavra trabalho deriva do latim *tripallium*, com a qual os romanos designavam o instrumento usado para castigar os escravos.

Por extensão, *tripallium* passou a designar a atividade, o esforço físico executado pelos escravos ou pelos peregrinos, pois o cidadão romano, primitivamente, considerava o trabalho uma atividade incompatível com o *status civitatis*, isso até certa fase do desenvolvimento da cultura romana[1].

Sem coincidência integral, mas sem discrepâncias importantes, o vocábulo *trabalho*, que encontra seu correspondente no francês *travail*, no italiano *travaglio*, deriva, como assinalado, do latim *tripallium*, e a circunstância de ser este um instrumento de castigo dos trabalhadores escravos sugere, por associação de idéias, o sentido de atividade penosa e, ainda, de sujeição a um comando, a uma ordem.

É curioso notar, retornando à questão inicial, que essa visão preconceituosa do trabalho mais se exacerbava em relação às mulheres, independentemente de sua cidadania e de seu *status*.

Salvo raras exceções, encontradas na aristocracia romana, as mulheres não competiam com os homens e aquelas damas da alta sociedade não suscitavam imitadoras nas classes populares[2].

---

(1) PIMENTA, Joaquim.*Enciclopédia de cultura*. Rio de Janeiro: Freitas Bastos, v. II, p. 657 e ss.
(2) CARCOPINO, Jérome. *La vida cotidiana em Roma*. Esp. por Ricardo A. Carminos. Buenos Aires: Hachette, 1942. p. 289.

Outra observação que merece destaque é a de que as mulheres, como registra *Jérome Carcopino*[3], jamais figuraram nas corporações mais favorecidas e estimuladas pelos imperadores, como as dos armadores e capitães de navios, ao tempo de *Claudio*, e a dos panificadores, durante o governo de *Trajano*.

1.2. Definição de trabalho

O trabalho pode ser definido como a atividade consciente e social do homem, visando a transformar o meio em que habita, segundo suas próprias necessidades.

Numerosas definições foram propostas pelos economistas e juristas modernos, variando as palavras em torno de três elementos substanciais que informam a conceituação atual do trabalho: *o biológico, o psicológico e o social*.

Efetivamente, sob o aspecto *biológico* o trabalho é o emprego de esforço movido pelo instinto de conservação do indivíduo. Assim, o indivíduo despende energia para a satisfação de suas necessidades primárias (alimentação, repouso, segurança, defesa).

Tal atividade, sob o ponto de vista estritamente biológico, é comum ao homem e aos animais.

Todavia, a atividade humana no sentido da satisfação de suas necessidades, distingue-se da exercitada pelos animais, pela intervenção de um novo fator que o impulsiona: *o psicológico*.

É que, embora tendo origem naquelas necessidades primárias, isto é, partindo o esforço do instinto de conservação, impulsos psicológicos (desejos) fazem com que aquelas se multipliquem, impelindo o homem ao permanente dispêndio de esforço voluntário para a obtenção de mais riquezas com as quais atenderá às novas necessidades.

A observação do esforço empregado pelos animais demonstra que ele se distingue do trabalho humano, precisamente pela ausência naquele do elemento psicológico, *a voluntariedade,* que neste é uma constante. Na realidade, a ausência do elemento psicológico nos animais faz uma enorme diferença em relação ao trabalho do homem, visto que por meio deste, a voluntariedade do ser humano faz com que desenvolva atividades diversas, crescentes, pois o pensamento o leva a atitudes sem fronteiras, na busca do novo, do melhor, com menos esforço a ser despendido.

As atividades dos animais — algumas até bastante complexas, como as das abelhas e das formigas — são repetitivas. Não se alteram, não evoluem. *O João de Barro* faz hoje a mesma casa de há cem anos e amanhã a repetirá. Nisto, aliás, reside, em essência, a distinção entre o homem e as demais espécies animais: a capacidade de evoluir.

Assim, pode ser vista, perfeitamente, a diferença evolutiva do homem que se sobrepõe a olhos nus à dos animais.

---

(3) *Op. cit.,* p. 291.

A *instrumentalidade*, ou seja, a utilização de instrumentos, é outra característica distintiva entre a atividade animal e o trabalho humano.

O homem, que inicialmente usava seus membros, como instrumentos de trabalho, recorre a outros apetrechos para as tarefas mais difíceis e, progressivamente, foi construindo e aperfeiçoando novos instrumentos.

Por outro lado, o trabalho, embora tenda à satisfação das necessidades do indivíduo, representa relevante papel no grupo social. O desempenho da atividade produtiva do indivíduo apresenta notável reflexo no meio social, sendo inquestionável fator de progresso e forte vínculo que relaciona os integrantes do grupo.

A Constituição Federal de 1946, após proclamar que "a todos é assegurado o trabalho que possibilite existência digna" elevou o trabalho à categoria de obrigação social (art. 145, parágrafo único), pois assim o definiu.

No que tange a Carta Magna de 1988, o seu art. 6º, considera o trabalho como um Direito Social, entre outros, sem observar a definição da Constituição Federal de 1946 que, na realidade, pretendia assegurar a todos o trabalho.

Para *Hernaniz Marques*, o Direito do Trabalho visa, também, aos interesses da produção, não somente as relações entre empregado e empregador.

Em sua obra *Tratado Elemental de Derecho del Trabajo*, define o Direito do Trabalho como o "conjunto de normas jurídicas que regulam, na variedade de seus aspectos, as relações de trabalho, na preparação, seu desenvolvimento, conseqüências e instituições complementares dos elementos pessoais que nelas intervêm".[4]

Na realidade, muitas definições podem ser encontradas a respeito do novel Direito.

Temos a abalizada opinião de *Guillermo Cabanellas* para quem "em sentido muito amplo pode entender-se por trabalho o esforço humano, seja físico, intelectual ou misto, aplicado à produção ou obtenção de riqueza".

Na definição de *Evaristo de Moraes Filho* consiste "no conjunto de princípios e normas que regulam as relações jurídicas oriundas da prestação do serviço subordinado a outros aspectos deste último, como conseqüência da situação econômico-social das pessoas que o exercem".[5]

Arnaldo Süssekind entende que o "Direito do Trabalho não é apenas um conjunto de leis, mas de normas jurídicas, entre as quais os contratos coletivos, e não regula somente as relações entre empregados e empregadores num contrato de trabalho; ele vai desde sua preparação, com a aprendizagem, até as conseqüências complementares, como, por exemplo, a organização profissional por isso entende que a melhor definição é a de *Hernaniz Marques* pois é a que mais se ajusta aos objetivos e campo de ação do Direito do Trabalho no Brasil.[6]

---

(4) MARQUES, Hernaniz. *Tratado elemental de derecho del trabajo*. 3. ed., p. 13.
(5) MORAES FILHO, Evaristo de. *Introdução ao direito do trabalho*. 1971. p. 17.
(6) SÜSSEKIND, Arnaldo. *Instituições de direito do trabalho*. São Paulo: LTr, 2003. v. 1, p. 99/100.

Arion Sayão Romita afirma que "na sociedade industrial — considerado Direito do Trabalho Clássico — tem com objeto a relação de trabalho típica, com origem em um contrato livremente celebrado por sujeitos de direitos postos em pé de igualdade formal".

Para *Romita* a "debilidade econômico-social do trabalho é compensada pela superioridade jurídica emergente de uma rede de proteção legislativa".[7]

Messias Pereira Donato define o Direito do Trabalho como "o conjunto de princípios e normas jurídicas que regem a prestação de trabalho subordinado ou a ele similar, bem como as relações e os riscos que dela se originam".[8]

Na realidade, *Messias Donato* filia-se à corrente objetivista do Direito do Trabalho, que tem como referência a prestação do trabalho subordinado.

Em uma perspectiva jurídico-econômica, definimos trabalho como a obrigação social, imposta a todas as pessoas válidas, consistente em uma atividade que exija esforço físico e mental no sentido de produzir bens, isto é, utilidades aptas a satisfazer nossas necessidades ou de outrem.

Sob o ângulo *social*, o trabalho é a aplicação consciente da energia humana, como veículo ou forma para conseguir, a um só tempo, a satisfação de uma necessidade ou de um interesse individual, mas de utilidade social.

Em seu enfoque jurídico-trabalhista, o trabalho é uma atividade do homem em favor de pessoa física ou jurídica, denominada empregador, mediante paga ou retribuição, sob o comando hierárquico deste, visando à produção de bens ou serviços.

1.3. Breve escorço histórico do trabalho

O conhecimento dos regimes de trabalho ao longo da história contribui, expressivamente, para o exame da liberdade sindical.

Tudo está em que, não obstante as marcantes diferenças jurídicas e econômicas do trabalho ao longo dos tempos, encontra o observador sinais indicativos da existência de organizações que congregavam os trabalhadores, ou, para usar uma expressão mais abrangente, os prestadores de serviços, para alcançar objetivos comuns e defendê-los.

1.3.1. O trabalho em Roma

Por sua importância histórica, pela sua projeção no tempo e no espaço, tomamos o trabalho em Roma como marco inicial deste esboço histórico, no qual procuraremos oferecer uma visão da evolução do trabalho.

---

(7) ROMITA, Arion Sayão. *Direitos fundamentais nas relações de trabalho*. São Paulo: LTr, 2005. p. 389.
(8) DONATO, Messias Pereira. *Curso de direito do trabalho*. 3. ed. São Paulo: Saraiva, 1979. p. 4 e 5.

Roma oferece uma esplêndida amostragem do trabalho na Antigüidade. Pela sua história, verificar-se-á que ali se conheceu desde o trabalho escravo, passando pela corporação, ao salariado.

Jérome Carcopino[9] oferece-nos valiosos subsídios para o conhecimento das condições de trabalho em Roma, ao tratar das ocupações.

A atividade laboral em Roma iniciava-se pela madrugada, em todos os ofícios e profissões. Mesmo aqueles que não trabalhavam, levantavam-se cedo e ficavam desde logo atarefados em face do deveres para com a clientela, pois na *urbs*, isto é, na cidade, não só os libertos dependiam da benevolência dos respectivos patronos. Desde o parasita até o grande senhor, todos se consideravam ligados ao mais poderoso que eles pelas mesmas obrigações e respeito (*obsequium*) que os escravos tributavam ao amo que os havia manumitido.

O *patronus* devia receber em sua casa a seus clientes e ajudá-los até mesmo entregando-lhes víveres ou pequenas somas em dinheiro. Na época de *Trajano*, a prática se difundiu de tal maneira que ficou estabelecida uma espécie de tarifa esportular: "seis sestérsios por cabeça e por dia".

Diariamente, os clientes, após receberem a *sportula* (nome com que se designava a ajuda concedida pelos patronos) em autêntico ritual, empregavam-se nas diversas ocupações.

Embora iniciando suas atividades pela madrugada, como já ficou salientado, encerravam-nas os trabalhadores romanos muito antes do pôr-do-sol e *Carcopino*[10] informa-nos que a duração do trabalho não ultrapassava as nossas atuais oito horas.

Roma conheceu numerosas corporações, cujos membros manufaturavam e ofereciam seus produtos diretamente ao público, como os curtidores (*corarii*) os metalúrgicos em bronze (*ferrarii*), os peleteiros (*␣pelliones*) ou, simplesmente, executavam serviços braçais (*operae*) entre os quais se situavam os trabalhadores em edificações, carpinteiros, cocheiros, etc.

A mulher romana não desempenhava tarefas fora do lar, sendo raríssimos os exemplos em contrário.

O trabalho escravo, largamente utilizado em Roma e justificado pelos jurisconsultos, como um instituto jurídico com suas raízes no *jus gentium*, constituía uma das principais bases da economia romana.

Não obstante a predominância do trabalho escravo, Roma conheceu, também, a prestação de serviços mediante remuneração, como o contrato de locação (*locatio conductio*), de natureza consensual e sinalagmático pelo qual uma pessoa se obrigava a prestar serviços a outra (*operae*) ou a executar uma obra (*opus*).

---

(9) *Op. cit.*, p. 268 e ss.
(10) *Op. cit.*, p. 297.

O prestador de serviços era denominado *locator* e aquele para quem os prestava designava-se *conductor*.

A *locatio operarum* tinha por objeto os serviços de um trabalhador livre e compreendiam aqueles que não exigiam especial qualificação.

As *operae liberales* — registra Ebert Chamoun[11] — como os serviços dos médicos, dos advogados, dos professores, não podiam, em Roma, ser objeto de locação. Assim, eles recebiam pela prestação de seus trabalhos não uma *mercês*, mas donativos que os romanos denominavam *honorária* ou *numera*. Na *locatio conductio*, o locator deveria prestá-los durante o tempo convencionado e o *conductor* deveria pagar a *mercês* que vence por jornada de trabalho, extinguindo-se o contrato com o advento do termo final ou com a morte do *locator*.

Esses trabalhadores, homens livres, é que formavam as corporações a que antes nos referimos, embora também oferecessem diretamente aos consumidores os produtos que manufaturavam.

Em síntese, ou prestavam serviços a outrem mediante a *locatio conductio* ou trabalhavam por conta própria e vendiam seus produtos.

A escravidão também foi conhecida entre os egípcios e os gregos. Na Grécia, por exemplo, encontramos a fabricação de diversos objetos como plantas, ferramentas agrícolas, facas, móveis, elaborados por escravos.

1.3.2. O trabalho na Idade Média

O sistema econômico, social e político denominado *feudalismo* assinala o período histórico que sucedeu à queda do Império Romano do Ocidente e o movimento migratório comumente chamado de *invasão dos bárbaros*.

O *feudalismo*, que era um sistema de vassalagem e suserania, no qual o direito de governar decorria de um direito de propriedade, projetou numerosos reflexos no trabalho, que vieram a constituir-se no regime da servidão, para as classes rurais, de que adiante nos ocuparemos.

Datam daquela era, também, as chamadas corporações de artes e ofícios, por meio das quais o trabalho era agrupado nas cidades.[12]

1.3.3. O trabalho na Idade Moderna

Os grandes descobrimentos, que constituem o marco inicial da Idade Moderna e do ressurgimento do Estado Moderno, com o fortalecimento e o retorno do prestígio do poder central nas mãos dos monarcas, determinaram profundas modificações nos

---
(11) CHAMOUN, Ebert. *Instituições de direito romano*. Rio de Janeiro: Forense, 1951. p. 367.
(12) CABANELLAS, Guillermo. *Op. cit.*, p. 54.

sistemas econômico e social, às quais não escapou o regime de trabalho, destes integrantes.

O enfraquecimento do poder dos barões, progressivamente cedendo lugar ao Estado absoluto, engendrou o desaparecimento dos feudos e, com isto, a extinção do regime da servidão, dando lugar à generalidade do trabalho assalariado.[13]

Pode-se afirmar que nada serve melhor para caracterizar essa fase da história do que a série de descobertas que se iniciaram nos primeiros anos do Século XV.

A chamada Escola de Sagres, criada e dirigida pelo *Infante Dom Henrique*, formou pilotos e cartógrafos, cujos trabalhos e estudos logo produziram êxito.

Assim é que em 1418 *Bartolomeu Perestreto* descobriu a Ilha de Porto Santo. Em 1418 foi descoberta por *Gonçalves Zarco* a Ilha da Madeira, sucedendo-se, daí, uma série de descobrimentos que culminaram com os de *Vasco da Gama, Cristóvão Colombo, Fernão de Magalhães* e *Pedro Álvares Cabral*.[14]

Adiante veremos os regimes de trabalho predominantes nessa fase, que vai, segundo os historiadores, até a Revolução Francesa, marco do início da Idade Contemporânea.

1.3.4. O trabalho na Idade Contemporânea

A Revolução Francesa, acontecimento histórico que se tornou responsável pelas maiores transformações político-sociais de que se tem notícia, foi o ponto inicial de uma nova era, a Idade Contemporânea.

Mais do que movimento político, a Revolução de 1789 representou o desencadeamento de verdadeira revolução de idéias abrangendo todos os setores de atividades intelectuais, especialmente filosóficas, jurídicas e socioeconômicas.

Os historiadores franceses e quantos lhes seguiam a inspiração, que são quase todos os publicistas da democracia, escrevem que a Revolução Francesa foi provocada por motivos tão justos quanto a corrupção e os abusos da realeza, que dispunha discricionariamente da liberdade, propriedade e vida dos seus súditos, encarcerados muitas vezes sem saberem porque, em virtude das famosas *lettres de cachet*; os privilégios e a arrogância dos nobres e do alto clero isentos de obrigações e vivendo na ociosidade e no luxo, e a miséria do povo, sem direitos e sobrecarregado de deveres, entre os quais o odioso imposto pessoal denominado *à corvée*, representado por dias de trabalho em benefício do senhor, que continuava feudal. Tais motivos foram postos em realce pela filosofia social e pela literatura política, que foram responsáveis por esse movimento pejado de importantes conseqüências históricas.[15]

---

(13) CABANELLAS, Guillermo. *Op. cit.*, p. 56.
(14) LIMA, Oliveira. *História da civilização*. 13. ed. São Paulo: Melhoramentos, 1963. p. 225.
(15) *Ibidem*, p. 313.

O trabalho assalariado, sujeito à influência do pensamento filosófico consagrado pela Revolução Francesa, e impregnado das concepções econômicas que deram lugar à chamada Revolução Industrial, que antes de ser uma revolução propriamente dita, no sentido de brusca transformação, foi uma evolução lenta e gradual de fatos econômicos, passou a ser cientificamente considerado como um dos fatores de produção, não tardando o momento em que veio a ser assim, tomado, sobretudo, pelo seu aspecto social, o que se infere da atenção que o Estado passou a dispensar à atividade laborativa, fazendo surgir numerosas normas para a sua proteção, as quais, aliás, deram lugar ao aparecimento do novo ramo do Direito, o novel Direito do Trabalho.[16]

Regras especiais, tutelares do trabalho, de natureza imperativa, de ordem pública, passaram a disciplinar a prestação do serviço assalariado.

Paralelamente, novos métodos de trabalho, objetivando a sua racionalização, com o melhor aproveitamento da energia humana e melhor aplicação da maquinaria assinalam as características do trabalho na atualidade.

1.4. Os regimes de trabalho e sua correlação com a liberdade

Como já ficou apontado no escorço histórico, o trabalho, ainda que por vezes de forma implícita, guarda certa correlação com os sistemas políticos e formas de governo e, em consequência, com as liberdades.

A seguir, no estudo que faremos sobre os regimes de trabalho e os regimes econômicos, mais se realçará o nexo entre estes, a liberdade e os sistemas políticos.

1.4.1. O trabalho no regime econômico da família patriarcal

Nos grupos sociais mais primitivos, o homem empregava toda a sua atividade laborativa na obtenção de alimentos, com o que garantia a sua sobrevivência imediata, como já afirmamos.[17]

Com a fixação do grupo social ao solo, decorrente da atividade agrícola e da criação de animais, atividades estas responsáveis pelo abandono do nomadismo, inicia-se o processo de divisão do trabalho.

Joaquim Pimenta informa também que o trabalho, quando ainda rudimentar na sua técnica, se faz com a cooperação dos dois sexos, já se pronunciando a sua divisão, entretanto, pelo grau de capacidade e resistência de cada um: a caça, a pesca e as tarefas que oferecem perigo ou exigem esforço muscular cabem, ordinariamente, aos homens.

A primeira divisão social do trabalho foi, pois, entre os sexos.

---

(16) CABANELLAS, Guillermo. *Op. cit.*, p. 131/132.
(17) PIMENTA, Joaquim. *Enciclopédia de cultura* (verbete Trabalho). 2. ed. Rio de Janeiro: Freitas Bastos, 1963. v. II.

Ao trabalho por cooperação, entre os dois sexos, sucedeu o trabalho de cooperação social, no clã, na gens, nas famílias patriarcais, com a reunião dos esforços de parentes e escravos, sob a direção do chefe do clã e senhor, para a obtenção dos meios de subsistência.

Nesse estágio de desenvolvimento do grupo social, o trabalho ainda não apresenta características psicossociais, quase que se limitando a uma atividade biológica.

Corolário lógico dessa fase primitiva do trabalho é a inexistência de retribuição de qualquer espécie pelo labor desenvolvido.

Muito menos se poderá pensar na existência, então, de qualquer tipo de organização corporativa, classista ou de qualquer outra natureza.

1.4.2. A escravidão e o absoluto comprometimento da liberdade

O trabalho escravo é quase tão antigo quanto o aparecimento dos primitivos povos.

A escravidão originou-se do aprisionamento dos guerreiros e até mesmo dos povos vencidos pelos vencedores que, podendo dispor da vida do derrotado, poupavam-na para colocá-lo a seu serviço.

Todos os povos da Idade Antiga praticaram a escravidão, e o trabalho escravo constituía, como já fizemos referência ao tratar do trabalho em Roma, importante fator na economia daqueles povos.

Normas disciplinavam, então, a posição jurídica do escravo, não lhe atribuindo personalidade, isto é, a situação de sujeito de direito, mas sim, a de objeto de direito, a exemplo do que ocorria com as coisas em geral.

Graças ao seu baixíssimo custo, o trabalho escravo resistiu ao curso dos séculos, às transformações políticas e sociais, e sua extinção, relativamente há pouco tempo, se operou definitivamente após a consagração dos ideais de liberdade e de respeito à dignidade humana proclamados pela Revolução Francesa.

Ainda que examinado sob o aspecto puramente econômico, o trabalho escravo encontra, em contraposição ao seu baixo custo, numerosas desvantagens que, por si mesmas, abstraído o aspecto ético que envolve o seu emprego, não resistiria à moderna concepção de produtividade resultante da utilização da maquinaria e da racionalização do trabalho.

Não nos parece necessário um exame detalhado das diversas espécies de escravatura ao longo da história, por isso que elas não guardam entre si diferenças notáveis, sendo uma constante a sua origem nas vitórias militares.

Assim, abordaremos, tão-somente, e de forma bastante abreviada, o trabalho em Roma, dada sua magnitude na antigüidade.

A escravidão em Roma tinha como origem o próprio nascimento, ou causas supervenientes.

Assim, nascia escravo o filho de mãe escrava que não tivesse sido livre desde a concepção até o parto.[18]

Entre as causas supervenientes, assumia especial importância a captura durante a guerra ou mesmo na paz, se feita por povo não vinculado a Roma.

Ao lado do aprisionamento — que representava a parte substancial dos escravos, em face das conhecidas conquistas feitas pelas legiões romanas, encontravam-se outras causas de escravidão, desde a venda do devedor pelo credor feita fora da *urbs*, isto é *trans Tiberim*, ou do ladrão apanhado em flagrante pelo lesado, ou até de romanos desertores que, então, eram feitos escravos pelo Estado.[19]

O número relativo de escravos em Roma é surpreendente e dá-nos bem uma idéia da grande importância que representava aquela força de trabalho na economia romana, pois chegou a representar cerca de um terço da população.

Afirma-se que, tomando-se como base uma população de 1.200.000 almas na Roma de Trajano, não menos de 400.000 eram escravos.[20]

É curioso notar que apesar da condição humana do escravo, máxime na antigüidade ocidental, em que não tinha *status* de homem, mas de coisa ou de semovente, submetido à propriedade plena de seu dono, então era a escravatura considerada uma situação vergonhosa para os povos, não faltando, porém, vozes respeitáveis que a defendessem, como o fez v. g. *Aristóteles*[21] em *A Política*:

"Pretendem alguns que existe uma ciência do amo, a qual é idêntica à economia doméstica e à autoridade real ou política, como já dissemos no começo; outros sustentam que o poder do senhor sobre o escravo é contra a natureza. Só a lei — dizem — impõe a diferença entre o homem livre e o escravo; a natureza a nenhum deles distingue. Tal diferença é injusta, e só a violência a produz. Ora, servindo os nossos bens para a manutenção da família, a arte de adquiri-los também faz parte da economia: porque, sem os objetos de primeira necessidade, os homens não saberiam viver, e, o que é mais, viver felizes.

Se todas as artes precisam de instrumentos próprios para o seu trabalho, a ciência da economia doméstica também deve ter os seus. Dos instrumentos, uns são animados, outros inanimados. Por exemplo, para o piloto, o leme é um instrumento vivo. O operário, nas artes, é considerado um instrumento. Do mesmo modo a propriedade é um instrumento essencial à vida, a riqueza uma multiplicidade de instrumentos, e o escravo uma propriedade viva. Como instrumento, o trabalhador é sempre o primeiro entre todos".

Mais modernamente, *Ihering*[22] e também *Spencer*, de certa forma, procuram defender a escravidão.

---

(18) CABANELLAS, Guillermo. *Op. cit.*, p. 104.
(19) CHAMOUN, Ebert. *Op. cit.*, p. 39/40.
(20) CARCOPINO, Jérome. *Op. cit.*, p. 110.
(21) ARISTÓTELES. *A política*. São Paulo: Atena, 1963. p. 16/17.
(22) IHERING, Rudolf von. *El fin en el derecho*. Buenos Aires: Atalaya, 1945. p. 155.

O romanista afirma na sua obra que "o primeiro vencedor que respeitou a vida do inimigo vencido, em vez de matá-lo, assim agiu por compreender que um escravo vivo tem mais valor do que um inimigo morto. Conservou-se como um dono conserva o animal doméstico".

Herbert Spencer [23] explica a escravidão de então, em que essa situação era a regra e a liberdade a exceção. Longe de uma permanente opressão, o escravo era objeto de cuidados, como outros bens apreciados. Muitos deles, longe de desejar a liberdade ou de por ela ansiar, como seria razoável admitir-se, se escondiam porque dependiam do dono, por terem teto e sustento assegurados. No dizer de *Spencer*, socialmente o trabalho obrigatório dos escravos contribuiu para impulsionar a civilização, retardada pela indolência de muitos homens livres.

Mais realista parece-nos a visão de *Ebert Chamoun*[24] sobre as condições de vida e de trabalho escravo em Roma: "O escravo não era sujeito de direito, juridicamente considerava-se uma coisa. Não tinha pátria, nem família e a união entre/ou com escravos não era matrimônio, mas mera coabitação, *contubernium*. Não podia ter patrimônio, sendo-lhe, portanto, excluída a propriedade e a titularidade de créditos e débitos. Tudo que ele adquiria, o fazia para o seu dono. Não podia ser parte em juízo, só o seu senhor podia fazê-lo e só o seu senhor se responsabilizava pelos danos que causasse, caso em que era abandonado se este não quisesse ressarcir. O abandono do escravo não lhe trazia a liberdade, mas a condição de coisa sem dono (*servus sine domino*). Contudo, não se podia negar que o escravo fosse um homem. Eis porque, e pouco a pouco, se foi reconhecendo em seu favor uma certa personalidade".

O ilustre professor, desembargador e romanista, lembra ainda que no Império, com o aumento do número de escravos (que chegava a um terço da população, como antes registramos), a crueldade dos senhores recrudesceu atingindo as raias da barbárie.

Ao longo dos períodos de escravidão, quer na antiguidade clássica, quer entre os povos do Ocidente, assim como entre os orientais, o trabalho escravo representava a ausência absoluta de liberdade para aqueles que tinham a *capitis diminutio maxima*, isto é, não detinham o *status libertatis*.

1.4.3. A servidão e a submissão dos servos à gleba

Já vimos que o feudalismo foi um sistema socioeconômico e político que emergiu da queda do Império Romano e do movimento migratório dos povos bárbaros.

Como conseqüência do fracionamento do poder, então distribuído em função da propriedade, o trabalho escravo sofreu o primeiro declínio. É que o novo sistema político, com o fracionamento do poder, não se prestava a grandes guerras de conquistas e, em consequência, difícil se tornou a aquisição da mão-de-obra escrava.

---

(23) SPENCER, Herbert. *Instituciones industriales*. Madrid: La España Moderna, [19—]. p. 189/190.
(24) CHAMOUN, Ebert. *Op. cit.*, p. 40.

Sucedâneo do trabalho escravo foi o regime de servo da gleba, embora aquele não houvesse desaparecido integralmente.

Com a queda do Império Romano, a escravatura entrou em declínio e já não se apresentava tão cruel, para o que contribuíram várias causas, entre as quais o temperamento dos costumes decorrente da introdução do cristianismo e, sobretudo, o aumento das manumissões, ainda nos estertores do regime.[25]

Como se sabe, desde *Augusto*, a simples manifestação da vontade imperial era suficiente para libertar o escravo.

A libertação legal do escravo ocorria em várias hipóteses. Assim, passou-se a considerar livre o escravo que fosse abandonado por seu senhor; também, ficava livre o que permanecesse em liberdade sem qualquer protesto, durante 20 anos ininterruptos; o que, sendo cristão, fosse adquirido por não cristão; o que entrasse em mosteiro e não fosse exigido durante três anos; o escravo que recebesse ordem sacra e não fosse reclamado durante um ano, mas que permanecesse no sacerdócio.[26]

A sociedade era constituída de homens livres, servos e escravos.

Entre os livres se incluíam os nobres, clérigos, soldados profissionais, mercadores, artesãos e alguns camponeses.

Os servos cultivavam um pedaço de terra de um senhor, em virtude de arrendamento vitalício, recebendo do mesmo, ainda, proteção militar.

Sua posição era precária e podiam ser expulsos da terra, a qualquer momento, pelo senhor ou suserano, somente transmitindo a terra aos seus herdeiros, por sua morte, com autorização deste.[27]

Souto Maior[28] esclarece que alguns servos se denominavam vilões: eram pequenos fazendeiros que haviam dado suas terras a um vizinho poderoso. Os vilões não estavam ligados ao solo, enquanto que os servos, propriamente ditos, vinculavam-se à terra e eram vendidos juntamente com esta.

Os pastores e agricultores, servos da gleba, viviam miseravelmente e estavam sujeitos a numerosas obrigações para com o suserano, pagando impostos pessoais, percentagens sobre a renda (talha), etc.

Segundo *Arnaldo Süssekind*, "ao servo era defeso recorrer a juízes contra o senhor de terra, salvo no caso especial de este querer se apossar do arado e dos animais que o servo possuía".[29]

Noticia, ainda, *Süssekind* que na "América Espanhola também existiu a servidão dos índios aos colonizadores, especialmente no México".

---

(25) CABANELLAS, Guillermo. *Op. cit.*, p. 104.
(26) CHAMOUN, Ebert. *Op. cit.*, p. 44.
(27) CABANELLAS, Guillermo. *Op. cit.*, p. 105.
(28) MAIOR, Souto. *História geral*. 9. ed. São Paulo: Nacional, 1969. p. 274.
(29) *Op. cit.*, p. 30.

Na Inglaterra as classes superiores cercavam os pastos, para explorá-los diretamente.

Na Alemanha, após o fracassado levante dos camponeses no Século XVI, e a devastadora Guerra dos 30 Anos, no Século posterior, a servidão desenvolveu-se, apesar dos governos fortes e a existência de uma economia monetária.

A servidão da gleba só desapareceu por completo após a Revolução Francesa, perdurando na Rússia até o Século XX.

Na visão de *Guillermo Cabanellas*[30], com um sentido algo menor na sujeição pessoal e mais rigoroso na adscrição à terra, a escravatura antiga deu lugar à servidão da gleba medieval. A aparição dos servos da gleba representou a criação de um estado civil entre os escravos e os homens livres.

Os servos da gleba não podiam ter terra própria, nem cultivar esta senão para o senhor. Os filhos dos servos da gleba eram escravos também, existindo, ainda, a possibilidade de alguém tornar-se servo voluntariamente, o que ocorria, *v.g.*, quando não podia pagar uma dívida e sentia-se em perigo.

Também pelo casamento alguém se tornava servo: bastava, para isto, que o cônjuge fosse servo da gleba.

A Lei das Sete Partidas[31], na Quarta Partida, contém todo um título (XXI) disciplinador do Feudo e das relações entre o senhor e o servo da gleba. A Lei VI, ao proclamar os poderes do senhor sobre o servo, começava dizendo: "Todo poder tem o senhor para fazer de seu servo tudo o que quiser. Porém, com tudo isso, não o deve matar".

Em última análise, escravos e servos da gleba, no que respeita à liberdade, mais própria e enfaticamente, à ausência da liberdade, a rigor estavam equiparados e viviam em igual situação: submissos ao amo e ao senhor.

Do ângulo jurídico, no entanto, pode reconhecer-se certa vantagem do servo da gleba sobre a posição do escravo, como vimos, equiparado à coisa.

É curioso notar que o surgimento do servo da gleba resultou, em verdade, de uma terrível involução.

Com efeito, àquele sistema precedeu o do *colonato* que se caracterizava pelo fato de um homem livre (colono) dedicar-se exclusivamente a lavrar, obrigatoriamente, uma área rústica, e da qual, de certo modo, fazia parte. Ao colono era reconhecida personalidade e detinha ele sua própria liberdade.

Tratava-se, na verdade, de um contrato que se aproximava da atual parceria agrícola, isto no *colonato* que predominava na época bizantina.

---
(30) CABANELLAS, Guillermo. *Op. cit.*, p. 104.
(31) *Las partidas na quarta partida*. Glosadas pelo Licenciado Gregori Lopes, facsímile da ed. de 1855, do Governo da Espanha.

Com o decorrer do tempo, o colono de tal forma ficou vinculado à terra, que acabou impedido de abandoná-la, sujeitando-se integralmente ao senhor feudal e transformando-se, assim, no servo da gleba.[32]

1.4.4. As corporações de artes e ofícios e as restrições à liberdade de trabalho

A compreensão do surgimento, glória e decadência das corporações de artes e ofícios exige que se faça uma breve abordagem das *castas*, que vistas como forma ou regime econômico de trabalho, constituíam a especialização profissional fechada, somente acessível hereditariamente.

Joaquim Pimenta[33] adverte que não é a etnologia, mas a sociologia que explica a origem das castas; procedem elas da divisão do trabalho social ou da diversidade de misteres, de profissões em que as de mais relevo ou que mais de perto interessam à comunidade granjeiam àqueles que as exercem uma situação de prestígio, de poder, sobressaindo entre elas a guerra e o sacerdócio.

Podemos dizer que as primeiras castas foram justamente as de guerreiros e de sacerdotes; aqueles, pela força das armas, estes, pelo prestígio que lhes proporcionava o segredo do ritualismo religioso, que só eles sabiam manejar, para atrair benefícios ou impedir malefícios sobre o grupo social.

A formação de castas foi notável na Índia, sendo encontradas em algumas tribos africanas e americanas.[34]

Diferentemente das atuais classes obreiras e categorias profissionais, as castas não eram acessíveis a qualquer um, mas, apenas, àqueles que estivessem ligados por laços de parentesco com algum dos seus membros.

O agrupamento de trabalho de um mesmo ramo de atividade, dando lugar à formação de castas, foi o embrião das corporações de artes e ofícios, que estavam, para o trabalho nas cidades, na Idade Média, como a servidão da gleba, na mesma época, para o trabalho rural.[35]

Eram as corporações órgãos de coordenação, de defesa e disciplina das atividades artesanais, sendo compostas de três classes: *os mestres, os companheiros* ou oficiais e os *aprendizes*.

Os *mestres* eram dirigentes da indústria medieval.

As corporações eram dirigidas por chefes ou decanos, individualmente ou em regime de colegiado, escolhidos pela assembléia de mestres.

O *companheiro* era o artesão que trabalhava mediante salário, podendo, após certo tempo, tornar-se mestre, enquanto que o *aprendiz* não recebia salário em retribuição.

---

(32) CABANELLAS, Guillermo. *Op. cit.*, p. 105.
(33) PIMENTA, Joaquim. *Op. cit.*, v. I, p. 94/95.
(34) *Ibidem*, p. 95/96.
(35) *Ibidem*, p. 94/96.

As corporações de artes e ofícios tiveram como mais remotos antecedentes as associações de agricultores, pastores e artesãos da Índia e, mais proximamente, os *colégios* romanos.

Seu surgimento na Idade Média foi espontâneo e reuniram homens livres que trabalhavam no mesmo ofício e, por essa forma de associação, buscavam maior e melhor defesa de seus interesses nas relações com os mercadores. Não guardavam, contudo, semelhança com os atuais sindicatos de classe.

Terá sido no Século XII o início da formação das corporações na Itália e na França, especialmente.[36]

Sua organização interna impunha a hierarquização de seus integrantes por uma chamada *escola gremial*, que partia do aprendiz, ascendia ao oficialato e alcançava o topo como mestre.

Tais corporações possuíam personalidade jurídica, com aptidão, portanto, para a prática de atos por intermédio de um síndico e dispondo de patrimônio próprio.

Entre suas atribuições, estava a de regulamentar a prestação de serviços, inclusive a fixação da jornada de trabalho.

No seu funcionamento e, sobretudo, nas relações entre seus membros, as corporações procuravam conciliar o princípio da igualdade com sua organização hierárquica. Assim, seus dirigentes eram eleitos e suas atribuições estabelecidas pela maioria.

As corporações chegaram ao apogeu enfeixando grandes poderes, entre os quais, não raro, a fixação do salário da respectiva categoria, a limitação da duração do trabalho — que não podia ir além de *sol a sol*, impondo o descanso semanal e o respeito aos feriados religiosos.[37]

Na Espanha, foi onde se encontrou a forma de intervenção mais efetiva nas corporações.

Em 1351 foi fixada pelas Cortes de Valladolid, a jornada de trabalho de sol a sol com pequenos intervalos para alimentação e asseguraram a liberdade de qualquer pessoa ensinar um ofício.

Nessa ocasião, proibiu-se o penhor dos instrumentos de trabalho e extinguiu-se a prisão dos trabalhadores em razão de dívidas.

"Múltiplas causas — afirma *Cabanellas*[38] — contribuíram, durante os séculos XV e XVI, para debilitar as corporações de ofício. Umas foram internas, como a tendência a monopolizar o exercício profissional e a tornar hereditária, e não fruto da habilidade, a maestria".

Na realidade, a função histórica das corporações esgotou-se em 1500, embora se encontre ainda por mais dois séculos, em franca decadência.

---

(36) CABANELLAS, Guillermo. *Op. cit.*, p. 107.
(37) *Idem*.
(38) *Ibidem*, p. 110.

É induvidoso que o processo de esvaziamento das corporações de ofícios acelerou-se com o Edicto de Turgot, baixado na França em 1776, que estabeleceu a liberdade para exercer o comércio, as artes e os ofícios.[39]

Com a Lei de 17 de março de 1791, a Assembléia Nacional Francesa proclamou que a partir de 1º de abril daquele ano seria livre para todo cidadão o exercício da profissão ou ofício que considerasse conveniente. Era o golpe profundo nas corporações, então vistas como instituições arbitrárias, tendenciosas e que retardavam o progresso das artes e ofícios.

O tiro de misericórdia que extinguiu de vez as corporações na França é representado pela famosa Lei Le Chapelier, que declara em seu preâmbulo que

"se deve, sem dúvida, permitir aos cidadãos do mesmo ofício ou profissão fazer assembléias, porém não se lhes deve permitir que o objetivo dessas assembléias seja a defesa de seus supostos interesses comuns; não existem corporações no Estado e não há mais interesse que o particular de cada indivíduo e o geral; não se pode permitir a ninguém que inspire aos cidadãos a crença em um interesse intermediário que separe os homens da coisa pública por um espírito de corporação."[40]

Estava, pois, proibida a associação de trabalhadores em todas as modalidades.

1.5. O regime do salariado e a relatividade da liberdade

Conseqüência do liberalismo pregado pela Revolução Francesa, no respeitante ao regime de trabalho, foi a extinção gradativa das corporações, de forma a tornar o trabalho livre e acessível a todos, e à generalidade das artes e ofícios.

Paralelamente foi-se operando a abolição da escravatura, substituindo este tipo de trabalho pelo assalariado, exceto em algumas colônias de países europeus situados na América que, só mais tarde, vieram a extinguir a escravidão.

O empenho das pessoas em prestar seus serviços a outra, mediante uma retribuição pecuniária, passa a ser a postura geral, como uma faculdade de cada indivíduo para oferecer seus serviços a quem lhe aprouver ou para se abster de trabalhar, se dispõe de recursos necessários para sua própria mantença. Identifica-se aí o direito de trabalhar ou a liberdade de trabalhar, assim proclamado em textos constitucionais ou em leis infraconstitucionais.

Instalou-se, assim, o regime do salariado, em que a liberdade contratual tornou-se a tônica, permitindo-se ao trabalhador oferecer e contratar livremente o seu trabalho com o empregador.[41]

---

(39) CABANELLAS, Guillermo. *Op. cit.*, p. 107.
(40) *Ibidem*, p. 108.
(41) *Ibidem*, p. 132.

Não tardavam, todavia, a surgir os efeitos negativos de uma liberdade contratual puramente suposta, equívoca, pois, em verdade, a desigualdade econômica não permitia o desejável equilíbrio entre as partes contratantes.

Como sujeitar a contratação do labor individual às leis econômicas, se estas muitas vezes flutuam ao sabor dos interesses do economicamente mais forte? Como adquirir liberdade de estipulação contratual, de discussão de condições salariais, se entre as partes celebrantes existe flagrante desigualdade econômica?

Sobreveio, então, a proteção estatal em favor da parte economicamente mais fraca, com o estabelecimento de normas protecionistas que constituem o Direito do Trabalho, a fim de que, com um desigual tratamento jurídico, possa se restabelecida a igualdade das partes, compensando-se a desigualdade econômica que favorece o empregador com a desigualdade jurídica que beneficia o empregado.

II. A LIBERDADE ABSTRATA

2.1. Liberdade — Etimologia

A palavra liberdade deriva do latim *libertas-libertatis* e equivale ao grego *eleutheria*.

Significa a faculdade de uma pessoa fazer ou deixar de fazer, por seu livre arbítrio, alguma coisa.

Significa, também, a condição do homem livre, condição daquele que não é propriedade de um dono qualquer. É o gozo dos direitos do homem livre.

Em sentido mais amplo, liberdade natural é a possibilidade máxima de expansão física e intelectual do ser humano, faculdade de auto-determinação, que cada um tem de optar por este ou por aquele comportamento.

2.2. Conceito de liberdade

Iniciaremos este capítulo, observando que as leis pressupõem, sempre, a existência de grupos humanos em sociedades organizadas, que envolvem ou explicam a convivência, mediante o regramento da conduta, pois, se voltarmos os nossos olhos para a pré-história, verificaremos que àquela época não havia necessidade de leis, ou melhor, não havia necessidade de ordenamento jurídico disciplinando o comportamento e as relações entre os nossos irmãos trogloditas.

Tendo em vista o número pequeno de pessoas que compunham o grupo social, os conflitos que ali surgiam eram por elas mesmas resolvidos, por meio da forma mais primitiva que conhecemos, isto é, a auto-defesa.

Ao remontarmos aos primórdios de nossos dias, da era do homem da caverna, notaremos que não se pode precisar entre as formas utilizadas para se chegar ao Estado-Juiz.

Não existe um marco na história que separe as formas anteriores de composição dos conflitos e o momento em que o Estado chamou a si essa composição.

Nas civilizações anteriores, primitivas, à medida em que os grupos foram crescendo e o interesse pelos bens existentes foi se multiplicando, os conflitos entre seus componentes começaram a surgir.

Vamos fazer um parêntese para explicar o que vem a ser interesse, isto é, como podemos traduzir a expressão, para que percebamos que à medida que o grupo social aumenta, o interesse também aumenta.

O interesse a que nos referimos é aquele traduzido pela necessidade que temos de determinado bem, isto é, interesse maior sobre certos bens, e menor, ou nenhum, em relação a outros.

Carnelutti acentua que:

"O conceito de interesse é fundamental, tanto para o estudo do processo como para o Direito.

Interesse não significa um juízo, senão uma posição do homem, ou mais exatamente: a posição favorável à satisfação de uma necessidade. A posse do alimento ou do dinheiro é, antes de tudo, um interesse, porque quem possui um ou outro está em condições de satisfazer sua fome.

Os meios para a satisfação das necessidades humanas são os bens. E se acabamos de dizer que interesse é a situação de um homem, favorável à satisfação de uma necessidade, essa situação se verifica, pois, com respeito a um bem: homem e bem são os termos da relação que denominamos interesse. Sujeito do interesse é o homem, o objeto daquele é o bem".[1]

Em verdade, a noção de interesse não é, propriamente, de relação entre o homem e o bem da vida, mas de posição entre aquele e este, até porque, quer do ponto de vista jurídico quer do sociológico, o conceito de relação deve ser ligado ao de intersubjetividade.

Assim, por interesse, deve-se compreender a posição de um homem favorável à satisfação de uma necessidade, posição ou situação que se verifica sobre um bem da vida. Entre o sujeito do interesse e o objeto deste, não há relação, mas posição ou situação.

Nas civilizações primitivas, as necessidades eram poucas, pois nossos irmãos conheciam os bens essenciais, como a alimentação, a moradia e o vestuário, que na época era escasso.

Nessa fase, quando surgiam conflitos entre os componentes do grupo, estes eram resolvidos pela forma mais primária que conhecemos e que, até hoje, ainda encontramos consagrada, residualmente em nossa legislação: o desforço físico.

Por meio do desforço físico, os homens primitivos defendiam sua sobrevivência, garantindo os bens mais preciosos.

---

(1) CARNELUTTI, Francesco. *Sistema de derecho procesal civil*. Trad. Niceto Alcalá-Zamora Y Castillo e Santiago Sentis Melendo. Buenos Aires: Uteha, 1944. v. I, p. 11.
"El concepto de interés es fundamental, tanto para el estudio del proceso como para el del Derecho.
Interés no significa un juicio, sino una posición del hombre, o más exactamente: la posición favorable a la satisfacción de una necesidad. La posesión del alimento o del dinero es ante todo, un interés, porque quien posee uno o otro esta en condiciones de satisfacer su hambre.
Los medios para la satisfacción de las necesidades humanas son los bienes. Y si acabamos de decir que interés es la situación de un hombre, favorable a la satisfacción de una necesidad, esa situación se verifica, pues, con respecto a un bien: hombre y bien son los dos términos de la relación que denominamos interés. Sujeto del interés es el hombre, y objeto de aquél es el bien."

Hoje, constatamos, por exemplo, em nosso Código Penal, o instituto da legítima defesa, que é uma das formas de composição de conflitos, mediante o desforço físico.

Também na esfera civil, encontramos vestígios daquela forma de composição de conflitos. Assim, o art. 1.210, § 1º, do Código Civil de 2002 dispõe que o possuidor turbado ou esbulhado poderá manter-se ou restituir-se por sua própria força, contanto que o faça logo.

O art. 188 do diploma substantivo civil também exclui a ilicitude dos atos praticados em legítima defesa ou no exercício regular de um direito conhecido, o que é uma forma residual da autodefesa. No Código Comercial, diversas situações, que consubstanciam avaria grossa, demonstram a existência de resquícios da forma primária de composição de conflitos.

À medida que o grupo social se organizava, a forma primária de composição de conflitos foi rareando e surgindo uma segunda forma de que temos conhecimento.

Com o passar do tempo, a evolução e o crescimento dos grupos, outra forma de composição surgiu, como meio de evitar que os membros dos pequenos grupos se enfrentassem e diminuísse o número de pessoas que os compunham, que é denominada como *arbitragem*, isto é, os grupos elegiam entre os seus componentes uma pessoa, que podia ser a mais velha ou a mais instruída, para decidir as questões que surgissem entre os seus membros.

A figura do árbitro ou o sistema arbitral foi tendo lugar, por meio da liderança, seja por laços sangüíneos, seja pela supremacia física ou intelectual.

Nesse estágio, encontramos a figura de uma terceira pessoa, resolvendo os problemas surgidos nos grupos.

O sistema arbitral, no entanto, atende apenas a um dos ideais procurados pelo Direito: a justiça.

O árbitro, ao decidir, não se detinha em outro ideal, que é o da segurança. Não havia um sistema prévio e compulsório de normas de conduta. Tentava-se, apenas, fazer justiça de acordo com as convicções do árbitro, diante do caso que lhe era submetido.

Verificamos que, realmente, havia muita insegurança nessas decisões, pois uma mesma espécie de conflito poderia ser levada ao árbitro em diversas oportunidades, para ser decidido e ter soluções diferentes.

Apesar de precária, essa segunda forma de composição dos conflitos significou um grande avanço.

Não obstante, a composição pela via arbitral ainda é usada em apreciável escala, sobretudo no campo do Direito Internacional Público, em que os conflitos entre Estados Soberanos não podem ser resolvidos, ao menos até agora, senão pelo arbitramento ou, na hipótese pior, pela violência, justamente pela impossibilidade da edição de normas gerais que lhes possam ser coativamente impostas, e de organismos internacionais com força e poder próprios, capazes de torná-las efetivas no caso de transgressão.

O art. 33 da Carta das Nações Unidas estabelece que "as partes em uma controvérsia, que possa vir a constituir uma ameaça à paz e à segurança internacionais, procurarão, antes de tudo, chegar {a solução por negociação, inquérito, mediação, conciliação, arbitragem, solução judicial, recurso a entidades ou acordos regionais, ou a qualquer outro meio pacífico à sua escolha".

Também a Carta da Organização do Estados Americanos (art. 21) recomenda a solução pacífica das controvérsias por meio das diversas vias, entre as quais o sistema arbitral.

No campo do Direito interno, a legislação brasileira, não obstante o monopólio do Estado para a composição de conflitos, reserva lugar ao juízo arbitral.

Por seu turno, a Lei n. 9.307, de 23 de setembro de 1996, em vigor, que dispõe sobre a arbitragem, revogou os arts. 1.072 a 1.102 do CPC.

Emerge de tais considerações que, das primeiras formas de composição de conflitos de interesses, ainda encontramos, embora excepcionalmente, exemplos que, de certa forma, atestam sua precedência como via de acertamento.

As leis, como as conhecemos hoje, surgiram mais tarde, passando a ser indispensavelmente obedecidas, como garantia mutuamente concedida, da ordem social, requisito considerado fundamental na vida em grupo.

Hélio Tornaghi[2] lembra que "essas maneiras de solucionar conflitos são precárias e não pode o Estado cumprir a própria missão desde o momento em que elas falham. Todas são líricas, anódinas quando desrespeitadas. A simples solução teórica dos antagonismos, ainda quando perfeitamente justa, será inócua se não for imposta coativamente. Por isso o Estado, fiador da segurança comum, chamou a si a função de declarar e impor o Direito, isto é a jurisdição. Mas, como contrapartida, deu ao súdito o poder de exigir dele, Estado, que faça justiça".

Assim, vemos o Estado se organizando politicamente e, chamando a si a composição dos conflitos de interesses, criando a terceira forma de composição: a jurisdição.

A decisão da autoridade substitui as formas primitivas de composição de conflitos, sem eliminá-las totalmente, pois aqui e ali no Direito escrito, encontramos resquícios das formas anteriores, até mesmo nos povos e nas legislações mais adiantadas.

O Estado, por um dos seus órgãos, assegura aos seus súditos a solução dos conflitos como contra-prestação da substituição da autodefesa e da arbitragem.

Hamilton de Moraes e Barros[3] assinala que "quanto mais os homens expandem suas relações, quanto mais se afirma a sua personalidade, tanto maior é a necessidade de normas que rejam o seu comportamento, abrindo-lhes franquias ou impondo-lhes restrições".

---

(2) TORNAGHI, Hélio. *Compêndio de direito processual penal*. Rio de Janeiro: José Konfino, 1967. v. I, p. 6.
(3) BARROS, Hamilton de Moraes e. A proteção jurisdicional dos direitos humanos no direito positivo brasileiro. In: *Revista de Informação Legislativa*, p. 66, out./dez. 1971.

Neste passo, surge um novo direito. O direito de exigir do Estado a composição dos conflitos de interesses.

A expansão e o avanço da população conduz, fatalmente, o homem à evolução e ao conhecimento dos meios existentes e que possam vir a existir para solucionar seus conflitos em sociedade.

Assim é que, a cada dia, o grupo social percebe que a forma hoje utilizada na maioria dos países mais evoluídos ainda é a subjugação do indivíduo ao Estado que, em determinado momento, chamou a si a composição dos conflitos de interesses surgidos entre os seus súditos, evitando, dessa forma, colocar em risco a sua soberania.

Quando estamos diante de países mais evoluídos, a constatação é de que a forma jurisdicional, partindo do Estado para solucionar conflitos de interesses, não é mais a que atende ao cidadão, ou a mais aperfeiçoada, pois longe está o tempo em que era a melhor solução para todos.

Hoje, o que se procura são outros meios que possam ser utilizados, alternativamente, àquele oferecido pelo Estado.

Verifica-se, pois, a utilização da mediação, da conciliação e da arbitragem nos países chamados de primeiro mundo, como é o caso dos Estados Unidos.

A dinâmica do mundo mudou, já não se encontra campo fértil em determinadas situações, para aguardar a trajetória procedimental de um processo judicial, já que a maioria dos institutos processuais não são mais condizentes com os fatos atuais, ganhando terreno, portanto, outros meios paralelos à Justiça.[4]

Não se pode perder de vista que, além da morosidade processual, o mundo tornou-se mais ágil. Os contratos ou os negócios, hoje, são realizados em questão de segundos, o que desafia uma Justiça que possa acompanhar o ritmo desse mundo, denominado "mundo dos negócios".

Além desse fator, deparamo-nos com outro mais sério, e que já tivemos oportunidade de observar, quando falamos do problema do acesso à Justiça, que é o poder aquisitivo da população mais carente, examinado sob duas vertentes: "[...] a) a falta de dinheiro para arcar com as custas judiciais de um processo; b) o tempo que necessita aguardar para ver a solução do conflito, e receber aquilo que lhe é devido [...]".

---

(4) CINTRA, Antônio Carlos Araújo; GRINOVER, Ada Pellegrini; DINAMARCO, Cândido Rangel. *Teoria geral do processo.* 19. ed. São Paulo: Malheiros, 2003. p. 33: "O extraordinário fortalecimento do Estado, ao qual se aliou a consciência da sua essencial função pacificadora, conduziu, a partir da já mencionada evolução do direito romano e ao longo dos séculos, à afirmação da quase absoluta exclusividade estatal no exercício dela. A autotutela é definida como crime, seja quando praticada pelo particular (exercício arbitrário das próprias razões, art. 345 do CP), seja pelo próprio Estado (exercício arbitrário ou abuso de poder, art. 350 do CP). A própria autocomposição, que nada tem de anti-social, não vinha sendo particularmente estimulada pelo Estado. A arbitragem, que em alguns países é praticada mais intensamente e também no plano internacional, é praticamente desconhecida no Brasil, quando se trata de conflito entre nacionais.
Abrem-se os olhos agora, todavia, para todas essas modalidades de soluções não-jurisdicionais dos conflitos, tratadas como meios alternativos de pacificação social. Vai ganhando corpo a consciência de que, se o que importa é pacificar, tornar-se relevante que a pacificação venha por obra do Estado ou por outros meios, desde que eficientes. Por outro lado, cresce também a percepção de que o Estado tem falhado muito na sua missão pacificadora, que ele tenta realizar mediante o exercício da jurisdição e através das formas do processo civil, penal ou trabalhista".

Pelas razões expostas, faz-se necessário que outras formas alternativas de solução dos litígios sejam desenvolvidas.

Infelizmente, estamos diante de uma cultura que levará muitos anos para deixar de existir, porém, não podemos, nem por isso, cruzar os braços e não tentar demonstrar que outras formas possam ser utilizadas para compor conflitos que venham a existir entre os homens, além do Poder Judiciário.

O mundo precisa se modernizar. O Brasil, também. Se é possível uma convivência mais pacífica entre os homens em outras partes do mundo, por que não podemos mantê-la ou criá-la em nosso País?

Não se pode perder de vista que há no mundo atual relações conflitivas em massa, trazendo grande preocupação com as formas de solucionar os choques de interesses.

Questiona-se até a própria configuração do Estado, notadamente quanto a uma de suas funções fundamentais, a segurança da paz social.

Põe-se em dúvida a eficiência de seus órgãos. Diz-se, também, que o Poder Executivo aos poucos vai assumindo funções próprias do Legislativo. O Judiciário, nem se fala: cada vez mais emperrado, é incapaz de exercer a sua função, isto é, de solucionar conflitos de interesses.

No que tange ao Judiciário, há um movimento mundial para se obter um melhor acesso à Justiça. Não o acesso aos juízes ou aos tribunais; apenas, acesso físico, de entrada de petições e papéis.

Na realidade, nas palavras de *Leonardo Greco*, "o último pressuposto do acesso ao Direito é o acesso à Justiça, por intermédio de um Tribunal estatal imparcial, previamente instituído como competente, para a solução de qualquer litígio a respeito do interesse que se diz juridicamente sob proteção ou para qualquer ato cuja prática a lei subordine a aprovação, autorização ou homologação judicial".[5]

Maria Garcia[6] tratando da Constituição e da Lei, argumenta que a Constituição é a garantia dos direitos, em especial das liberdades públicas de pensamento, crença, convicções filosóficas e políticas, bem como das medidas de proteção desses direitos e liberdades e das prerrogativas inerentes à nacionalidade, à soberania popular e à cidadania.

Diante da Constituição e das leis que dela decorrem, cabe, pelo menos, fazer três indagações, que implicam na própria razão da existência do homem em sociedade: Por que obedecemos às leis? Podemos desobedecê-las? Como o faríamos?

É evidente que as três formulações refluem a uma única questão: é o problema da liberdade, que passaremos a analisar.

---

(5) GRECO, Leonardo. O acesso ao direito e à justiça. In: *Revista Jurídica da Unirondon*, Cuiabá, Faculdades Integradas Cândido Rondon, n. 1, p. 19, mar. 2001.
(6) GARCIA, Maria. *Desobediência civil — direito fundamental*. São Paulo: Revista dos Tribunais, 1994. p. 13/14.

John Stuart Mill [7] defende o princípio de que a única finalidade justificadora da interferência dos homens, individual e coletivamente, na liberdade de ação de outrem, é a autoproteção. É o único propósito possível de legitimar o exercício do poder sobre algum membro de uma sociedade civilizada, porquanto a única parte da conduta de alguém que importa em responder perante a sociedade é a que concerne aos outros. Na parte que diz respeito a ele próprio, a sua independência é, de direito, absoluta. Sobre si mesmo, sobre seu próprio corpo e espírito, o indivíduo é soberano.

Partindo desse princípio, podemos ponderar que existem várias espécies de liberdade.

Otávio Paz[8] ressalta a dificuldade de definições ou de respostas a respeito da liberdade. "Denominando o Século XX a *experiência da liberdade*, explica que esta, mais do que um conceito, ou até mesmo uma idéia, parece ser uma experiência que todos vivemos, sentimos e pensamos, cada vez que pronunciamos dois monossílabos: sim e não".

Dessa forma, não haveria necessidade de estudos profundos sobre o tema, pois este se expressaria em um simples monossílabo. Mas será que um simples monossílabo responderia a tantas indagações, que a cada dia se faz, sobre o conceito de liberdade?

Acreditamos que se o homem vivesse isolado, não haveria necessidade de um estudo mais profundo sobre o seu conceito. No entanto, quando estamos diante de outros integrantes que formam o grupo social, este conceito deverá levar em conta sempre as relações que serão desenvolvidas com estes outros integrantes.

Isaiah Berlin[9], analisando a máxima de que "a liberdade é a dimensão histórica do homem", indaga: será mesmo uma resposta a uma necessidade básica dos homens ou tão-somente algo pressuposto por outras exigências fundamentais? E, ainda mais, será esta uma indagação empírica, com a qual se relacionam fatos psicológicos, antropológicos, sociológicos e históricos? Ou será uma questão puramente filosófica cuja solução reside na análise correta de nossos conceitos básicos e para cuja resposta é suficiente e também adequada a produção de exemplos, reais ou imaginários, e não de provas factuais, exigidas por indagações empíricas?

O grande problema que enfrentamos, com relação ao tema, é admitir que a liberdade existe.

Domingos Pellegrini[10] afirma que a expressão *ser livre* faz parte do mundo animal irracional. Ser humano, para o Autor, é cultural, preso, portanto, à humanidade, desde e antes do próprio nascimento.

---

(7) MILL, John Stuart. *Sobre a liberdade*. Petrópolis: Vozes, 1991. p. 53.
(8) PAZ, Otávio. A experiência da liberdade. *O Estado de S. Paulo,* 14 out. 1990.
(9) BERLIN, Isaiah. *Quatro ensaios sobre a liberdade*. Brasília: Universidade de Brasília, 1969. p. 34 e seguintes.
(10) PELLEGRINI, Domingos. Nosso deserto. *O Estado de S. Paulo*, 4 dez. 1991.

Assim, a cultura de cada grupo humano leva o indivíduo a ser preso à língua, à família, à sociedade, ao Estado, à política, à religião, à filosofia, o que, até em certo sentido, traduz uma realidade.

J. J. Rousseau[11], em "Discurso sobre as Ciências e as Artes e sobre a Origem da Designação", expondo a sua idéia sobre liberdade, assim se posicionou:

> "Fundamental de todo Direito político, que os povos deram a si mesmos chefes para defender sua liberdade e não para os sujeitar, (se temos um príncipe — dizia Plínio a Trajano, é para nos preservar de ter um senhor), afirma que, relativamente à liberdade, ocorre o mesmo que com a inocência e a virtude 'cujo preço, só se sabe quando as gozamos nós mesmos e cujo gosto se perde logo que as perdemos'".

De tudo o que foi exposto, remanesce, efetivamente, a idéia da liberdade, a ser considerada pelos ordenamentos jurídico-políticos de um País, como Direito fundamental.

Dentro desse contexto é que pretendemos analisar o conceito de liberdade como um Direito fundamental assegurado ao indivíduo.

Assim, como ponto de partida, temos que a liberdade se constitui num bem da vida humana, à qual todos os indivíduos, consciente ou inconscientemente, aspiram.

Esta afirmação constitui uma convicção secular, manifestada em tantos movimentos liberatórios e consagrada em documentos que se constituem em patrimônio da humanidade, como a *Magna Charta Libertatum*, os renovados *Bill of Rights*, as Declarações de Direitos — que o direito dos direitos é o direito à liberdade, sem o qual, efetivamente, todos os demais perderiam a razão de ser.

Para *Maria Garcia*[12], muitas interpretações têm sido dadas a respeito do significado de *liberdade*, do seu âmbito, de sua área de concretização, principalmente a partir do século passado, quando as circunstâncias mundiais, com ênfase no advento do Estado do Bem-Estar Social, alteraram o seu enfoque e as suas implicações.

Os doutrinadores têm procurado dar uma interpretação ao significado da expressão *liberdade*, percorrendo diversos caminhos.

Assim, *Isaiah Berlin*[13] traz à colação os "mais de 200 sentidos dessa palavra protéica" e detém-se em apenas dois, dos 200 sentidos.

Os sentidos nos quais se debruçou são de ordem política. O primeiro, de liberdade individual ou liberdade institucional, e que chama de *sentido negativo*, baseado na seguinte indagação: "Qual é a área que o sujeito — uma pessoa ou um grupo de pessoas — deve ter ou receber para fazer o que pode fazer, ou ser o que pode ser, sem que outras pessoas interfiram?"

---

(11) ROUSSEAU, J. J. *Discurso sobre as ciências e as artes e sobre a origem da designação.* São Paulo: Atena, [s.d.], p. 153.
(12) GARCIA, Maria. *Op. cit.*, p. 15.
(13) BERLIN, Isaiah. *Op. cit.*, p. 133.

Essa área denominada de não-interferência é dominada pela convicção da existência de um mínimo "que um homem não pode abandonar sem causar prejuízo à essência de sua natureza", "e, exatamente, essa essência, os seus componentes, representam questões sempre renovadas através dos tempos". Todavia, "qualquer que seja o princípio segundo o qual deve ser traçada a área de não-interferência, seja ele o do direito natural ou dos direitos subjetivos naturais, da utilidade ou dos termos de um imperativo categórico, da socialidade do contrato social ou de qualquer outro conceito com o qual os homens têm procurado esclarecer e justificar suas convicções, a liberdade nesse sentido significa liberdade de nenhuma interferência além da fronteira móvel, mas sempre identificável".

O segundo sentido político está incorporado na resposta à pergunta: O que ou quem é a fonte de controle ou de interferência que pode determinar que alguém faça ou seja tal coisa e não outras?"

Berlin adverte que "ambos os significados — positivo e negativo — não se encontram separados um do outro, são formas diferentes de dizer a mesma coisa. Apenas, desenvolveram-se historicamente, em sentidos divergentes, nem sempre reputáveis do ponto de vista da lógica até que, no final do caminho, entraram em choque direto um com o outro".[14]

Felix E. Oppenheim[15], fazendo alusão aos inúmeros conceitos de liberdade, usa o termo como *liberdade social* ou *interpessoal*, lembrando outros conceitos como *liberdade de ação*, também denominada de liberdade positiva, e diferentes usos normativos da expressão *liberdade*, aproximando a liberdade social do conceito de *liberdade negativa*.

Para *Arion Sayão Romita*[16], a criação de uma ordem social mais justa depende da liberdade de atuação dos grupos sociais organizados. "Não se cria sem liberdade." A Liberdade é essencial, vital mesmo em todos os sentidos, do físico e psíquico ao político e jurídico. O respeito à livre ação da entidade sindical torna-se imprescindível para que o Estado seja mais social e, em conseqüência, mais humano, ao tempo em que se fortalece porque alicerçado na liberdade, único valor que o justifica a contento.

Cabe ao Direito a tarefa de organizar a liberdade, instrumentalizando as manifestações exteriores das múltiplas formas pelas quais se apresenta. Liberdade não se resolve em licenciosidade; por isso, são inseparáveis a liberdade, a responsabilidade e a segurança jurídica.

No Estado Social de Direito, a liberdade sindical é assegurada, mas a licenciosidade é coibida, como exigências indeclináveis do próprio regime democrático.

Harold J. Laski adverte: "Não esqueçamos que, na ciência social, trata-se de valores a curto termo e não de valores a prazo longo. Não legislamos para uma qualquer utopia teórica que nascerá em tempos indefinidos, mas para um mundo que nós

---

(14) BERLIN, Isaiah. *Op. cit.*, p. 133.
(15) OPPENHEIM, Felix E. *Conceptos políticos. Una reconstrucción*. Madrid: Tecnos, 1987. p. 48 e seguintes.
(16) ROMITA, Arion Sayão (Coord.). *Sindicalismo*. São Paulo: LTr, 1986. p. LXX.

mesmos conhecemos, e para a vida de pessoas semelhantes a nós. A liberdade que reclamamos cabe a nós mesmos criá-la. Todo adiamento que aceitamos, todo fracasso em face do qual permanecermos mudos somente servem para consolidar as forças hostis à liberdade".[17]

Celso Lafer[18] distingue entre o conceito de liberdade moderna e liberdade antiga possibilitando melhor a sua compreensão.

A idéia de liberdade antiga, ele associa à liberdade positiva, conforme *Isaiah Berlin* e que responde à pergunta: por quem sou governado?

Vem da democracia ateniense dos séculos V e IV a.C. e, neste sentido, está relacionada com as teorias das formas de governo e com a justificação da democracia.

A liberdade antiga está, para *Lafer*[19], relacionada com a liberdade do cidadão e não com a do homem, enquanto homem. É fruto da participação na coisa pública, e, como diria *Miguel Reale*, um valor visto na perspectiva da ação e, como tal, se encontra na proposta de organização ideal da comunidade política de *Rousseau*, que afirma no *Contrato Social*: "*l'obéissance à loi qu'on s'est prescrite est liberte*".

Já a liberdade moderna é aquela que se encontra no campo do não-obrigatório, nem mesmo do autonomamente consentido, mas sim, do que se encontra na esfera do não-impedimento, que, na realidade, representa uma liberdade negativa e privada.

Em termos mais precisos, a liberdade moderna não está diretamente ligada, como a antiga, ao problema público da gênese da norma jurídica e ao fundamento democrático de sua obrigatoriedade, mas sim a uma dimensão mais privada do indivíduo.

Cuida-se, na realidade, de uma faculdade, inserida no ordenamento jurídico de um País. Dessa forma, todo indivíduo deve optar entre o exercício e o não-exercício de seus direitos subjetivos, quando o conteúdo dos mesmos não se baseia num dever do próprio titular do Direito subjetivo.[20]

Celso Lafer, afinal, conclui que tanto a liberdade moderna quanto a antiga encontram-se vinculadas à teoria das formas de governo e é no problema do governo e do Estado que reside a ponte para o encaminhamento do problema.

Do exposto, verifica-se que a liberdade é um dos direitos fundamentais do homem.

Tanto é verdadeira a afirmação, que a Carta Política Brasileira de 1998, em seu art. 5º dispõe:

"Todos são iguais perante a lei, sem distinção de qualquer natureza, garantindo-se aos brasileiros e aos estrangeiros residentes no País a inviolabilidade do direito à vida, à liberdade, à igualdade, à segurança e à propriedade..." (grifo nosso).

---

(17) LASKI, Harold J. *A liberdade*. Salvador: Progresso, 1958. p. 130.
(18) LAFER, Celso. *Ensaios sobre a liberdade*. São Paulo: Perspectiva, 1980. p. 13 e seguintes.
(19) *Idem*.
(20) *Ibidem*, p. 45.

Não se pode perder de vista, no entanto, que a vida em sociedade limita as expansões individuais ou coletivas, pois ao direito de cada cidadão, ou de cada grupo, contrapõe-se o de outro indivíduo ou de outro grupo, razão pela qual cabe ao Estado, como responsável pela ordem social, estabelecer um sistema jurídico que imponha um freio à liberdade de cada indivíduo ou de cada grupo de indivíduos, máxima já definida no art. 4º da Declaração dos Direitos dos Homens e do Cidadão, de 1789, promulgada pela Assembléia Nacional Constituinte Francesa, que dispunha:

"A liberdade consiste em poder fazer tudo o que não é prejudicial a outrem".

Como se vê, no preâmbulo de nossa Constituição de 1988, os constituintes incluíram a liberdade entre as metas do Estado Democrático ou que o Estado de Direito visa a alcançar.

No que tange à conceituação da expressão liberdade, a doutrina nacional mostra-se coerente e uniforme, no sentido de que deve haver liberdade, porém, limitada às normas emanadas pelo Estado que, na realidade, correspondem a reprimir o referido direito ao direito alheio, pois definir liberdade como resistência à opressão ou à coação da autoridade ou do poder é uma concepção negativa, porque se opõe, nega a autoridade do Estado.

A outra teoria, no entanto, procura dar-lhe sentido positivo: é livre quem participa da autoridade ou do poder. Também é defeituosa, pois define a liberdade em função da autoridade.

O defeito das duas correntes, para *José Afonso da Silva*[21], está em que a liberdade não pode ser definida em função da autoridade, pois liberdade é o oposto de autoritarismo, deformação da autoridade, não porém, à autoridade legítima.

Assim, para que haja liberdade é necessário que haja um mínimo de coação, por meio de norma, moral e legítima, no sentido de que seja consentida por aqueles cuja liberdade restringe.

2.3. Natureza do direito à liberdade

A Declaração dos Direitos do Homem e do Cidadão de 1789, em seu art. 4º, dispôs:

"A liberdade de cada um só tem limite na dos demais e só a lei determina esses limites".

À primeira vista, parece que a declaração contida nesse artigo estabelece que a liberdade deverá ser regrada pelas leis vigentes em cada País.

Será que esta afirmação se mantém consistente frente àqueles que defendem a liberdade como um direito natural? Ou será que o direito de liberdade pertence ao campo do direito positivo?

---

(21) SILVA, José Afonso da. *Curso de direito constitucional positivo*. 10. ed. São Paulo: Malheiros, 1995. p. 225.

As considerações metafísicas e idealistas, no sentido filosófico da questão, mais confundiram que esclareceram a questão.

Para *José Afonso da Silva*[22] o debate sobre o problema da liberdade correlaciona *liberdade* e *necessidade*. Uma opondo-se à outra. Uns negavam a existência de liberdade humana, afirmando uma necessidade, um determinismo absoluto; outros, ao contrário, afirmavam o livre arbítrio, liberdade absoluta, negando a necessidade. Ora, de outro lado, a liberdade era simples desvio do determinismo necessário; ora, este, desvio daquela.

Essas posições colocam o homem fora do processo da natureza. Mas é necessário resolver o problema a partir da consideração de que o homem faz parte dela. Está, por isso, sujeito às leis objetivas da necessidade. Mas, além disso, ele é também um ser social.

Para *Roger Garaudy*[23] "o homem é criador e produto da história, e suas relações com a natureza, com seu conhecimento da natureza e sua ação sobre ela estão condicionados por suas relações sociais com os outros homens".

Dessa forma, cada vez que o homem aumenta o seu domínio sobre a natureza e sobre as relações sociais, torna-se mais livre.

O homem domina a necessidade na medida em que amplia seus conhecimentos sobre a natureza e suas leis objetivas.[24]

Baseado nos conceitos acima expendidos, *José Afonso da Silva*[25] argumenta que

"não tem cabimento a discussão sobre a existência e não-existência da liberdade humana com base no problema da necessidade, do determinismo ou da metafísica do livre arbítrio, porque o homem se liberta no correr da história pelo conhecimento e conseqüente domínio das leis da natureza, na medida em que, conhecendo as leis da necessidade, atua sobre a natureza real e social para transformá-la no interesse da expansão de sua personalidade.

O homem para ser livre, entendida a liberdade como a possibilidade de palavra e ação, deve ter um âmbito próprio de realização, pois podem ocorrer algumas necessidades impeditivas da utilização da liberdade.

Desta forma, nem sempre a liberdade se consuma."

Este é outro ponto que enseja debate, pois a liberdade interior é uma, e a liberdade exterior é outra.

Assim, a liberdade interior é a manifestação da vontade no mundo interior do homem, é o seu livre arbítrio.

---

(22) SILVA, José Afonso da. *Op. cit.*, p. 209/210.
(23) GARAUDY, Roger. *La libertad*. Trad. do francês do Sara Manso. Buenos Aires: Lautas, 1960. p. 232.
(24) PRADO JUNIOR, Caio. *Dialética do conhecimento*. São Paulo: Brasiliense, 1955. Tít. II, p. 551/553.
(25) SILVA, José Afonso da. *Op. cit.*, p. 225.

Nesta espécie de liberdade, o homem pode escolher entre posições opostas, entre fins contrários, que *Rose-Marie Mossé-Bastide*[26] denomina de *liberdade dos contrários*.

Neste ponto, *José Afonso da Silva*[27] argumenta "que o debate não leva a lugar algum, pois toda gente sabe que, internamente, é bem possível escolher entre alternativas contrárias, se se tiver conhecimento objetivo e correto de ambas. A questão fundamental, contudo, é saber se, feita a escolha, é possível determinar-se em função dela. Isto é, se se têm condições objetivas para atuar no sentido da escolha feita, e aí se põe a questão da liberdade externa".

A liberdade externa consiste, exatamente, na possibilidade de o indivíduo poder realizar, livremente, o que se manifestou no seu domínio interior.

Há de se ter em conta, no entanto, que nem sempre o *quero* e o *posso* coincidem, pois "o poder de fazer tudo o que se quer, se não tiver freios, importará no esmagamento dos fracos pelos fortes e na ausência de toda liberdade dos primeiros".[28]

É nesse sentido que se fala em *liberdades* no plural, *liberdades públicas* (sentido estrito) e *liberdades políticas*.[29]

Desta forma, historicamente, a liberdade, na realidade, depende do desenvolvimento do homem em determinada época e lugar.

Assim, na medida em que o homem foi se desenvolvendo na sociedade, pelo aumento do grupo social, ou do crescimento do Estado, outras necessidades, também, surgiram. Veja-se, por exemplo, a diferença entre os nossos ancestrais e o homem atual.

As necessidades dos primeiros eram bem menores que a do homem de hoje, por isso o seu conceito de liberdade também era diverso, se analisarmos o problema sob o ângulo do *querer* e do *poder*.

Os freios a serem colocados por ações realizadas em detrimento dos mais fracos eram bem menores do que se exige, hoje, da ação do homem.

Assim, não se pode pensar que liberdade se opõe a autoridade legítima, pelo contrário, esta deve, exatamente, partir do pleno exercício da liberdade, mediante o consentimento popular.

Neste sentido, "autoridade e liberdade são situações que se complementam. É que a autoridade é tão indispensável à ordem social — condição mesma da liberdade — como esta é necessária à expansão individual. Um mínimo de coação há sempre que existir".[30]

---

(26) MOSSÉ-BASTIDE, Rose-Marie. *La liberté*. Paris: PUF, 1974. p. 16.
(27) SILVA, José Afonso da. *Op. cit.*, p. 225.
(28) MOSSÉ-BASTIDE, Rose-Marie. *Op. cit.*, p. 127.
(29) SILVA, José Afonso da. *Op. cit.*, p. 226.
(30) *Idem*.

Harold J. Laski[31] argumenta que "o problema está em estabelecer, entre a liberdade e a autoridade, um equilíbrio tal que o cidadão médio possa sentir que dispõe de campo necessário à perfeita expressão de sua personalidade".

Deduz-se, pois, que a liberdade no sentido interno da palavra consiste, exatamente, na ausência de qualquer coação que seja ilegítima, anormal e até imoral.

A coação sendo realizada com o consentimento daqueles que terão a sua liberdade restringida, diz-se que é legítima, normal e moral.

Para *Montesquieu*[32], "a liberdade política não consiste em fazer o que se quer. Num Estado, isto é, numa sociedade onde há leis, a liberdade não pode consistir senão em poder fazer o que não se deve querer", e conceitua liberdade como "o direito de fazer tudo o que as leis permitam".

Jean Rivero[33] conceitua a liberdade "como um poder de atuação do homem, em virtude do qual escolhe por si mesmo seu comportamento pessoal".

José Afonso da Silva[34] emite um conceito de liberdade que se traduz, na realidade, em poder de atuação sem deixar de ser resistência à opressão, que não se dirige contra ninguém, mas em busca de alguma coisa, que pode ser traduzida pela felicidade pessoal de cada um, colocando a liberdade, pela sua finalidade, em harmonia com a consciência de cada um, com o interesse do agente.

Desta forma, tem a liberdade como a "possibilidade de coordenação consciente dos meios necessários à realização da felicidade pessoal".

Em síntese, a liberdade consiste na liberação do homem dos obstáculos que se antepõem à realização de sua personalidade.

Quanto mais informações possuir maior será o seu processo de expansão.

Por isso, o Estado deve promover a liberdade do homem para que a autoridade e a liberdade possam se unir, e não serem contrapostos.

Quanto mais o homem se libera dos obstáculos, mais fácil será chegar-se a um processo democrático, do qual participam o Estado e o indivíduo.

Desta forma, o disposto no art. 4º da Declaração dos Direitos dos Homens e do Cidadão de 1789, determinando que a lei limitará a liberdade de cada um, está, diretamente, vinculado à idéia de que a liberdade e a autoridade legal, que, na realidade, é a consentida, expressam o verdadeiro sentido de liberdade do homem.

Adriano de Cupis[35] aduz que a "liberdade genericamente considerada consiste, como é sabido, na ausência de impedimentos. Enquanto existentes *in rerum natura*, pertence à simples ordem dos factos. É sobre este *substractum* natural que a razão do

---

(31) LASKI, Harold J. *A liberdade*. Trad. de Pinto de Aguiar. Salvador: Progresso.
(32) MONTESQUIEU. *De l'esprit des lois*. lib. XI, cap. III, t 1º, p. 162.
(33) RIVERO, Jean. *Les libertés publiques*. I: Les droits de L'homme. Paris: Presses Universitaires de France, 1973. p. 14.
(34) SILVA, José Afonso da. *Op. cit.*, p. 227.
(35) CUPIS, Adriano de. Os direitos da personalidade. Coleção *Doutrina*. Lisboa: Morais, 1961. p. 95, tradução de Adriano Vera Jardim e Antonio Miguel Caieiro.

direito traça o modelo da liberdade jurídica. A liberdade jurídica é, assim, definida em relação com a liberdade natural, como em relação com o ordenamento jurídico. Do primeiro ponto de vista, é uma entidade nova e mais restrita, pois que por meio da joeira efectuada pelo ordenamento jurídico, a liberdade natural sofre uma transformação essencial acompanhada de uma limitação na sua esfera de extensão. Do segundo ponto de vista, representa um produto do ordenamento jurídico. Na verdade, se a liberdade natural constitui o seu *substractum*, o ordenamento jurídico é a sua causa eficiente".

O ordenamento jurídico, obviamente, não regula toda a atividade humana, pelo contrário, traça o seu raio de ação.

Assim é que a denominada *liberdade interna*, que não extrapola o *quero* e *posso*, não faz parte do mundo jurídico: é do mundo dos fatos.

Esta esfera dos atos humanos subsiste, necessariamente, subtraída à ação do Direito, na medida em que esse campo é completa e constantemente desprovido de interesse para os fins do Estado, do qual emana o Direito.

As ações internas não são, apenas, simples fatos da vontade, mas podem ser, também, fatos da própria natureza.

No momento em que esses fatos ou essas ações internas se manifestam por qualquer forma, o seu caráter interno cessa, e passam a ser ações externas compreendidas na esfera de competência do Direito. Aí temos a *liberdade externa*, que extrapola o campo da ação humana e passa a interessar ao mundo jurídico, isto é, deixa de pertencer ao mundo dos fatos, para pertencer ao mundo jurídico.

Neste ponto, o ordenamento jurídico limita a liberdade humana, ou a liberdade interna, pois a ação praticada pelo homem pode atingir o direito de outrem.

Ressalte-se, porém, que nem toda liberdade externa, necessariamente, será regulada pela ordem jurídica.

Explicando o assunto, *Adriano de Cupis*[36] traz à colação a "circunstância de o direito não proibir o suicídio, nem impor a terceiras pessoas a obrigação de não impedi-lo, é insuficiente para concluir que não assuma a tal respeito uma posição própria. Com efeito, não deve esquecer-se que a todos incumbe a obrigação negativa de não instigar ou ajudar ao suicídio, e até a determinadas pessoas a obrigação de impedi-lo. Por isso, só o ato pessoal do suicida pode considerar-se indiferente para o direito, mas não o ato positivo ou negativo de terceiro que participe ativa ou passivamente no suicídio".

Observe-se, entretanto, que, a rigor, não se trata de indiferença do Direito ao ato do suicida, ainda quando frustrada a tentativa, mas sim uma questão de política criminal. Pretender punir o desesperado que, em vão, tentou o suicídio é, na verdade, agravar seu estado emocional e impulsioná-lo a tentar outra vez.

---

(36) CUPIS, Adriano de. *Op. cit.*, p. 99.

O homem não tem direito à própria vida nem dispor de sua integridade física, tanto que, como assinala *de Cupis* logo a seguir, certos casos de auto-lesão constituem infração penal.

Assim, o direito à liberdade existe, e é traduzido no direito de cada um se manifestar consoante a sua vontade, excluída aquela esfera de atividade, porém, realmente indiferente ao ordenamento jurídico.

A propósito, a Carta Política Brasileira de 1988, em seu art. 5º, tem como um dos direitos fundamentais do homem *a liberdade*, conforme texto já transcrito.

Em seus diversos incisos, encontram-se asseguradas várias manifestações da liberdade, que reafirmam essa proteção, de que são exemplos o inciso IV, que prevê a liberdade de manifestação do pensamento; o inciso VI, a liberdade de consciência e de crença; o inciso IX, a liberdade de expressão; o inciso XII, a liberdade de exercício de qualquer trabalho; o inciso XV, a liberdade de locomoção; o inciso XVII, a liberdade de associação, que se encontra, também, no *caput* do art. 8º, quando determina "que é livre a associação profissional ou sindical" a qual não poderá sofrer qualquer ingerência ou interferência do Estado.

Em conclusão, podemos admitir que o problema da liberdade faz parte da ordem natural, enquanto não extrapola o mundo fático, isto é, enquanto estiver na esfera do *quero* e *posso*.

Deixará, no entanto, de pertencer, simplesmente, ao mundo da natureza, quando extravasar os limites da liberdade interna e passar para a esfera da liberdade externa, isto é, aquela que interessa ao mundo jurídico e necessita, em conseqüência, de um controle efetivo pelo Estado, por atingir a liberdade de terceiros.

Nesta hipótese, teremos de admitir que a natureza da liberdade externa é de ordem constitucional, a de um direito individual fundamental constitucionalmente assegurado, pertencente ao mundo jurídico, e não, simplesmente, ao mundo da natureza.

III. GARANTIAS CONSTITUCIONAIS DAS LIBERDADES

3.1. A Constituição do Império

Em seu último título — o oitavo —, juntamente com as disposições gerais, a Carta Política do Império, de 1824, dispunha, em seu art. 179, sobre a "inviolabilidade dos Direitos Civis e Políticos dos cidadãos brasileiros, que tem por base a liberdade, a segurança individual e a propriedade, é garantida pela Constituição do Império".

Não obstante a colocação topológica desfavorável e até estranha para os nossos dias, a Carta do Império não descuidou das liberdades e não se mostra muito distanciada das constituições brasileiras que a sucederam.

Observe-se que o já mencionado art. 179 proclamava as bases ou princípios garantidores dos cidadãos brasileiros — e estava-se no limiar da nacionalidade — destacando entre eles a *liberdade*.

Nos incisos que enumeravam as garantias, já se lia que "nenhum cidadão pode ser obrigado a fazer ou deixar de fazer alguma coisa senão em virtude da lei".

A liberdade de pensamento e de expressão já era assegurada, excluída a censura prévia, mas estabelecida a responsabilidade pelos excessos.

A liberdade de religião vinha assegurada de forma tímida e com certa dubiedade, pois ninguém podia ser perseguido por motivo de religião, desde que respeitasse a do Estado e não ofendesse a ordem pública.

Efetivamente, não era tarefa fácil assegurar a liberdade de culto religioso, se a própria Constituição, em seu art. 5º, dizia expressamente que "A Religião Católica Apostólica Romana continuará a ser a Religião do Império" e, em seguida, permitia todas as outras religiões com "seu culto doméstico", ou particular em casas para isso destinadas, "sem forma alguma exterior de Templo".

O inciso VI do art. 179 garantia a qualquer um a liberdade de permanecer ou de sair do Império.

Deteve-se a Constituição de 1824 na disciplina da prisão, da nota de culpa, do flagrante e da fiança, tudo como expressões de garantia da liberdade.

A liberdade de trabalho vinha consignada no texto constitucional que estabelecia não se poder proibir nenhum gênero de trabalho, de cultura, indústria ou comércio, uma vez que não se opusesse aos costumes públicos, à segurança e saúde dos cidadãos.[1]

---

(1) Art. 179, inciso XXIV.

De maior importância que a liberdade de trabalho foi, sem dúvida, a "abolição das corporações de artes e ofícios, seus juízes, escrivães e mestres", com o que se permitiu o acesso de todos a todas as profissões.[2]

Dentro das características da economia do Brasil ao tempo de sua emancipação política, de natureza essencialmente fundiária e assentada na agricultura, e, sobretudo, tendo-se em vista que a mão-de-obra escrava representava a parte mais expressiva do trabalho como fator de produção, é de concluir-se que as garantias de liberdade tivessem mesmo de ter como destinatários apenas os cidadãos, eufemismo de homens livres.

Percebe-se, por outro lado, o cuidado com que o legislador constituinte procurou soluções hábeis em temas como o da liberdade religiosa, de forma a que se permitissem avanços sem, contudo, graves moléstias aos interesses então predominantes.

3.2. A Constituição Republicana de 1891

Aos 24 de fevereiro de 1891, pouco mais de um ano após a queda do Império, o Congresso Nacional Constituinte promulgava a primeira Constituição, na qual se proclamava que

"a Nação Brasileira adota como forma de governo, sob o regime representativo a República Federativa proclamada em 15 de novembro de 1889, e constitui-se, por união perpétua e indissolúvel das suas antigas províncias, em Estados Unidos do Brasil".

Já no estilo das constituições modernas e impregnada pelos ares do liberalismo, então em voga, a Carta Política republicana inseriu em seu texto uma declaração de Direitos onde a par das garantias asseguradas a brasileiros e estrangeiros residentes no País, quanto à inviolabilidade dos direitos concernentes à liberdade, à segurança individual e à propriedade, esmerou-se em apagar os vestígios do antigo regime e a desfazer os vínculos entre o Estado e a Religião.

Assim se disse no § 2º do art. 72 que todos eram iguais perante a lei, e a República não admitia privilégio de nascimento, desconhecia foros de nobreza; extinguia as ordens honoríficas existentes e todas as suas prerrogativas e regalias, bem como os títulos nobiliárquicos e de conselho.

Coerente com os princípios do liberalismo e voltada para a proteção do indivíduo, a Constituição de 1891 assegurou a liberdade de religião e de culto, permitindo seu exercício público e a associação para esse fim.

A liberdade de reunião e de associação foi garantida no inciso 8º do art. 72, confirmando a liberdade de pensamento e sua manifestação pela imprensa sem dependência de censura, respondendo cada um pelos excessos que cometesse.

---

(2) Art. 179, inciso XXV.

No § 22 do mesmo artigo, com todas as galas de garantia constitucional, assegurou-se a concessão de *habeas corpus* sempre que o indivíduo sofresse violência ou coação por ilegalidade ou abuso de poder.

Quanto à liberdade de trabalho, a nossa primeira Constituição da República garantiu, expressamente, o livre exercício de qualquer profissão moral, intelectual e industrial.[3]

O texto não devia, entretanto, ser compreendido com a amplitude a que uma interpretação literal conduziria.

Comentando o dispositivo em que estava garantida a liberdade de trabalho, *Carlos Maximiliano* observou:

"Em face do § 24 não se admitem limitações senão em caráter amplo, sem distinguir entre indivíduos nem entre as classes; ressalva-se, apenas, o interesse coletivo, isto é, a segurança individual, a ordem, a moral e a higiene. Daí se não deduz a dispensa de provas de habilitação para o exercício de certas profissões, como a de médico, cirurgião, farmacêutico, dentista, condutor de veículos urbanos, piloto.

Trata-se, neste caso, da saúde e da vida dos cidadãos, pelas quais deve o Estado velar paternalmente.

A liberdade consiste em não existir corporação de ofício, em ser classe acessível a todos, abertas, sem distinção, as matrículas das academias; permite-se a humildes e poderosos a conquista do saber, indispensável para o exercício das profissões várias. Qualquer indivíduo, nacional ou estrangeiro, pode ser médico, advogado, farmacêutico, *chauffeur* de automóvel, piloto de navio brasileiro, desde que demonstre haver adquirido os conhecimentos necessários. Não há privilégio pessoal, monopólio nenhum; existe somente uma garantia para o público.

Não se conhece liberdade absoluta. Qualquer franquia tem por limite o interesse superior da coletividade. É este o espírito da Constituição, atestado pelos *Annaes* e pela unanimidade dos jurisconsultos".[4]

A Emenda Constitucional de 3 de setembro de 1926 não introduziu, na Declaração de Direitos, alteração substancial, merecendo destaque, apenas, a mudança de redação da garantia do *habeas corpus*, acomodando-a à finalidade do instituto de assegurar a liberdade de locomoção.

3.3. A Carta Magna de 1934

Os representantes do Povo Brasileiro, reunidos em Assembléia Nacional Constituinte, "para organizar um regime democrático, que assegure à Nação a unidade, a

---

[3] Art. 72, § 24.
[4] MAXIMILIANO, Carlos. *Comentários à Constituição brasileira*. Rio de Janeiro: Jacintho Ribeiro dos Santos, 1918. p. 742.

liberdade, a justiça e o bem-estar social econômico", decretaram e promulgaram, em 16 de julho de 1934, a Magna Carta que viria a restabelecer o Estado de Direito, interrompido pela Revolução de 1930.

No capítulo dos direitos e garantias individuais, a Constituição de 34 assegurava, no *caput* do art. 113, a inviolabilidade dos direitos concernentes à liberdade e em seus incisos explicitou a asseguração da liberdade de consciência, de crença e do livre exercício dos cultos religiosos.

Como na carta antecedente, ficou garantido o direito de reunião e de associação, vedada a dissolução compulsória desta, salvo por sentença judicial.

O direito de locomoção, a liberdade de ir e vir, restou confirmada no inciso 23 do art. 113, tendo por instrumento o *habeas corpus* para reparar eventual ameaça ou violação.

Declarou-se, no inciso 34, caber a todos o direito de prover a própria subsistência e à da sua família, *mediante trabalho honesto*.

Merecedora de especial registro foi a inclusão entre as garantias constitucionais do *mandado de segurança* "para defesa de direito certo e incontestável", estabelecendo o texto que seu procedimento seria o mesmo do *habeas corpus* e que seu uso não prejudicaria o das ações petitórias competentes.

No título da Ordem Econômica e Social surge, pela vez primeira em nível constitucional, a referência aos sindicatos.

Assim é que o art. 120 da Constituição Federal de 1934 dispunha que os sindicatos e as associações profissionais seriam reconhecidos na forma da lei que, outrossim, deveria assegurar a pluralidade sindical e a *completa autonomia dos sindicatos*.

3.4. A Carta Outorgada de 1937

Somente como grosseira ironia se pode entender o preâmbulo da Carta Outorgada de 1937, que inicia afirmando que "atendendo às legítimas aspirações do povo brasileiro à paz política..." e, não obstante imposta pela força, dizia em seu art. 1º que "o poder político emana do povo e é exercido em nome dele...".

A outorga de uma Constituição inspirada em modelo fascista representou um enorme retrocesso no campo das liberdades que, longe de gozarem de garantia constitucional, foram cerceadas pela própria Carta Política, não raro disfarçadamente, sob a forma de condições impostas na lei.

Relendo-se a Declaração de Direitos, logo se encontra, no inciso 8º do art. 122, a disposição que assegura a liberdade de escolha de profissão ou de gênero de trabalho, indústria e comércio, *observadas as condições de capacidade e as restrições* impostas pelo bem público, nos termos da lei.

A liberdade de associação ficou condicionada a acomodar-se aos bons costumes, enquanto o direito de reunião a céu aberto ficava sujeito à formalidade de declaração e as reuniões passíveis de interdição em caso de perigo imediato para a segurança pública.

Ainda prenhe de ironia era a regra da alínea e do inciso 13 segundo a qual ficaria sujeito à pena de morte aquele que tentasse subverter a ordem política e social "com o fim de apoderar-se do Estado", como se tal atentado já não houvesse sido praticado pelo editor da Carta.

A liberdade de imprensa a rigor foi suprimida e imposta a censura prévia. A criação de tribunais especiais para certos crimes integra-se no melancólico quadro da Carta de 1937.

No terreno da liberdade sindical, que mais interessa a este trabalho, o texto mostra-se, no mínimo, contraditório.

Assim, o art. 138 inicia proclamando que a associação profissional ou sindical é livre. Logo a seguir, na segunda parte do dispositivo, submete o sindicato a regular reconhecimento do Estado para que possa ter o direito de representação legal da categoria de produção para que foi constituído e defender-lhe os direitos perante o Estado e as outras associações profissionais.

Da redação, embora não haja expressa menção, extrai-se a consagração da unicidade sindical, impedindo, dessa forma, a pluralidade que a Constituição de 1934 consagrara em seu art. 120, parágrafo único.

Além de suprimir expressamente diversas garantias de liberdade, a ditadura que outorgou a Carta sequer respeitou as que o texto preservara.

Como lembra *Pinto Ferreira*[5] "a bem dizer a verdade, a dita Carta Magna nunca foi cumprida. Dissolvidos órgãos do Poder Legislativo, tanto da União como dos Estados membros, dominou a vontade despótica do presidente, transformando em caudilho, à maneira do caudilhismo dominante nas repúblicas latino-americanas. Os Estados membros viveram sob o regime de intervenção federal, os interventores sendo na verdade delegados do presidente. As liberdades de imprensa e de opinião foram amordaçadas e também dissolvidos os partidos políticos".

3.5. A Constituição social democrática de 1946

A deposição de Getúlio Vargas em 29 de outubro de 1945, com a entrega do governo em caráter interino, ao Presidente do Supremo Tribunal Federal, marcou o fim do Estado Novo, implantado pela Carta Outorgada de 1937.

Em 2 de dezembro de 1945, foi instituída a Assembléia Nacional Constituinte, confiando a elaboração de um projeto a uma comissão, refundida por outra comissão, sendo, afinal, aprovada e promulgada a Constituição Federal de 1946.

---

(5) FERREIRA, Luiz Pinto. *Curso de direito constitucional*. São Paulo: Saraiva, 1978. v. 1, p. 55.

De índole social-democrática, a Constituição de 46 não se afastou, todavia, das concepções liberais que vinham da Carta Magna de 1934.

Pedro Calmon[6] definiu-a como *"avançada* (na concepção das conquistas sociais), *conservadora* (quanto às garantias individuais, à instituição da família, à forma do Estado, restituído ao tipo federal clássico), e *equilibradas* (na sua linha de compromisso intermediário das soluções extremadas, como um documento histórico-ideológico que assinala uma época de apaziguamento, tendo por base a ordem jurídica e por objetivo o bem comum)".

O Professor *Paulino Jacques*[7], após passar em revista as conquistas econômicas e sociais dos estatutos anteriores, mantidas pela Carta de 1946, arremata afirmando: "todavia, há mister dar execução integral a esses salutares preceitos constitucionais, a fim de que não permaneçam letra morta e possamos dizer que vivemos numa democracia social cristã, que tende, cada vez mais, a ampliar-se e aprofundar-se, acompanhando a evolução que é natural".

Os direitos e garantias individuais assegurados pela Constituição Federal de 1946 vieram proclamados em seu art. 141, em que, após a reiteração do princípio da igualdade de todos perante a lei, já enunciado na Carta antecedente, assegurava, no § 7º, a inviolabilidade da liberdade de consciência e de crença e dizia livre o exercício dos cultos religiosos, com exclusão dos que contrariassem a ordem pública ou os bons costumes.

A liberdade de reunião vinha explicitada no § 11, em que se afirmava a possibilidade de todos reunirem-se sem armas.

A liberdade de associação para fins lícitos foi ali garantida e restringida a dissolução compulsória à via da sentença judicial.

Cuidou, entretanto, a Constituição de proteger o regime democrático, vedando o registro de qualquer partido político ou associação cujo programa ou ação contrariasse esse regime, baseado na pluralidade dos partidos e na garantia dos direitos fundamentais do homem.

Era a seguinte a redação do § 14 do art. 141 da Constituição de 1946: "É livre o exercício de qualquer profissão, observadas as condições que a lei estabelecer".

A propósito do condicionamento do exercício de certas profissões ao estabelecido em lei, já advertia A. *de Sampaio Dória*[8] que, "a liberdade profissional, seria engano supor que se amesquinhe com exigências dessa natureza. O critério de intervenção oficial é este: se o exercício profissional pode causar danos irreparáveis sem culpa das vítimas, a lei pode exigir de quem se proponha exercer certa profissão, prova de capacidade técnica, sem atentar contra a liberdade; se, porém, os danos por abuso do

---

(6) CALMON, Pedro. *Curso de direito constitucional brasileiro*. São Paulo: Freitas Bastos, 1951. p. 16.
(7) JACQUES, Paulino. *Curso de direito constitucional*. Rio de Janeiro: Forense, 1967. p. 53.
(8) DORIA, A. de Sampaio. *Os direitos do homem, curso de direito constitucional*. São Paulo: Nacional, 1946. v. 2, p. 298.

exercício profissional forem reparáveis, e, mesmo, evitáveis pelos outros, o único juiz de sua capacidade técnica é o próprio profissional".

Quanto à liberdade de manifestação de pensamento, foi garantida, excluída a censura, salvo quanto aos espetáculos e diversões públicas.

O art. 159 dizia ser livre a associação profissional ou sindical, deixando à lei a regulamentação da forma de constituição e de representação nas convenções coletivas de trabalho.

Quanto à liberdade de trabalho, a Carta de 1946 não só a assegurava como definia o trabalho como obrigação social.[9]

3.6. O retorno à exceção com a Carta de 1967

A chamada Revolução de 31 de março (ou de 1º de abril) de 1964 editou os atos institucionais que se sobrepuseram à Carta Magna, dizendo-se investida no exercício do Poder Constitucional, que, a teor do preâmbulo do AI-1, "se manifesta pela eleição popular ou pela revolução. Esta é a forma mais expressiva do Poder Constituinte".

Votada pelo Congresso Nacional, sem regular investidura do Poder Constituinte, a Constituição Federal de 1967, embora nascida num período de trevas, não se distanciou muito das cartas anteriores no que tange aos direitos e garantias individuais.

A liberdade de manifestação de pensamento veio acompanhada, no § 8º do art. 150, da liberdade de convicção política, nova e de certa forma paradoxal garantia.

O § 23 dizia que "é livre o exercício de qualquer trabalho, ofício ou profissão, observadas as condições que a lei estabelecer".

Tal como nas Constituições de 34 e 46, e diversamente do que dispunha a de 1891, a liberdade de trabalho e profissão ficou sujeita a condições estabelecidas em lei.

É bem de ver, entretanto, que a lei não pode criar condições que importem em discriminações, *v. g.*, em virtude de raça, de cor, de condição social, de sexo.

O que se pode exigir por lei, no interesse coletivo, é que aquela estabeleça o mínimo de conhecimentos necessários ao desempenho da profissão.

A liberdade de reunião foi mantida, bem assim a de associação, vedada a extinção compulsória desta, senão por sentença, enquanto a liberdade de locomoção continuou merecendo a proteção do *habeas corpus*.

O exercício da liberdade de associação, na dicção de *Pontes de Miranda*[10], "consiste, precipuamente, em criar-se associação. Ali a associação está em lugar de ato de se associar; aqui em lugar de entidade associativa. A liberdade de se associar é, então, a de praticar o ato criador de associação. Compreende ela, além disso, a liberdade

---

(9) Art. 145, parágrafo único.
(10) MIRANDA, Pontes de. *Comentários à Constituição de 1967 com a Emenda n. 1 de 1969*. Rio de Janeiro: Forense, 1971. tomo V, p. 607.

de adesão às associações já constituídas: os novos associados são pessoas que aderem, sem que criem; aderem ao fato jurídico, ao que foi criado, à criação pretérita. Mais ainda: a liberdade de associação estende-se no tempo enquanto tem lugar o ato coletivo ou comum".

Quanto à liberdade sindical, o art. 159, a ela dedicado, dispunha ser livre a associação profissional e sindical, deixando à lei ordinária a regulamentação da representação legal nas convenções coletivas de trabalho.

Regra nova foi introduzida nesse campo pelo parágrafo segundo do art. 159, ao tornar obrigatório o voto nas eleições sindicais.

A Emenda Constitucional n. 1 de 1969, que por sua abrangência constituiu, praticamente, uma nova Constituição, não introduziu, nos temas aqui enfocados, modificações significativas. Assim:

a) assegurou a liberdade de consciência e, aos crentes, o exercício dos cultos religiosos, com a ressalva de não contrariarem os bons costumes;

b) repetiu a proclamação de ser livre a manifestação de pensamento, de convicção política ou filosófica, tudo independentemente de censura, salvo quanto a diversões e espetáculos públicos;

c) o *habeas corpus* continuou sendo o remédio heróico para coibir a violação da liberdade de locomoção, enquanto outros direitos, desde que líquidos e certos, restaram garantidos pelo mandado de segurança. O direito de reunião ficou garantido no § 27 do art. 153 e o de associação no dispositivo seguinte.

Quanto à liberdade de trabalho, foi reproduzida, *ipsis litteris*, a redação da Carta anterior, o mesmo ocorrendo com a liberdade de associação profissional e sindical.

3.7. Os avanços da Constituição de 5 de outubro de 1988

Quase um quarto de século transcorreu entre a Revolução de 1964 e a promulgação da Constituição de 1988.

Aos 20 anos de regime de exceção, de trevas, seguiu-se, como não podia deixar de acontecer, uma explosão de liberdade, uma busca intensa da cidadania.

Ressabiada, após tantos anos de ausência das garantias fundamentais, a Nação veio a exigir uma Carta Magna que encerrasse uma amplíssima declaração de direitos, que estabelecesse o máximo em garantias, enfim, que elevasse em nível de regras constitucionais suas aspirações represadas.

Os que criticaram e criticam a vigente Constituição, dizendo-a pretensiosa quando acena com regras que se destinariam a resolver todos os problemas do Povo, não percebem que tudo que nela se contém é produto de uma incontinência cívica: não pode a Nação deixar de tentar sair do abismo a que foi levada, ou, pelo menos, consignar expressamente sua vontade na Carta Política.

Não surpreende, pois, que o título dos Direitos e Garantias fundamentais, praticamente, abra o texto constitucional, importando a mudança de topologia, em verdade, na preocupação de pôr em maior destaque, no pórtico da Carta Magna de 1988, os Direitos e Deveres Individuais e Coletivos, enumerados em nada menos do que 77 incisos que compõem o seu art. 5º.

Terá o legislador constituinte seguido a advertência de *Maurice Hauriou*[11]:

"En todas las *Declaraciones de derechos* y en todas las Constituciones revolucionarias figura la seguridad en la primera fila de los derechos individuales. Mediante el derecho de *seguridad*, se trata de garantizar la libertad individual contra el arbitrio de la justicia penal, es decir, contra las jurisdicciones excepcionales, contra las penas arbitrarias, contra las detenciones y los arrestos preventivos, contra las asechanzas del procedimiento criminal. Los publicistas ingleses pusieron en el primer plano la preocupación de la seguridad; además de este precedente, la materia se impuso po sí sola a la atención de los filósofos del siglo XVIII y de los legisladores de la Revolución, a causa de los vicios y peligros del procedimiento penal de la época".

A liberdade de manifestação do pensamento vem inscrita no inciso IV, vedado o anonimato, enquanto o VI anuncia a inviolabilidade da liberdade de consciência e de crença.

A Carta de 1988 declara livre a expressão da atividade intelectual, artística, científica e de comunicação, independentemente de censura prévia.

O dispositivo do inciso IX é mais amplo e explícito do que os das Constituições anteriores e destaca-se pelo fato de extinguir a censura prévia em qualquer forma de manifestação.

Por outro lado, pela primeira vez, a norma assecuratória da liberdade de expressão vem diretamente ligada com a garantia do direito à intimidade, à privacidade, à honra e à imagem das pessoas, que a Constituição afirma invioláveis.

Em cuidadosa monografia, *Edoardo Giannotti*[12] apontava, reportando-se inclusive a *Ada Grinover*, as tendências para a constitucionalização do direito à intimidade: "Se, de um lado, inúmeros fatores sociais e econômicos provocaram o desenvolvimento de um Estado forte, intervencionista e, eventualmente, opressor, entravando o livre desenvolvimento da personalidade humana, de outro, a presença desse mesmo Estado no meio social tornou-se irreversível e mesmo imprescindível.

Nessa medida, a idéia do Estado de Direito torna-se vital. Ele seria simultaneamente forte e promotor do bem comum. Ao Estado de Direito, sustentado no ideal de justiça, cabe a proclamação e tutela do direito à intimidade.

É nesse sentido que entendemos a interpretação de *Ada Grinover*, segundo a qual todas as liberdades são públicas, porque a obrigação de respeitá-las é imposta

---
(11) HAURIOU, Maurice. *Princípios de direito público e constitucional*. Trad. esp. por Carlos Ruiz del Castillo. 2. ed. Madrid: Réus, s/índice de data, p. 136.
(12) GIANNOTTI, Edoardo. *A tutela constitucional de intimidade*. Rio de Janeiro: Forense, 1987. p. 64.

pelo Estado, pressupondo sua intervenção. É no Estado de Direito que a autora nota a tendência para a constitucionalização das liberdades públicas e, entre elas, dos direitos da personalidade, que incluem o direito à intimidade. Tal tendência representaria um passo importante para sua estabilização positiva".

O inciso XIII do art. 5º diz ser livre o exercício de qualquer trabalho, ofício ou profissão, atendidas as qualificações profissionais que a lei estabelecer.

Redigida com melhor técnica, a regra, todavia, repete a garantia já assegurada nas antecedentes Constituições.

Na realidade, como já advertia *Duguit*, ao cuidar de "la liberté du travail du commerce et de l'industrie, elle est encore la conséquence du principe de la liberté individuelle. Si l'homme doit être laissé libre par la loi de développer et d'employer son activité physique, il doit être libre de travailler comme il l'entend, de louer ses services à d'autres, de créer tel produit que bon lui semble, de faire tel trafic qu'il juge avantageux. Tout cela n'est que le prolongement naturel de la liberté physique".[13]

Agora, como antes, a liberdade de trabalho representa uma das expressões da liberdade individual.

Quanto à liberdade de associação, dedicou-lhe a Constituição nada menos de três incisos em que, como que inspirada na lição de *Pontes de Miranda*, aqui já transcrita, a faz abranger a liberdade de criação de associações (inciso XVIII), a liberdade de adesão às associações já existentes (inciso XVII) e a vedação de sua extinção compulsória, salvo por decisão judicial trânsita em julgado (inciso XIX), enquanto o inciso XX assegura a liberdade de não associar-se e garante que ninguém será compelido a permanecer associado.

O inciso XXI garante às entidades associativas, quando expressamente autorizadas, legitimação para representar seus filiados judicial ou extrajudicialmente.

Trata-se, como se vê, das mais amplas garantias já asseguradas constitucionalmente quanto à liberdade de associação, ao menos de forma explícita.

A liberdade de locomoção também foi alvo de garantia expressamente detalhada e cercada de medidas que a assegurem efetivamente.

Assim, enquanto o inciso LXI repete a regra de que ninguém será preso senão em flagrante delito ou por ordem escrita — e agora fundamentada — de autoridade judiciária, o inciso LXII manda que a prisão de qualquer pessoa e também o local em que esta se encontre sejam comunicados, imediatamente, assim ao juiz competente como à família do preso, que, na forma do inciso LXIII, será informado de seus direitos, entre os quais o de permanecer calado e ter assistência de advogado e da família.

A garantia de liberdade ameaçada ou violada continua tendo como instrumento o *habeas corpus*.[14]

---

(13) DUGUIT, Leon. *Manuel de droit constitutionnel*. Paris: Albert Fontemoing, 1907. p. 528.
(14) A propósito não será demasiado lembrar que a garantia do *habeas corpus* surgiu em decorrência da petição de direitos dirigida pelos barões ingleses ao rei João, que sucedeu no trono da Inglaterra a seu sobrinho, Ricardo I.

Finalmente, quanto à liberdade sindical, o art. 8º declara que é livre a associação profissional ou sindical, observadas as normas que vão a seguir explicitadas em VIII incisos e um parágrafo, matéria que será tratada adiante.

Tantos foram os desmandos de João — cognominado João Sem Terra — que os condes e barões, como narra *Pontes de Miranda* (*História e prática do* habeas-corpus. Rio de Janeiro: José Konfino, 1955. p. 12) "reuniram-se por ocasião de pretensa peregrinação a S. Edmund's Bury... os fatos levaram os barões à atitude extrema; e acordaram que era preciso obter do rei, ainda que pela força, carta de liberdade".
A Magna Carta inglesa, de 15 de junho de 1215, ao proclamar o *Bill of Rights*, incluiu o *habeas corpus*, do qual foi, portanto, a matriz.

IV. AS LIBERDADES EM ESPÉCIE, SEGUNDO O ORDENAMENTO JURÍDICO CONSTITUCIONAL VIGENTE

No capítulo II, item 2.3, quando tratamos da natureza do direito à liberdade, expusemos a posição da doutrina com relação ao tema.

Concluímos que aqueles que admitem a liberdade como um direito constitucional não o vêem como um atributo inerente à própria personalidade do homem, ou melhor, como um direito humano, pertencente ao direito natural, mas sim, ao direito positivo.

Por essa razão, a têm como liberdade objetiva, isto é, o *fazer*, o *atuar*, no que extrapola o mundo dos fatos, ou melhor, a liberdade externa.

Assim, quando se fala em liberdade objetiva ou liberdade externa, costuma-se falar em *liberdades* no plural, isto é, as diversas expressões externas da liberdade, que, na realidade, são formas de liberdade.

Em conformidade com o texto constitucional vigente, dividimos as várias espécies de liberdade em:

a) liberdade de locomoção;

b) liberdade de pensamento e expressão;

c) liberdade de consciência e de crença;

d) liberdade de reunião;

e) liberdade de associação.

4.1. Liberdade de locomoção

O inciso XV do art. 5º da Carta Política de 1988, dispõe:

"...é livre a locomoção no território nacional em tempo de paz, podendo qualquer pessoa, nos termos da lei, nele entrar, permanecer ou dele sair com seus bens".

Do texto constitucional supratranscrito, pode-se extrair duas situações: a primeira diz respeito à liberdade de locomoção dentro do território nacional; e a segunda, à liberdade de uma pessoa entrar, permanecer ou sair com os seus bens, do território nacional.

Analisando o tema à luz da Constituição Federal de 1946, *Sampaio Doria*[1] afirmava que o direito de locomoção de um indivíduo estava, exatamente, na possibilidade de "todos locomoverem-se livremente nas ruas, nas praças, nos lugares públicos, sem temor de serem privados de sua liberdade de locomoção".

Vê-se, pois, que o conceito acima expendido refere-se à liberdade da pessoa física. Aliás, é bom que se diga, é a primeira forma de liberdade conquistada pelo indivíduo, pois o retira da condição de escravo para torná-lo um homem livre.

José Afonso da Silva[2] tem como noção de liberdade do ser humano "a possibilidade que se reconhece a todas as pessoas a serem senhoras de sua própria vontade e de locomoverem-se desembaraçadamente dentro do território nacional".

A noção primordial do direito à liberdade de o indivíduo locomover-se encontra-se muito bem definida por *Eduardo Espínola*[3] como o poder que todos os indivíduos têm de coordenar e "dirigir suas atividades e de dispor de seu tempo, como bem lhes parecer, em princípio, cumprindo-lhes, entretanto, respeitar as medidas impostas pela lei, no interesse comum, e abster-se de atos lesivos dos direitos de outrem".

Tudo que foi exposto, até agora, refere-se ao direito do homem de locomover-se no território nacional, em tempo de paz.

Assim é que, a princípio, nenhuma restrição pode ser imposta ao homem, no que se refere ao seu direito de locomoção, a não ser que tenha praticado qualquer ato considerado contrário à lei, no sentido geral, contra terceiros ou contra o próprio Estado.

Ressalte-se, porém, que a liberdade de locomoção em tempos de guerra pode sofrer algumas limitações sem, no entanto, ser totalmente restringida, pois o Estado poderá adotar algumas medidas de conveniência, visando não apenas à segurança do indivíduo, como, também, do próprio Estado, principal responsável pela segurança de todos os membros da sociedade.

Dessa maneira, para garantir este direito de locomover-se é que foi criado desde o século XIII o instituto do *habeas corpus*, que no texto constitucional vigente vem expresso no inciso LXVIII do art. 5º, *in verbis*:

"conceder-se-á *habeas-corpus* sempre que alguém sofrer ou se achar ameaçado de sofrer violência ou coação em sua liberdade de locomoção, por ilegalidade ou abuso de poder".

Assim, o legislador constituinte, atento à importância deste direito, não se limitou a assegurá-lo, apenas, quando alguém se vê tolhido do direito de locomoção, mas a simples ameaça já é suficiente para que se faça uso do remédio heróico.

---

(1) DORIA, Sampaio. *Direito constitucional — comentários à Constituição de 1946*. São Paulo: Max Limonad, 1960. v. 4, p. 651.
(2) SILVA, José Afonso da. *Op. cit.*, p. 230/231.
(3) ESPÍNOLA, Eduardo. *Constituição dos Estados Unidos do Brasil, de 18 de setembro de 1946*. Rio de Janeiro: Freitas Bastos, 1952. v. 2, p. 562.

O referido instituto, na realidade, foi constitucionalizado desde a Carta de 1891, em termos amplos, no § 22 do art. 72, *in verbis:*

"Art. 72. A Constituição assegura a brasileiros e a estrangeiros residentes no País a inviolabilidade dos direitos concernentes à liberdade, à segurança individual e à propriedade nos termos seguintes:

§ 22. dar-se-á o *habeas-corpus* sempre que o indivíduo sofrer ou se achar em iminente perigo de sofrer violência, ou coação, por ilegalidade, ou abuso de poder".

Em termos de lei adjetiva penal, foi instituído no Código Criminal de 1832, no art. 340.

O Código de Processo Penal atual não discrepa dos textos anteriores, dispondo em seu art. 647 que:

"Art. 647. Dar-se-á *habeas-corpus* sempre que alguém sofrer ou se achar na iminência de sofrer violência ou coação ilegal na sua liberdade de ir e vir, salvo nos casos de punição disciplinar".

Alguns autores incluem na liberdade de locomoção o direito à liberdade de circulação, que consiste em ir, vir, ficar, parar, estacionar.[4]

Na realidade, este direito nada mais é do que a *longa manus* da liberdade de locomoção, exercitável em um local público, cuja circulação deve ser regulamentada pela própria Administração Pública.

4.2. Liberdade de pensamento e de expressão

Segundo *Sampaio Dória*[5], liberdade de pensamento "é o direito de exprimir, por qualquer forma, o que se pense em ciência, religião, arte, ou o que for".

Consiste, na realidade, na exteriorização do pensamento no seu sentido mais abrangente, já que no seu aspecto interno, como consciência, como crença, como opinião, esta liberdade é plenamente reconhecida, porém não cria maiores problemas, pois não passa do mundo interior do indivíduo, sem ensejar ou provocar qualquer atitude no mundo exterior.

Para *Pimenta Bueno*[6] "a liberdade de pensamento em si mesmo, enquanto o homem não a manifesta exteriormente, enquanto não o comunica, está fora de todo poder social, até então é do domínio somente do próprio homem, de sua inteligência e de Deus. ...O homem porém não vive concentrado só em seu espírito, não vive isolado, por isso mesmo que por sua natureza é um ente social. Ele tem a viva tendência e necessidade de expressar e trocar suas idéias e opiniões com os outros homens, de cultivar mútuas relações, seria mesmo impossível vedar, porque fora para isso necessário dissolver e proibir a sociedade".

---
(4) SILVA, José Afonso da. *Op. cit.*, p. 231.
(5) DORIA, Sampaio. *Op. cit.*, v. 3, p. 602.
(6) BUENO, Pimenta. Direito público brasileiro e análise da Constituição do império. Ministério da Justiça, *Serviço de Documentação*, 1958. p. 384 e 385.

A liberdade de pensamento pode ser subdividida em liberdade de opinião, de religião, de informação, artística e de comunicação do conhecimento.

4.2.1. Liberdade de opinião

É a própria expressão da liberdade de pensamento, razão pela qual *Claude-Albert Colliard* [7] diz que a "liberdade primária é ponto de partida das outras".

Dessa forma, por meio da opinião, o indivíduo pode adotar qualquer atitude intelectual, quer seja intimamente, quer seja publicamente, que se traduz na liberdade de pensar e de dizer o que tenha ou que ache como verdadeiro.

A liberdade de expressão da atividade intelectual encontra-se inserta no inciso IX do art. 5º da Carta Política de 1988.

4.2.2. Liberdade de consciência e de crença

Outra forma da expressão de liberdade de pensamento é a liberdade de religião.

A Carta Política de 1988 prevê no inciso VI do art. 5º "a liberdade de consciência e de crença, assegurando a todos os indivíduos o livre exercício de cultos religiosos e a garantia de proteção aos locais de culto e às suas liturgias" e, no inciso VIII do mesmo artigo, dispõe que "ninguém será privado de direitos, por motivo de crença religiosa ou de convicção filosófica ou política, salvo na hipótese de as invocar para poder eximir-se de obrigação legal a todos imposta e recusar-se a cumprir prestação alternativa, fixada em lei".

Do exposto, verifica-se que a própria Lei Magna assegura aos indivíduos a liberdade de selecionar ou escolher a religião que queiram adotar, ou, até mesmo, não adotar nenhuma, pois o ateísmo não é condenado em nossa legislação.

De acordo com *José Afonso da Silva*[8], da liberdade de consciência, de crença religiosa e de convicção filosófica, deriva o direito individual de escusa consciência, ou seja, o direito de recusar prestar determinadas imposições que contrariem as convicções religiosas ou filosóficas do interessado.

Assim, temos como exemplo o adepto do adventismo do sétimo dia que não pode praticar nenhum ato aos sábados, por ser um dia sagrado para os seus seguidores.

Na hipótese do exemplo acima, como exigir de um empregado que tivesse que exercer sua atividade em um sábado, já que por sua religião isto não seria possível!

Ou este empregado teria, alternativamente, que compensar as horas de trabalho em outro dia, ou, no caso de recusa, e não logrando a anuência do empregador, ser dispensado.

---

(7) COLLIARD, Claude-Albert. *Libertés publiques*. Paris: Dalloz, 1972. p. 316.
(8) SILVA, José Afonso da. *Op. cit.*, p. 235.

4.2.3. Liberdade de comunicação

A liberdade de comunicação, em termos constitucionais, consiste num conjunto de direitos, formas, processos e veículos, que possibilitam a coordenação desembaraçada da criação, expressão e difusão do pensamento e da informação.

Esta ilação pode ser retirada do contido no art. 5º, incisos IV, V, IX, XII e XIV, combinados com os arts. 220 a 224 da Carta Política de 1988.

O inciso IV trata da livre manifestação do pensamento; o inciso V assegura o direito de resposta, proporcional ao gravame sofrido, além de prever uma indenização por dano moral, material ou à própria imagem; o inciso IX cuida da liberdade de expressão da atividade intelectual, artística, científica e de comunicação, independente de censura ou licença; o inciso XII da inviolabilidade do sigilo da correspondência e das comunicações telegráficas, de dados e das comunicações telefônicas, salvo, no último caso, por ordem judicial, nas hipóteses e na forma que a lei estabelecer para fins de investigação criminal ou instrução processual penal; e, finalmente, o inciso XIV assegura a todos o acesso à informação, resguardando o sigilo da fonte, quando necessário ao exercício profissional.

Os arts. 220 a 224 disciplinam a *comunicação social*, proibindo qualquer restrição à manifestação de pensamento, à criação, à expressão e à informação, observando o disposto na Carta Política em vigor.

Como formas de comunicação, temos a liberdade de manifestação do pensamento, a liberdade de informação em geral e a liberdade de informação jornalística.

Além dessas formas, a liberdade de comunicação envolve, também, os meios pelos quais esta deverá ser expressada, que podem ser os livros, jornais, periódicos, serviços de radiodifusão sonora e de sons e imagens e os serviços noticiosos, conforme os arts. 2º e 12 da Lei n. 5.250, de 1967.

Segundo *José Afonso da Silva*[9], as formas de comunicação regem-se pelos seguintes princípios básicos:

"A liberdade de comunicação consiste num conjunto de direitos, formas, processos e veículos, que possibilitam a coordenação desembaraçada da criação, expressão e difusão do pensamento e da informação. É o que se extrai dos incisos IV, V, IX, XII e XIV do art. 5º combinado com os arts. 220 a 224 da Constituição. Compreende ela as formas de *criação, expressão e manifestação do pensamento e de informação,* e o organização dos *meios de comunicação,* esta sujeita a regime jurídico especial de que daremos notícias no final desse tópico.

As formas de comunicação regem-se pelos seguintes princípios básicos:

a) observado o disposto na Constituição, não sofrerão qualquer restrição qualquer que seja o processo ou veículo porque se exprimam;

---
(9) SILVA, José Afonso da. *Op. cit.,* p. 237.

b) nenhuma lei conterá dispositivo que possa constituir embaraço à plena liberdade de informação jornalística;

c) é vedada toda e qualquer forma de censura de natureza política, ideológica e artística;

d) a publicação de veículo impresso de comunicação independe de licença de autoridade;

e) os serviços de radiodifusão sonora e de sons e imagens dependem de concessão, permissão e autorização do Poder Executivo Federal, sob controle sucessivo do Congresso Nacional, a quem cabe apreciar o ato, no prazo do art. 64, §§ 2º e 4º (45 dias, que não correm durante o recesso parlamentar);

f) os meios de comunicação social não podem, direta ou indiretamente, ser objeto de monopólio".

4.3. Liberdade de reunião

O direito à liberdade de reunião encontra-se consagrado na Carta Magna de 1988, que em seu art. 5º, inciso XVI, dispõe:

"todos podem reunir-se pacificamente, sem armas em locais abertos ao público, independentemente de autorização, desde que não frustrem outra reunião anteriormente convocada para o mesmo local, sendo apenas exigido prévio aviso à autoridade competente".

O texto constitucional supratranscrito encerra em si mesmo um preceito que não mais necessita de lei ordinária regulamentadora para ser aplicado.

Assim, nem a autorização do Poder Público para intervir e manter a ordem e que antes era utilizada, na realidade, para dificultar e até evitar o livre exercício do direito de reunião, faz-se mais necessária.

Hoje, o que a Constituição Federal exige é, apenas, um aviso à autoridade competente, para que seja garantido o direito em tela.

Até com relação ao lugar em que se efetivará a reunião, o Poder Público não poderá se manifestar, a não ser que outra reunião já esteja prevista para o mesmo local.

O conceito de reunião, no dizer de *Pontes de Miranda*[10], "é a aproximação — especialmente considerada — de algumas ou muitas pessoas, com o fim de informar-se, de esclarecer-se e de adotar opiniões (deliberar, ainda que só foro íntimo)".

Dessa forma, reunião é "qualquer agrupamento formado em um certo momento com o objetivo comum de trocar idéias ou de receber manifestação de pensamento político, filosófico, religioso, científico ou artístico".[11]

---

(10) MIRANDA, Francisco Cavalcanti Pontes de. *Comentários à Constituição de 1967, com a Emenda n. 1, de 1969*. São Paulo: Revista dos Tribunais, 1970. tomo V, p. 596.
(11) SILVA, José Afonso da. *Op. cit.*, p. 256.

Assim, para haver uma reunião não se faz necessária uma organização, isto é, não é preciso que, previamente, se organize um grupo para tratar de qualquer assunto.

Para o insigne *Pontes de Miranda*[12], reuniões não são nem ajuntamentos ocasionais, nem ajuntamentos por força de ordens legais.

A reunião, normalmente, é formada pela vontade daqueles que a ela aderem. Assim, como formas de reunião, temos as passeatas e as manifestações em logradouros públicos.

A diferença que se faz entre passeata e simples manifestação está em que esta se realiza num só lugar, é imóvel, enquanto aquela se desloca nas vias públicas.[13]

Para *José Afonso da Silva*[14] "a liberdade de reunião é daquelas que podemos denominar de liberdade-condição, porque, sendo um direito em si, constitui também condição para o exercício de outras liberdades: de manifestação de pensamento, de expressão de convicção filosófica, religiosa, científica e política e de locomoção (liberdade de ir, vir e ficar)".

À liberdade do direito de reunir-se, entretanto, o inciso XVI do art. 5º constitucional estabeleceu duas limitações: a primeira diz respeito à impossibilidade da utilização de armas. Como o texto constitucional não especificou, entende-se que vedou o uso de qualquer arma, branca ou de fogo, que possa demonstrar qualquer atitude que não tenha finalidade pacífica. A segunda limitação está no pré-aviso à autoridade competente.

Obviamente o pré-aviso refere-se a reunião em locais públicos, e não a toda reunião, genericamente, pois as reuniões consideradas privadas não necessitam ser avisadas a qualquer autoridade, sob pena de violação de outros direitos contidos na Carta Política.

4.4. Liberdade de associação

Em termos constitucionais, a primeira vez que se falou em liberdade de associação no Brasil, foi na Constituição de 1891, que no § 8º do art. 72 dispunha:

"Art. 72. A constituição assegura a brasileiros e a estrangeiros residentes no País a inviolabilidade dos direitos concernentes à liberdade, à segurança individual e à propriedade, nos termos seguintes:

...

§ 8º A todos é lícito associarem-se e reunirem-se livremente e sem armas, não podendo intervir a polícia senão para manter a ordem pública."

Verifica-se que o texto tratava do direito da liberdade de associação juntamente com o da liberdade de reunião.

---

(12) MIRANDA, Francisco Cavalcanti Pontes de. *Op. cit.*, p. 597.
(13) *Ibidem*, p. 599.
(14) SILVA, José Afonso da. *Op. cit.*, p. 257.

Aliás, registre-se que a Declaração dos Direitos do Homem e do Cidadão, de 1789, não falou na referida espécie de liberdade.

O texto constitucional de 1988 trata da matéria nos incisos XVII a XXI do art. 5º, *in verbis*:

> "Art. 5º ... .
>
> XVII — é plena a liberdade de associação para fins lícitos, *vedada a de caráter paramilitar*". (grifo nosso)

Vê-se, aqui, que apesar de proclamar a liberdade de associação, o texto veda qualquer associação de caráter paramilitar, o que se explica, tendo em vista a soberania e a segurança do País.

> "XVIII — a criação de associações e, na forma da lei, a de cooperativas independem de autorização, sendo vedada a interferência estatal em seu funcionamento."

Do dispositivo extrai-se que a Constituição equiparou as associações e as cooperativas, tanto que no § 2º do art. 174 do Título VII, *Da Ordem Econômica e Financeira*, dispôs que "a lei apoiará e estimulará o cooperativismo e outras formas de associativismo".

> "XIX — as associações só poderão ser compulsoriamente dissolvidas ou ter suas atividades suspensas por decisão judicial, exigindo-se, no primeiro caso, o trânsito em julgado."

Observa-se do inciso, no que tange à dissolução das associações, que esta somente poderá ocorrer por meio de decisão judicial trânsita em julgado, permitindo, no entanto, o inciso que, quando se tratar da suspensão de suas atividades, não dependerá do exaurimento dos recursos, isto é, poderá ser realizada quando da expedição da sentença ou mesmo liminarmente, no que a nosso ver não andou bem o legislador constituinte, pois poderá causar enormes prejuízos para a associação, caso a sentença venha a ser reformada pelos tribunais superiores.

> "XX — ninguém poderá ser compelido a associar-se ou a permanecer associado."

A Carta Magna, no inciso V do art. 8º, aliás, corrobora este entendimento, quando diz que "ninguém será obrigado a filiar-se ou a manter-se filiado a sindicato".

Ao direito à liberdade de associação, verifica-se do inciso XVII que existem, apenas, duas restrições: que as associações sejam criadas para fins lícitos e que não tenham caráter paramilitar. Segundo *José Afonso da Silva*[15] "é aí que se encontra a sindicabilidade que autoriza a dissolução por via judicial".

> "XXI — As entidades associativas, quando expressamente autorizadas, têm legitimidade para representar seus filiados, judicial ou extrajudicialmente".

Como exemplo de representatividade das entidades associativas, temos no próprio texto constitucional duas situações: a do inciso III do art. 8º que determina:

> "ao sindicato cabe a defesa dos direitos e interesses coletivos ou individuais da categoria, inclusive em questões judiciais ou administrativas",

---

(15) SILVA, José Afonso da. *Op. cit.*, p. 260.

e a do inciso LXX do art. 5º, que dispõe:

"o mandado de segurança coletivo pode ser impetrado por:

a) partido político com representação no Congresso Nacional; e,

b) organização sindical, entidade de classe ou associação legalmente constituída e em funcionamento há pelo menos um ano, em defesa dos interesses de seus membros ou associados".

Após a análise do texto constitucional, cabe agora, afinal, conceituar o que seja *associação* e, em nosso entendimento, ninguém melhor do que *Pontes de Miranda*[16] o fez:

"Associação é toda a coligação voluntária de algumas ou de muitas pessoas físicas, por tempo longo, com o intuito de alcançar algum fim (lícito), sob direção unificante. Não está em causa a personalidade, nem, sequer, certa capacidade indireta de direito (...) como a de receber benefícios (*e.g., modus*). Por outro lado, não pode invocar o princípio constitucional a pessoa jurídica que se proponha a associar-se a outras pessoas jurídicas, ou a pessoas físicas; nem a que deseje aderir ao negócio de associação".

Tem-se, pois, que o direito de associação, conforme está disposto na Constituição de 1988, é inerente à pessoa física, não podendo ser estendidas suas garantias às pessoas jurídicas.

Por isso, é a liberdade de associação um direito fundamental do homem, próprio da personalidade de cada um, por ser livre para escolher, associar-se ou não se associar a qualquer entidade.

---

(16) MIRANDA, Francisco Cavalcanti Pontes de. *Op. cit.,* tomo V, p. 608.

V. SINDICATO

5.1. Conceito

A conceituação do sindicato, tendo em vista as suas atribuições, tem variado muito.

Há autores que, diante de sua complexidade, admitem que o sindicalismo já ultrapassou a esfera do Direito Trabalhista, principalmente no âmbito das relações coletivas, em que é situado por *Segadas Vianna* e *Arnaldo Süssekind* [1], para se apresentar como um ramo autônomo, denominado Direito Sindical.

Alguns doutrinadores vêem-no no sentido clássico, de coalizão permanente para a luta de classes. Outros já o entendem como órgão destinado a solucionar o problema social e, ainda outros, atribuem-lhe uma posição de ação e influência em todo o complexo social.

Verifica-se, desde logo, que conceituar o que seja *sindicato* não se constitui tarefa das mais fáceis.

A expressão *sundike*, proveniente do grego, significava procurador.

Esta raiz grega foi exatamente a que fez difundir o termo *sindicato* pela América Latina.

Ao lado dos inúmeros grupos sociais que se formam no mundo, a categoria profissional também forma um grupo social natural, seus integrantes se unem, naturalmente, em razão de interesses comuns, quase que espontaneamente, até mesmo antes que haja qualquer regulamentação jurídica.

Assim, em decorrência de uma profissão, nasce um sentimento de solidariedade entre os trabalhadores que pertençam à mesma categoria profissional, pois os interesses profissionais comuns ocasionam uma maior consciência profissional e aproximação entre eles, o que o leva a fundar órgãos próprios, com capacidade para defender os seus interesses, ou seja, os interesses de toda a categoria profissional que representam, resistindo a interesses opostos e elevando, em conseqüência, o nível econômico e social do grupo.

Dessa união espontânea é que surge a figura do sindicato, representando e defendendo a categoria profissional como um todo, independente do interesse individual de cada um, em busca, cada vez mais, da melhoria das condições profissionais.

---

(1) SÜSSEKIND, Arnaldo *et al. Instituições de direito do trabalho*. 15. ed. São Paulo: LTr, 1995. v. 2, p. 1012.

Esta naturalidade do fenômeno sindical foi abordada de forma lapidar por *Alejandro Gallart Folch*[2], quando afirma que "o fato sindical é um dos fenômenos da maior espontaneidade que se produziram na história social. Como conseqüência de outro fato, ao qual já nos referimos anteriormente, a concentração industrial, aparece um novo fator psicológico na vida pública, que é o espírito e consciência de classe, e este espírito, alentando, em algumas vezes, o ataque e, em outras, a defesa, encarna-se nas organizações profissionais: os sindicatos. O movimento de organização profissional não surge a instâncias de uma impulsão estatal, nem da atuação reflexiva de outros organismos sociais preexistentes ao próprio movimento, mas nasce espontaneamente de uma necessidade social, coletivamente sentida, choca-se desde o primeiro momento com a inimizade do Poder Público".

Ao adentrarmos no campo conceitual, verificamos um número exacerbado de definições, decorrentes, obviamente, da própria complexidade das funções de um sindicato.

Paul Durand e *André Vitu*[3], adotando uma orientação privatista, afirmam que:

"Le Syndicat est un groupment, dans lequel plusieurs personnes, exerçant une activité professionnelle, se conviennent de mettre en commun, d'une manière durable et au moyen d'une organisation interieure, leurs activités et une part de leurs ressources, en vue d'assurer la défense et la representation de leur profession et d'améliorer leurs conditions d'existence."

Na realidade, a conceituação acima expedida torna complexa a assimilação do conceito de associação profissional, pois amplia as finalidades e o seu propósito quando atribui ao sindicato a faculdade de recolher recursos para melhorar as condições de existência do trabalhador.

Ora, o sindicato não pode mais ser entendido como um órgão promotor de lutas de classe, mas sim, como uma entidade competente para transformar a empresa em uma comunidade produtiva, da qual participariam todos os seus integrantes.

Perez Botija[4], obviamente seguindo influência marcante em seu País, entende que o sindicato se entrosa com o Poder estatal, com funções determinadas ou predeterminadas de ordem pública, afirmando que o sindicato, recebendo ou não a qualificação de corporação, é dotado de coalizão legalizada.

Dessa forma, argumenta que "em resumo, é decisiva a idéia de proteção profissional, e para ele poderia propor-se como definição dogmática a de que é uma associação de tendência institucional, que reúne as pessoas de uma mesma profissão para defesa de seus interesses profissionais".

Para *Harold J. Laski*[5] o "Sindicato é elemento necessário ao processo, em desenvolvimento, da vida democrática".

---

(2) FOLCH, Alejandro Gallart. *Derecho español del trabajo*. Barcelona: Labor, 1936. p. 118/119.
(3) DURAND, Paul; VITU, André. *Traité de droit du travail*. Paris, 1956. tomo III, p. 40.
(4) BOTIJA, Eugenio Perez. *Derecho del trabajo*. Madrid: Tecnos, VI, 1960. p. 376.
(5) LASKI, Harold J. *Los sindicatos*. Buenos Aires: Fondo de Cultura Económica, 1951. p. 190.

O *Trade Unions Act* da Inglaterra, de 29 de junho de 1871, ainda em vigor, em seu art. 23, dispôs que:

"os sindicatos são associações temporais ou permanentes, surgidas para regular as relações entre trabalhadores e empresários e para impor condições que se referem ao exercício profissional".

Na França, a Lei *Waldeck-Rosseau*, de 1884, estabeleceu:

"os sindicatos profissionais têm por finalidade exclusivamente a defesa dos interesses econômicos, industriais e agrícolas e estão formados por pessoas que exercem a mesma profissão, ofícios similares ou profissões conexas".

Amauri Mascaro Nascimento[6], analisando o tema, conceitua sindicato como "uma organização social constituída para, segundo um princípio de autonomia privada coletiva, defender os interesses trabalhistas e econômicos nas relações coletivas entre os grupos sociais".

Para *Antonio Ojeda Avilés*:[7]

"Los sindicatos — Son uniones estables de trabajadores, surgidas con vocación de continuidad, a diferencia de las coaliciones, y cujas ventajas e inconvenientes, son básicamente, la estabilidad, la voluntariedad y la independencia."

Explica que a *estabilidade*, tida como vantagem, permite uma estrutura pessoal e material, aceitável assim como uma experiência ou memória coletiva indispensável para evoluir positivamente.

A *voluntariedade* ou liberdade de filiação, com a qual obtêm um dinamismo, ausente nas corporações ou associações obrigatórias, em que um alto percentual dos seus membros não se encontra interessado na vida da corporação, e a adoção de estrutura democrática, de acordo com esse caráter voluntário ou contratual.

A *independência* com respeito ao Estado e aos empresários, no que reforça sua unidade de critério e sua competitividade, quer dizer que a força, em suas reivindicações e atuação, não é mitigada por interesses mistos ou compostos, à diferença do quanto pode ocorrer nos partidos políticos e nos organismos internacionais do Poder Político.

Arion Sayão Romita[8], ao afirmar que "a sindicalização de trabalhadores é instrumento de humanismo, enquanto a de empresas é um epifenômeno sindical", procura demonstrar a dificuldade que o jurista encontra, para formular um conceito unitário do que representa a expressão sindicato.

Para tentar dirimir a complexidade do tema, apresenta três definições:

A primeira, a de *sindicato*, que denomina como o verdadeiro, o sindicato de trabalhadores: "é a associação trabalhista de pessoas naturais, que tem por objetivo

---

(6) NASCIMENTO, Amauri Mascaro. *Curso de direito do trabalho*. 11. ed. São Paulo: Saraiva, 1995. p. 619.
(7) AVILÉS, Antonio Ojeda. *Derecho sindical*. 6. ed. Madri: Tecnos, 1992. p. 141.
(8) ROMITA, Arion Sayão. *Sindicalismo*. São Paulo: LTr, 1986. p. LVIII/LIX.

principal a defesa dos interesses total ou parcialmente comuns, da mesma profissão, ou de profissões similares ou conexas".

A segunda, a de *parassindicato*, que denomina como sindicato de categoria, ou de empresários: "é a associação trabalhista de pessoas, dirigida e representada por pessoas naturais, que tem por objeto principal a defesa dos interesses total ou parcialmente comuns, da mesma atividade, ou de atividades similares ou conexas".

A terceira definição diz respeito ao *sindicato em sentido* amplo que "é a associação trabalhista de pessoas naturais ou jurídicas, dirigida e representada pelas primeiras, que tem por objetivo principal a defesa dos interesses total ou parcialmente comuns, da mesma profissão ou atividade, ou de atividades similares ou conexas".

Finalmente, conclui que "o sindicato é pessoa jurídica trabalhista, real e coletiva, que possui personalidade jurídica, e que não pode ser confundida com outra qualquer, seja civil ou comercial, apesar de se aproximar da cooperativa, e de certa maneira, da fundação, patrimônio afetado a um fim".

Para o eminente Professor *Arnaldo Süssekind*[9] o conceito de sindicato é bastante variado e encontra-se longe da homogeneidade, entre extremos afastados.

Pondera, no entanto, que "no campo da legislação, esta se mantém, quase toda, dentro de um ponto de vista intermediário entre a definição clássica e a que chamamos de moderna ou moderada".

Assim, o Brasil, na esteira da lei francesa, por meio do Decreto n. 19.770, também conceituava o sindicato como órgão para o estudo, a defesa e o desenvolvimento dos interesses gerais e dos interesses profissionais de seus membros.

Arnaldo Süssekind[10] informa, ainda, "que esta conceituação foi incriminada por *Evaristo de Moraes Filho* como 'tendo sofrido aquela influência com o sentido de liberalismo individualista'. Mas o ilustre professor reconhece, pouco adiante, que 'a lei era boa em suas linhas gerais. Liberal e Democrática'".

Em 1931, após a Revolução, o Chefe de governo expedia o Decreto n. 19.770, encaminhado pelo então Ministro Lindolpho Collor e elaborado pelos renomados juristas *Evaristo de Moraes Filho, Joaquim Pimenta* e *Agripino Frazareth*, denominados por *Arnaldo Süssekind* como grandes batalhadores das causas do proletariado.[11]

A Consolidação das Leis do Trabalho dispõe em seu art. 511 que "é lícita a associação para fins de estudo, defesa e coordenação dos seus interesses econômicos ou profissionais de todos os que, como empregadores, empregados, agentes ou trabalhadores autônomos, ou profissionais liberais, exerçam, respectivamente, a mesma atividade ou profissão ou atividades ou profissões similares ou conexas".

E, mais adiante, no art. 512, determina que somente as associações profissionais constituídas para os fins e na forma do artigo anterior e registradas de acordo com o

---
(9) SÜSSEKIND, Arnaldo *et al*. 2003, p. 1107.
(10) *Ibidem,* p. 1108.
(11) *Idem*.

art. 558 poderão ser reconhecidas como sindicatos e investidas nas prerrogativas definidas na lei.

Verifica-se, pois, que a própria lei trabalhista consolidada conceitua o que seja sindicato, sem apresentar qualquer distinção entre os sindicatos de empregadores ou de trabalhadores.

Dessa forma, no Brasil, a expressão *sindicato* significa associação de empregadores ou de trabalhadores, que são formadas para a defesa e coordenação dos interesses da categoria econômica ou profissional, relativamente a temas de natureza trabalhista.

5.2. Natureza jurídica

Definir a natureza jurídica do sindicato é de suma importância e matéria extremamente controvertida, pois depende do sistema jurídico em que este se encontra.

Assim, por exemplo, podemos caracterizar o sindicato ora como pessoa jurídica de direito público, ou de direito privado ou, ainda, de direito social, como o vê *Cesarino Júnior*.[12]

A primeira corrente inclui os sindicatos entre as pessoas jurídicas de direito público, órgãos que fazem parte do Estado, como é exemplo o leste europeu até 1989 e o corporativismo italiano e de outros países.

Nessa hipótese, como quer *Amauri Mascaro Nascimento*[13], o sindicato seria um mero apêndice do Estado.

Entendemos que o ordenamento jurídico pode sujeitar institutos privados a disciplinas próprias dos públicos e exonerar a uns de restrições comuns a todos. Todavia, de uma maneira geral, o fato de ser público implica, antes de qualquer coisa, forte vigilância pelo Estado. Na realidade, o Estado exerce um controle sobre todas as pessoas jurídicas, públicas ou privadas. No entanto, dado o interesse geral das primeiras, a tutela do Estado sobre estas é mais enérgica e intensa, ocorrendo, assim, uma intervenção mais efetiva.

Cotrim Neto[14], analisando a matéria, adotou uma posição publicista, ainda que não deixasse de proclamar que "a jurisprudência de nossos Tribunais se tem inclinado no sentido privatista".

Considera aquele autor que o sindicato é um órgão de ação imediata do Estado, quando afirma:

"O Sindicato moderno é autônomo e autocomandado, dispondo, ainda, da faculdade de pôr em serviço atos de caráter geral, disciplinadores de relações profissionais; em tal ponto de vista, este sindicato ingressa no quadro de formação

---
(12) CESARINO JÚNIOR. *Direito social brasileiro*. São Paulo: Saraiva, 1970. v. I, p. 137.
(13) NASCIMENTO, Amauri Mascaro. *Op. cit.*, p. 620.
(14) COTRIM NETO, A. B. *Direito administrativo da autarquia*. Rio de Janeiro:Freitas Bastos, 1966. p. 183.

espontânea de centros de proteção jurídica marginal dos outros ou fontes do Estado; deve ser posta em destaque, em conseqüência, a adequação do sindicato à dogmática da instituição e assim é, pelo menos, uma autarquia potencial."

A segunda corrente considera o sindicato como pessoa jurídica de direito privado, sendo disciplinado, como todas as demais associações, pelas regras próprias dessa área do Direito.

Saliente-se, porém, que parte da doutrina o considera de direito privado, porém com exercício de funções públicas.

Nas entidades de direito privado, em que classificamos os sindicatos, o interesse do grupo é voltado para um fim comum, já que toda ação da entidade estará voltada para a realização coletiva, em benefício de todos. Além disso, o sindicato não exerce qualquer tipo de autoridade ou de dominação em relação aos seus associados ou aos membros da categoria que representa, sendo essencialmente um instrumento de apoio à defesa dos seus interesses e ao pleno gozo dos seus direitos.

A terceira corrente vê o sindicato como uma pessoa jurídica de direito social.

Cesarino Júnior[15] entende que "sendo o sindicato uma autarquia, isto é, um ente jurídico que não pode classificar exatamente nem entre as pessoas jurídicas de direito privado, nem entre as pessoas jurídicas de direito público, parece-nos muito mais lógico qualificá-lo como pessoa jurídica de direito social".

Para *Evaristo de Moraes Filho*[16], "no início o Estado ignorou o fenômeno sindical, proibiu sua constituição. Mas os sindicatos representam uma enorme força social, que não pode ser sufocada, embora nem sempre afine pelo diapasão do Estado. A realidade impôs ao Estado a necessidade de reconhecer a autonomia sindical, traçando-lhe, no entanto, limites escorados em preceitos tendentes a manter a ordem pública".

Há de se entender que inúmeras entidades dependem, para funcionar, de autorização do Estado, como pode ser atestado pela regra constante do § 1º do art. 20 do Código Civil.

Os sindicatos, também, até a Constituição Federal de 1988, dependiam de reconhecimento por parte do Estado para poder funcionar, conforme o estatuído no art. 520 da CLT.

"Art. 520 — Reconhecida como sindicato a associação profissional, ser-lhe-á expedida carta de reconhecimento, assinada pelo Ministro do Trabalho, na qual será especificada a representação econômica ou profissional conferida e mencionada a base territorial outorgada".

No Brasil, prevalece o entendimento privatista e filiam-se a essa corrente *Waldemar Ferreira, Segadas Vianna, Délio Maranhão, Orlando Gomes e Elson Gottschalk, Antônio Lamarca, Roberto Barreto Prado, Christovão Piragibe Tostes Malta, José Martins Catharino e Mozart Victor Russomano.*

---

(15) CESARINO JÚNIOR, Antônio Ferreira. *Op. cit.*
(16) MORAES FILHO, Evaristo de. *O problema do sindicato único no Brasil.* São Paulo: Alfa Ômega, 1978. p. 135.

Para *Waldemar Ferreira*[17] "os sindicatos brasileiros não são absolutamente pessoas jurídicas de direito público interno, nem entram na economia dos poderes do Estado".

No mesmo tom afirma *Ernesto Krotoschin*[18], para quem os sindicatos são entes de direito privado "porque neles prevalecem os elementos típicos destes, a origem, que se encontra na livre convenção dos membros, a finalidade, que não é pública no sentido de coincidir com os interesses do Estado, pois, ao contrário, os sindicatos preparam e definem certas adaptações importantes entre o Estado e os grupos por eles representados; a falta ou, ao menos, a restrição do poder de império (já que a relação entre a associação e seus membros é de ordem privada), e, por último, a ausência de controle administrativo, em princípio, se bem que justamente pela colaboração que prestam ao Estado, os sindicatos se achem submetidos muitas vezes a uma vigilância um tanto mais acentuada, a qual, porém, é conseqüência das atividades, nunca razão da natureza jurídica dos entes".

No Brasil, com o advento da Carta Magna de 1988, os vínculos jurídicos do sindicato com o Estado foram, praticamente, rompidos, no momento em que o art. 8º determina que "é livre a associação profissional ou sindical", vedando ao poder público qualquer interferência ou intervenção na sua organização.

Proporcionou, assim, autonomia na sua organização e administração, no que deu relevo ao seu caráter privatista e à sua função de defesa dos interesses coletivos e individuais dos que representa.

Wilson Ramos Filho[19], analisando o tema "Novos Sindicatos — Desmembramento, Registro, Representatividade", argumenta que no campo teórico, após a Constituição Federal de 1988, muito se tem discutido sobre a amplitude da norma constante do *caput*, do art. 8º, que assegurou ser *livre a associação profissional ou sindical,* já que a liberdade ali garantida esbarra em duas restrições: a primeira diz respeito ao órgão competente para o registro das entidades sindicais; a segunda, à vedação de criação de mais de uma organização sindical em qualquer grau, representativa da categoria, seja econômica ou profissional, na mesma base territorial.

Diante dessa norma, surgiram duas vertentes.

Para a primeira, defensora da unidade sindical, pareceria razoável que houvesse um órgão competente para registrar as referidas entidades, o que limitaria a liberdade sindical.

Assim não haveria nenhuma contradição entre o *caput* do art. 8º e seus incisos, já que o próprio enunciado contém sua limitação quando diz que é "livre a associação profissional ou sindical, *observado o seguinte".* É neste ponto que está exatamente o seu limite (grifo nosso).

---

(17) FERREIRA, Waldemar. *A justiça do trabalho.* São Paulo: Revista dos Tribunais, 1938. v. V, p. 75 e 139.
(18) KROTOSCHIN, Ernesto. *Instituciones de derecho del trabajo.* Buenos Aires, 1947. p. 91/92.
(19) RAMOS FILHO, Wilson. *Revista LTr,* São Paulo, 56, 10/1203.

A segunda vertente, como se vê de julgados adiante transcritos, sustenta que o órgão competente para o registro seria o Cartório de Registro de Pessoas Jurídicas, como todas as associações civis, e que haveria, sim, uma contradição entre o conjunto da Constituição e a limitação a um único sindicato representativo da categoria.

Sustentam estes que, na medida em que o art. 5º da Constituição estabelece que "todos são iguais perante a lei, sem distinção de qualquer natureza, garantindo-se aos brasileiros e aos estrangeiros residentes no País a inviolabilidade do direito à vida, à liberdade, à igualdade, à segurança e à propriedade, nos termos seguintes" ... XVII — é plena a liberdade de associação para fins lícitos ... XVIII — a criação de associações ... independem de autorização, sendo vedada a interferência estatal em seu funcionamento", o *registro no órgão competente* previsto no art. 8º não poderia ter nunca o caráter de *autorização* estatal para o funcionamento, sob pena de ferir o princípio da isonomia assegurado a todos os brasileiros (art. 5º) e que, sendo assim, inexistindo possibilidade de controle (pelos registros) da unicidade sindical, inviável seria o controle jurisdicional e social da vedação à criação de mais de uma entidade sindical representativa da mesma categoria, na mesma base territorial. Tal norma seria programática e de eficácia reduzida, eis que inviável tal controle. Sendo assim, a base de representação e a base territorial das entidades sindicais seriam estabelecidas na mesa de negociações, eis que o inciso II do art. 8º da Constituição forneceria tal indicativo ao estabelecer que ambas seriam definidas "pelos trabalhadores e empregadores interessados".

Contudo, não nos parece haver substância suficiente em qualquer das correntes acima rememoradas.

5.3. *Associações profissionais ou de classe e os sindicatos*

No capítulo em que tratarmos da unidade e da pluralidade sindical, teremos a oportunidade de observar que, apesar de o Brasil adotar, por força de textos constitucionais, o sistema da unicidade sindical, este é o País mais plural de que se têm notícias, exatamente por contemplar em seu sistema legal as denominadas Associações Profissionais.

Assim, o art. 8º da Carta Magna de 1988 estabeleceu a liberdade de associação profissional ou sindical, adotando um verdadeiro dualismo, pois, se de um lado permite a criação de associações profissionais, em que está presente a pluralidade, de outro, manteve a unicidade de sindicatos, quando veda no inciso II, do citado artigo, "a criação de mais de uma organização sindical em qualquer grau, representativa da categoria profissional ou econômica, na mesma base territorial, que será definida pelos trabalhadores ou empregadores interessados, não podendo ser inferior à área de um Município".

Tal dualidade, além de se encontrar expressa no texto constitucional, tem sede, também na Consolidação das Leis do Trabalho, que disciplina uma e outra.

Tratando-se de modalidade do Direito brasileiro, já que em alguns países (*v. g.* Portugal)[20] *associação* é sinônimo de *sindicato*, correspondendo ao nosso sindicato de empregadores ou de categoria econômica. As *associações* profissionais em nossa legislação possuem maior liberdade de atuação frente ao Estado, do que os sindicatos propriamente ditos.

A liberdade das referidas entidades está na sua constituição, no seu funcionamento e na sua dissolução, enquanto possuírem característica de associações.

Para *José Martins Catharino*[21] as associações profissionais são híbridas, civis-trabalhistas, diferentes dos sindicatos, que são puramente trabalhistas.

Assim, as Portarias ns. 38 e 39 do então Ministério do Trabalho, Indústria e Comércio, de 2 de agosto de 1944, publicadas no Diário Oficial da União, Seção I, de 8 de agosto do mesmo ano, nas páginas 13.923 a 13.928, disciplinaram, respectivamente, o processo de formação das associações e da sua transformação em sindicatos, da seguinte forma:

A de n. 38 indicou o local do seu processamento; a expedição do Certificado de Registro; as alterações de seus estatutos e a penalidade a que estariam sujeitas pelo desvirtuamento de suas finalidades.

Na Portaria n. 39, cuidou-se das transformações das associações profissionais em sindicatos e da aglutinação dos sindicatos em associações de graus superiores, em conformidade com as normas estabelecidas na Consolidação das Leis do Trabalho.

Apresenta *Martins Catharino* como suporte para este hibridismo o seu registro, a sua potencialidade sindical e, até em alguns casos, o exercício de poderes parassindicais, citando como exemplo, os conferidos pela Lei n. 1.134, de 24.6.1950; pelo Decreto-Lei n. 148, de 8.2.1967; e os previstos nos arts. 558 e 559 da CLT.

A Lei n. 1.134, de 1950, facultou a representação coletiva ou individual pelas associações de classe, desde que não tivessem caráter político e que fossem constituídas na forma disciplinada pelo Código Civil e, enquadradas nas regras constitucionais, que congregassem funcionários ou empregados de empresas industriais da União — administradas ou não por ela — bem assim dos Estados ou Municípios e entidades autárquicas em geral, legitimando a atuação daquelas perante os órgãos administrativos e a Justiça ordinária.

Concedeu, em seu art. 2º, a essas associações, prerrogativas de órgãos de colaboração com o Estado, no estudo e na solução dos problemas que se relacionassem com a classe que representassem, permitindo, mediante consignação em folha de pagamento de seus associados, o desconto de mensalidades sociais.

Com relação ao Decreto-Lei n. 148, de 1967, mencionado como exemplo do hibridismo da associação profissional, este dispôs sobre a organização da vida rural, a investidura das associações rurais nas funções e prerrogativas de órgão sindical, deter-

---

(20) NASCIMENTO, Amauri Mascaro. *Direito sindical*. 2. ed. São Paulo: Saraiva, 1991. p. 148.
(21) CATHARINO, José Martins. *Tratado elementar de direito sindical*. 2. ed. São Paulo: LTr, 1982. p. 98.

minando em seu art. 1º que "As Associações Rurais e seus órgãos superiores, reconhecidos, nos termos e sob a forma do Decreto-Lei n. 8.127, de 24 de outubro de 1945, poderão, se assim o desejarem se manifestar na respectiva assembléia-geral dentro do prazo de um ano, ser investidas nas funções e prerrogativas de órgão sindical do respectivo grau, na sua área de ação, como entidade de empregadores rurais".

O parágrafo único do artigo supratranscrito, disciplinando a matéria, determinou que as referidas entidades deveriam promover, no prazo de 90 dias, a adaptação de seus estatutos ao regime sindical, e, com a aprovação do Ministério do Trabalho, eleger os seus órgãos diretivos e de representação, sob pena de decaírem de tal investidura e transformarem-se, de acordo com o art. 3º, em associações civis, sem fins lucrativos, destinadas à prestação de serviços às pessoas físicas ou jurídicas, empresárias de atividades rurais em qualquer de suas formas — agrícola, pastoril, extrativa ou industrial —, bem como aos técnicos vinculados a essas atividades e, na hipótese, perderiam as atribuições e prerrogativas de que gozavam por força do disposto no Capítulo II do Decreto-Lei n. 8.127, de 24 de outubro de 1945.

Não acompanhamos, *data venia*, a opinião de *Martins Catharino*, pois, os sindicatos não possuíam, e nem possuem, natureza jurídica somente trabalhista, pois, anteriormente, quando dependiam da pré-existência das associações profissionais para a sua formação, estas eram registradas no Registro Civil de Pessoas Jurídicas, com natureza civil, e, quando transformadas em sindicatos, adquiriam natureza jurídica civil-sindical.

Hoje, o art. 511 da Consolidação das Leis do Trabalho permanece em vigor, apenas entendendo-se a *associação* nele referida como sendo a associação sindical e não mais associação profissional que se constituía no embrião do sindicato.

A derrogação do art. 512 do texto consolidado é decorrência necessária da Constituição Federal de 1988, exatamente por exigir que a associação profissional fosse o primeiro estágio e condição *sine qua non* para a constituição do sindicato.

5.4. *Registro sindical*

O registro de uma entidade sindical é *condição sine qua non* para sua existência dele decorrendo sua personalidade jurídica, além do que é necessário que esta tenha um domicílio certo, mas, não é essa apenas a finalidade do registro.

Esta regra encontra-se imposta pela legislação de um grande número de países.

O registro de uma determinada entidade sindical não deve pressupor controle por parte da autoridade do País para a sua existência, pois, caso contrário, estaríamos diante de manifesta infração à Convenção n. 87 da OIT, que prevê a liberdade de constituição e funcionamento dos órgãos sindicais.

Assim, o registro como mera formalidade, por exigência da legislação em vigor, não importa no controle acima mencionado.

No Brasil, o registro, anteriormente ao texto constitucional de 1988, consistia, na realidade, no controle exercido pelo Ministério do Trabalho, pois implicava em submeter o sindicato à autorização do Poder Público e a sujeitar-se a regras de funcionamento e de fiscalização estatal, que podiam submetê-lo a restrições nas suas atividades, sob pena de intervenção e de outras sanções.

A sistemática do registro foi alterada pelo art. 8º, pois as entidades sindicais têm a obrigatoriedade de efetuar seu registro no Registro de Pessoas Jurídicas (pois não mais existe a necessidade da preexistência das Associações Profissionais para a sua criação), e o arquivamento dos atos constitutivos no Ministério do Trabalho.

A razão desse mecanismo encontra respaldo no inciso II do art. 8º, que veda a criação de mais de uma entidade sindical, por categoria, na base territorial.

Assim, para preservação do sistema sindical único que vige no País, necessário se fazia que houvesse o arquivamento no Ministério do Trabalho, que é o órgão encarregado desse controle sem, contudo, representar uma inibição à fundação de organismos sindicais.

As entidades sindicais, após 1988, passaram a efetuar o seu registro no Registro Civil das Pessoas Jurídicas, o que é insuficiente, já que o referido ato representa, apenas, aquisição de personalidade meramente civil, tal qual ocorria com as associações profissionais, não lhes outorgando natureza sindical.

Para tanto é necessário esclarecer que a vedação de interferência e intervenção do Estado deu às entidades sindicais liberdade de autogestão, protegendo-as contra dissolução ou a indevida ingerência nas suas atividades internas, mas não afastou a necessidade de regra estatal para reger sua formação e registro.

Por outro lado, a manutenção do monopólio sindical importa em limitação à liberdade sindical, por não poder ser criado mais de um sindicato representativo da mesma categoria, na mesma base territorial.

Xavier de Albuquerque[22] examinando, em parecer, o problema do registro dos sindicatos no Brasil, após a Carta Magna de 1988, afirma que "ao mesmo tempo em que a lei exige autorização do Estado para a fundação do Sindicato, reduz o alcance da proibição para dele excluir o registro no órgão competente (art. 8º, I). A primeira indagação a ser feita é a de que registro teve ele em vista. E a primeira resposta, que sua interpretação impõe, é a de se tratar do registro de direito sindical — ou, por abreviação ditada pela comodidade, do registro sindical — e não do registro de direito civil.

Dessa forma, não há como aceitar-se, no caso das entidades sindicais, as opiniões de doutrinadores que vêem nessa regra a exigência, apenas, do registro civil,[23] pois

---
(22) Parecer. In: *Revista LTr*, São Paulo, 53/11, p. 1.273/85.
(23) RUSSOMANO, Mozart Victor. *Comentários à CLT de acordo com a Constituição de 1988*. 16. ed. Rio de Janeiro: Forense, 1994. v. II, p. 624/625: "O registro prévio da associação pode, hoje, continuar a ser exigido, pois está admitido pelo inciso I, do art. 8º, da nova Carta. Mas, naquele dispositivo da lei ordinária, o registro se faz, obrigatoriamente perante a autoridade do Ministério do Trabalho (art. 158, 1º a 3º). O constituinte, por seu turno,

levaria as organizações sindicais a obterem somente personalidade civil, e não sindical, pois a personalidade sindical é adquirida com o arquivamento dos seus atos constitutivos no órgão competente, isto é, no Ministério do Trabalho.

A tese da duplicidade do registro da entidade sindical — no Registro Civil e no Ministério do Trabalho —, no dizer do saudoso *Julio Cesar do Prado Leite*[(24)], aproximará o regime das entidades sindicais do regime dos partidos políticos que, segundo o art. 17, § 2º, da Carta Magna, adquirem personalidade jurídica pelo registro, na forma da lei civil, e personalidade político-eleitoral pelo registro de seus estatutos no Tribunal Superior Eleitoral.

Em nosso entendimento, o que dá personalidade sindical às organizações é, exatamente, o seu registro no órgão competente, isto é, no Ministério do Trabalho, ou, mais precisamente, no hoje chamado Arquivo das Entidades Sindicais Brasileiras, pois a admitir-se o registro de tais entidades apenas no registro civil, estas cairiam na vala comum, ou seja, seriam idênticas a outras organizações que ali se registram, sem a característica que lhes é inerente, isto é, a personalidade sindical que adquirem com o registro no Ministério do Trabalho, tal como os Partidos Políticos, tão bem lembrada por *Julio Cesar do Prado Leite*, enquanto não registrados no Tribunal Superior Eleitoral, não possuem tal característica.

Dessa forma, é fundamental o registro das entidades sindicais no órgão competente, para adquirirem tal personalidade e exercerem as funções para as quais foram criadas ou fundadas.

Os Tribunais vinham se posicionando relativamente ao registro dos sindicatos da seguinte forma:

1. "SINDICATO — REGISTRO. Na ausência de lei que regulamente o art. 8º, I, da Constituição da República, o registro competente para os novos sindicatos é o das pessoas jurídicas, sendo que o depósito dos atos constitutivos do sindicato no 'Arquivo das Entidades sindicais Brasileiras', do Ministério do trabalho, não tem caráter autorizativo de funcionamento como sindicato, mas natureza meramente cadastral." (TST-RO-DC-58.007/92.4 — Ac.SDC 844/93, 18.08.93, Rel. Min. Indalécio Gomes Neto; publicado no DJU — Seção I, 17.9.93, p. 19.024)

2. "CONSTITUCIONAL — REGISTRO DE SINDICATO. O Poder Público não pode estabelecer condições e restrições para se criar associação sindical — Na ausência da Lei complementar o registro é o das pessoas jurídicas. Segurança denegada." (STJ — MS n. 189 — DF — (89.0009384-3) — Ac. 1ª Seção, 28.11.89, Rel. Min. Garcia vieira, publicado no DJU — Seção I, 5.2.90, p. 446)

---

diz que o registro da entidade sindical se há de fazer perante o "órgão competente". Esse órgão competente, à primeira vista, poderia ser, efetivamente, o Ministério do Trabalho. Mas, não o é, porque, logo a seguir, fica vedada qualquer interferência ou intervenção do Poder Público na organização sindical.
(expressão pode ser imprópria, quando se fala em Poder Público, no caso. Mas, desde que o sindicato é uma pessoa jurídica de direito privado e, no sistema da Constituição de 1988, está inteiramente livre das peias anteriores que o vinculavam ao Ministério do Trabalho e ao Poder Executivo, a conclusão que adotamos é de que o registro a que alude o artigo *supra* (art. 512), admitido pelo constituinte, se deverá processar no cartório competente para registrar os estatutos das entidades associativas em geral."
(24) LEITE, Julio Cesar do Prado. *Comentários à Constituição Federal*, 1º v., p. 273/274 e 281.

3. "ADMINISTRATIVO — ENTIDADE SINDICAL — PERSONALIDADE JURÍDICA — REGISTRO CIVIL DE PESSOAS JURÍDICAS. A partir da vigência da Constituição Federal de 1988, as entidades sindicais tornaram-se pessoas jurídicas, desde sua inscrição no Registro Civil de Pessoas Jurídicas. O denominado "registro de entidades sindicais" mantido pelo Ministério do Trabalho é mero catálogo, sem qualquer conseqüência jurídica. Se alguma entidade foi registrada com ofensa ao preceito da unidade sindical, cabe ao interessado buscar-lhe o cancelamento, nos termos da lei civil. A se pensar em Mandado de Segurança, o remédio deveria ser dirigido contra o ato do Oficial de Registro Civil. Jamais, contra simples inscrição cadastral efetuada pelo Ministro. Se o Registro é nulo, cabe ao interessado buscar seu cancelamento, nos termos da lei civil. Segurança denegada." (STJ MS 1.045 — DF — 91.00129922-4 — Ac. 1ª seção, 10.12.91, Rel. Min. Gomes de Barros, publicado na Revista do STJ, 29/239)

4.. "SINDICATOS — FILIAÇÃO A FEDERAÇÃO NACIONAL — PRÉVIO PRONUNCIAMENTO DA COMISSÃO DE ENQUADRAMENTO — INTERFERÊNCIA — UNIDADE SINDICAL. I — Tendo em vista a nova ordem constitucional que veda interferência na criação de sindicatos, não se há falar em pronunciamento prévio da CES. II — O princípio da unicidade sindical "não consiste em exigir que apenas um sindicato represente determinada categoria dentro de determinado território" mas, sim, "está em não permitir que mais de um sindicato atue em nome do mesmo grupo de empregadores ou de empregados em idêntica base territorial" (cf. Mozart Victor Russomano, in "Comentários à CLT, 11. ed., Forense). "In casu", inocorreu a violação a tal princípio. III — Sendo certo que a sindicalização dimana de laços de solidariedade, não menos correto é que a categoria profissional há de ser composta por aqueles cujas condições de vida resultantes da profissão ou do trabalho comum se identifiquem.

IV — Segurança denegada," (STJ-MS-81-DF-8974733 — Ac. 1ª Seção, 17.4.90, Rel. Min. Geraldo Sobral, publicado na Revista do STJ, 17/214)

Diante desses julgados, a situação encontrava-se indefinida, sem uma diretriz segura a respeito do registro dos sindicatos.

Consciente do caos criado no País pela falta de definição e rumo sobre os referidos registros, baseado em que tanto a unidade quanto a liberdade não podem operar em sistema de auto-aplicação indiscriminada, importando na desordem que se estabeleceu com os depósitos incontrolados de atos de fundação de sindicatos, comprometendo o princípio da unicidade sindical e louvado, também, nas decisões do Superior Tribunal de Justiça no Mandado de Segurança n. 29,[25] e do Supremo Tribunal Fede-

---

[25] Nesse mandado de segurança coletivo, impetrado pela Confederação Nacional da Indústria, decidiu o Superior Tribunal de Justiça: "A Constituição Federal erigiu como postulado a livre associação profissional e sindical, estabelecendo que a Lei não pode exigir autorização do Estado para a fundação de sindicato, ressalvado o registro no órgão competente, vedadas ao Poder Público a interferência e a intervenção na organização sindical. Persistência, no campo da legislação de regência, das regras legais anteriores que não discrepam da nova realidade constitucional, antes dando-lhe embasamento e operatividade. Atribuição residual do Ministério do Trabalho para promover o registro sindical, enquanto lei ordinária não vier a dispor de outra forma. Atuação restrita, no caso, à verificação da observância ou não da ressalva constitucional que veda a existência de organização sindical da mesma categoria profissional em idêntica base territorial. Segurança em parte concedida" (Relator Ministro Miguel Ferrante, publicado no DJU, Seção I, de 18.12.89, p. 18.454).
A ementa desse acórdão é a seguinte: "I. Mandado de Injunção: Ocorrência de Legitimação "ad causam" e Ausência de Interesse Processual.

ral no Mandado de Injunção n. 1.448,⁽²⁶⁾ em que o Plenário da Suprema Corte decidiu que o art. 558 da CLT foi em parte recepcionado pela nova ordem constitucional, autorizando a efetivação no âmbito do Ministério do Trabalho, do competente registro sindical. O Ministro do Trabalho, *Marcelo Pimentel*, resolveu editar a Instrução Normativa n. 3, de 10 de agosto de 1994, dispondo sobre o *Registro Sindical*, publicada no Diário Oficial da União de 12 de agosto, seção I, p. 12.161/12.164, revendo os termos da Instrução Normativa n. 1, de 27.8.91.

Assim é que em seu art. 1º determinava:

"Compete ao Ministro de Estado do Trabalho decidir sobre o registro de sindicato e das correspondentes federações e confederações, na conformidade do que se dispõem a Constituição Federal e as leis vigentes, vedada qualquer alteração dos respectivos estatutos".

Determinava, ainda, em seu art. 2º, que a Secretaria do Trabalho organizará o "Cadastro Nacional das Entidades Sindicais", com os estatutos das entidades registradas e as seguintes especificações:

---

1. Associação Profissional detém legitimidade "ad causam" para impetrar mandado de injunção tendente à colmatação de lacuna da disciplina legislativa alegadamente necessária ao exercício da liberdade de converter-se em sindicato (CF, art. 8º).
2. Não há interesse processual necessário à impetração de mandado de injunção, se o exercício do direito, da liberdade ou da prerrogativa constitucional da requerente não está inviabilizada pela falta de norma infraconstitucional, dada a recepção de direito ordinário anterior.
II. Liberdade e Unicidade Sindical e competência para o Registro de Entidades Sindicais (CF, art. 8º, I e II): Recepção Em Termos da Competência do Ministério do Trabalho, Sem Prejuízo da Possibilidade de a Lei Vir a Criar Regime Diverso.
1. O que é inerente à nova concepção constitucional positiva de liberdade sindical é, não a inexistência de registro público — o qual é reclamado, no sistema brasileiro, para o aperfeiçoamento da constituição de toda e qualquer pessoa jurídica de Direito Privado -, mas, a teor do art. 8º, I, do texto fundamental, "que a lei não poderá exigir autorização do Estado para a fundação de sindicato": o decisivo, para que se resguardem as liberdades constitucionais de associação civil ou de associação sindical, é, pois, que se trate efetivamente de simples registro — ato vinculado, subordinado apenas à verificação de pressupostos legais -, e não de autorização ou de reconhecimento discricionários.
2. A diferença entre o novo sistema, de simples registro, em relação ao antigo, de outorga discricionária do reconhecimento sindical, não resulta de caber o registro dos sindicatos ao Ministério do Trabalho ou a outro ofício de registro público.
3. Ao registro das entidades sindicais inere a função de garantia da imposição de unicidade — esta, sim, a mais importante das limitações constitucionais ao princípio da liberdade sindical.
4. A função de salvaguarda da unidade sindical induz a sediar, *si et in quantum*, a competência para o registro das entidades sindicais no Ministério do Trabalho, detentor do acervo das informações imprescindíveis ao seu desempenho.
5. O temor compreensível — subjacente à manifestação dos que se opõem à solução —, de que o hábito vicioso dos tempos passados tenda a persistir, na tentativa, consciente ou não, de fazer da competência para o ato formal e vinculado do registro, pretexto para a sobrevivência do controle ministerial asfixiante sobre a organização sindical, que a Constituição quer proscrever — enquanto não optar o legislador por disciplina nova do registro sindical -, há de ser obviado pelo controle jurisdicional da ilegalidade e do abuso de poder, incluída a omissão ou o retardamento indevidos da autoridade competente."
(26) Nesse Mandado de Injunção, de que foi Relator o Ministro Sepúlveda Pertence, assim se pronunciou S. Exa.: "O que é inerente à nova concepção constitucional positiva de liberdade sindical é, não a inexistência de registro público — o qual é reclamado, no sistema brasileiro, para o aperfeiçoamento da constituição de toda e qualquer pessoa jurídica de direito privado — mas, a teor do art. 8º, I, do texto fundamental, "que a lei não poderá exigir autorização do Estado para a fundação de sindicato"; o decisivo, para que se resguardem as liberdades constitucionais de associação civil ou de associação sindical, é, pois, que se trata efetivamente de simples registro — ato vinculado, subordinado apenas à verificação de pressupostos legais — e não de autorização ou de reconhecimento discricionários" (*Revista LTr*, n. 57, 1993, p. 1099 e ss.).

I — das categorias ou profissões representadas pelos sindicatos e respectivas bases territoriais;

II — dos grupos de categoria correspondentes às federações; e,

III — dos ramos econômicos ou profissionais concernentes às confederações nacionais.

A seguir, no art. 3º, a Instrução Normativa dispunha sobre o pedido de registro e os documentos necessários, ressalvando que estes não são passíveis de apreciação pelo Ministério do Trabalho.

Previa, ainda, a hipótese de dissociação de categorias ou desmembramento de categoria, determinando que a assembléia geral reuniria somente os associados integrantes do grupo que pretendiam constituir novo sindicato, ou, na hipótese, também, de alteração dos estatutos do sindicato.

No art. 4º, estabelecia a disciplina do pedido de registro de federações e confederações.

A seguir determinava que o pedido de registro seria entregue no Protocolo no Ministério do Trabalho ou por remessa postal registrada com o Aviso de Recepção.

Após a publicação no Diário Oficial da União, abrir-se-ia o prazo de 15 dias para as impugnações, que poderiam ser oferecidas: pelo sindicato cuja representatividade coincidia, no todo ou em parte, com a do requerente; por qualquer entidade sindical; federação do correspondente grupo ou pela confederação do mesmo plano econômico ou profissional.

O art. 7º dispunha que o Ministro do Trabalho deveria mandar ouvir a confederação do ramo econômico ou profissional competente envolvido, que teria o prazo de 25 dias para opinar sobre a observância da unicidade sindical e a regularidade e autenticidade da representação.

Na hipótese de indeferimento do pedido de registro ou da impugnação, o Ministro do Trabalho deveria fundamentar a decisão, baseando-se no pronunciamento do órgão sindical ou qualquer outro elemento de apreciação legal pertinente.

O parágrafo único do art. 8º, dizia que, "se a impugnação for em termo desfavorável, que não permitisse o registro, o pedido será pré-anotado para o fim exclusivo de precedência até que as causas impeditivas sejam afastadas por acordo entre as partes ou por decisão judicial."

Do exame do documento supratranscrito, verifica-se que o Ministério do Trabalho, em boa hora, resolveu enfrentar o cruciante problema do registro das entidades sindicais, que passou a existir desde a edição da Constituição Federal de 1988, sem pretender interferir na liberdade de sua formação ou organização.[27]

---

(27) O próprio Ministro Marcelo Pimentel fora relator no Tribunal Superior do Trabalho de alguns acórdãos que sustentavam a permanência do registro sindical no Ministério do Trabalho, como o proferido no RO/DC 770/89 de 7.11.90, publicado no DJU de 1.7.91, p. 9.256.

A propósito do tema, releva transcrever entendimento do Ministro *Celso de Mello*[28], do Supremo Tribunal Federal, em acórdão publicado na *Revista LTr,* v. 56, n. 1, p. 16, janeiro de 1992:

"Inobstante possa o Sindicato constituir-se independentemente de prévia autorização governamental — posto que é plena a sua autonomia jurídico-institucional em face do Estado —, impõe-se advertir que a Constituição não vedou a interferência estatal, desde que, em atividade plenamente vinculada, no procedimento administrativo de outorga do registro sindical, e de personificação da própria entidade sindical, venham a ser satisfeitos, por esta, os requisitos de ordem legal e de natureza constitucional. Irrecusável, portanto, a estatalidade do ato registral previsto no próprio texto constitucional".

Também *Arnaldo Süssekind* [29] ressalta que o Supremo Tribunal Federal, em sua orientação mais recente, proclamou a recepção do art. 558 da CLT, concernente ao registro das associações instituídas nos termos do art. 511.

Diante disso, a conclusão lógica é de que, ante a permanência da unicidade sindical, o registro há de ser precedido de exame pelo órgão competente, para verificação do preenchimento das condições necessárias à aquisição de personalidade sindical, notadamente a inexistência de outra associação sindical com a mesma representação, na mesma base territorial.

A previsão do registro sindical, como procedimento administrativo, não representa intervenção ou interferência na organização sindical, mas ato indispensável à preservação do sistema unitário. Nem poderá ser considerada regra estatal restritiva, mas, sim, reguladora da organização sindical.

Isso porque, a Constituição não vedou a regulamentação da vida das entidades sindicais por lei. Nem seria concebível fazê-lo, porque liberdade e autonomia não significam soberania.

Dessa forma, o registro civil confere ao sindicato personalidade civil, enquanto o registro sindical defere-lhe personalidade jurídica de natureza sindical, que, é bom que se repita, não pode ser confundida coma vedada exigência de autorização do Estado para efeito de fundação de entidade sindical.

O sistema de Consolidação das Leis do Trabalho fazia seguir-se, ao procedimento do registro de associação profissional previsto no art. 558, o procedimento de expedição de *Carta de Reconhecimento*, assinada pelo Ministro do Trabalho (arts. 518 a 521), que investia a associação profissional nas prerrogativas e deveres sindicais.

É certo que o art. 8º, inciso I, da Carta de 1988 derrogou a investidura sindical resultante do reconhecimento outorgado por órgão do Poder Executivo, mas ressalvou o procedimento do registro.

---

(28) MELLO, Celso. *Revista LTr,* São Paulo, v. 56, n. 1, p. 16, 1992.
(29) SÜSSEKIND, Arnaldo. *Instituições de direito do trabalho.* 15. ed. São Paulo: LTr, v. 2, p. 1.035.

Assim, na interpretação da Consolidação das Leis do Trabalho, à luz das normas constitucionais vigentes, há de se entender o *reconhecimento* como reduzido ao simples *registro*, expungida a interferência e a intervenção do Poder Público na auto-organização e no autogoverno das entidades sindicais, impondo-se apenas a apreciação da legalidade do ato de constituição, em face da adoção do sistema sindical unitário pela norma constitucional.[30]

A orientação adotada pelas legislações modernas tem sido a de restringir ao registro dos estatutos (que confere personalidade jurídica) a ação do Estado no processo de constituição da entidade sindical, sem prejuízo do controle jurisdicional, se necessário. A existência de registro para obtenção de personalidade jurídica pelas entidades sindicais constitui requisito determinado em lei em vários países signatários da Convenção n. 87 da OIT, entre eles a Espanha, a Inglaterra, a Itália e a França.

A legislação espanhola, por exemplo, ao tratar do regime judiciário sindical, estabelece que, para adquirir personalidade jurídica e gozar de plena liberdade de ação, os sindicatos deverão depositar seus estatutos junto ao órgão público criado para esse fim, indicando, ainda, as disposições mínimas que deverão constar dos estatutos dessas entidades.[31]

A lei inglesa dispõe que o sindicato não inscrito no registro especial não estará dotado de personalidade jurídica, nem poderá ser conceituado como tal.[32]

A Constituição Italiana prescreve que ao sindicato não pode ser imposta outra obrigação senão o registro, nos termos da lei.[33]

Por seu turno, a Organização Internacional do Trabalho[34], com relação à exigência de registro, além de estabelecer entendimento no sentido da conveniência de a legislação definir claramente as condições precisas que os sindicatos deverão observar para a obtenção do registro e que o cumprimento dessas formalidades não equivale à autorização prévia, nem representa qualquer ofensa à liberdade sindical consagrada na Convenção n. 87, demonstra que mesmo em um sistema jurídico em que esse registro é facultativo, o fato de encontrar-se a organização sindical registrada pode conferir-lhe algumas importantes vantagens, tais como imunidades especiais, isenções fiscais e o direito de ser reconhecida como única representante para a negociação.

Observe-se, porém, que a Instrução Normativa n. 3 tratou, apenas, dos registros das novas Entidades Sindicais, omitindo o procedimento a ser adotado pelas organizações que, após a Carta Magna de 1988, registraram seus Estatutos em órgãos dife-

---

(30) MAGANO, Octavio Bueno; MALLET, Estêvão. *O direito do trabalho na Constituição*. 2. ed. Rio de Janeiro: Forense, 1993. p. 258.
(31) Lei de 11 de agosto 1985, art. 4º [1] e [2].
(32) Lei de 31 de julho de 1974, art. 2º [1].
(33) Art. 39.
(34) *La libertad sindical, recopilación de decisiones y principios del comité de libertad sindical del consejo de administración de la OIT*. 3. ed., p. 59/60.

rentes do Ministério do Trabalho, como no Registro de Pessoas Jurídicas, nos Cartórios Notariais, etc.

A Instrução Normativa n. 3/94 foi substituída pela de n. 1/97, do Ministro *Paulo Paiva*, que foi alterada pela Portaria n. 343, que foi modificada pela Portaria n. 376 de maio de 2000, pelo então Ministro *Francisco Dornelles*.

Assim, com toda modificação sofrida, agora o pedido de registro sindical deve ser remetido, diretamente, ao Ministro do Trabalho, por via postal ou por meio do protocolo geral do Ministério (art. 1º da Portaria n. 376/00).

Dispõe o referido documento sobre os procedimentos para o pedido de registro, o conteúdo do requerimento em se tratando de sindicato, federação ou confederação; o prazo para a impugnação e a autoridade competente para o registro, quando não houver impugnação ou dela não tiver conhecido a Secretaria das Relações do Trabalho.

Arnaldo Süssekind chama a atenção para a redação dos arts. 7º e 8º da referida Portaria que dispõem:

> "Art. 7º No caso de a impugnação ser conhecida o registro não será concedido, cabendo às partes interessadas dirimir o conflito pela via consensual ou por intermédio do Poder Judiciário.
>
> Parágrafo único — Até que o Ministério do Trabalho e Emprego seja notificado do inteiro teor do acordo ou da sentença final que decidir a controvérsia, o pedido de registro ficará sobrestado.
>
> Art. 8º Aplica-se o disposto nesta Portaria, no que couber, aos pedidos de modificação da representação tais como alteração da (s) categoria (s) representada (s) ou da base territorial abrangida, desmembramento, fusão e outros".

Como se infere do acima transcrito, a autoridade ministerial se omitirá em caso de impugnação, quando, nessa hipótese, a sua decisão não seria discricionária ou arbitrária, mas simples ato administrativo vinculado, cuja prática, como bem assinala *Eduardo Gabriel Saad*, "tem como pressuposto a satisfação dos requisitos legais"[35]. Obviamente, a decisão não poderia modificar os estatutos da associação requerente, porque tal ato importaria em interferência proibida pelo art. 8º, I, *in fine*, da Constituição. Se a pretensão ou os documentos exigidos não permitirem o registro, caberia ao Ministério indeferi-lo. E, em qualquer caso, a decisão, deferindo ou indeferindo, tem eficácia jurídica imediata, podendo, no entanto, ser reformada ou anulada pelo Judiciário, em ação ajuizada na Justiça Federal. Sem a prática desse ato administrativo vinculado, o qual, na lição dos doutos, não constitui intervenção ou interferência ilícita, o litígio entre a entidade sindical impugnante e a associação requerente ficará em aberto até que seja decidido pela Justiça Comum.[36]

Em 2003, mais precisamente em 31 de dezembro, foi editada a Portaria n. 1.277, pelo Ministério do Trabalho e Emprego, dispondo sobre os Estatutos das Entidades

---

(35) SAAD, Eduardo Gabriel. Temas trabalhistas. In: *Suplemento Trabalhista LTr*, São Paulo, n. 127/94.
(36) SÜSSEKIND, Arnaldo. *Op. cit.*, p. 1142.

Sindicais em face do art. 2.031 da Lei n. 10.406, de 10 de janeiro de 2002 (Novo Código Civil), que assim dispõe:

"O Ministro de Estado do Trabalho e Emprego, no uso das suas atribuições e,

Considerando o disposto no art. 8º, inciso I da Constituição Federal que estabelece: "a lei não poderá exigir autorização do Estado para a fundação de sindicato, ressalvado o registro no órgão competente, vedadas ao Poder público a interferência e a intervenção na organização sindicato;

Considerando que o Supremo Tribunal Federal, em sua Súmula n. 677, publicada no Diário de Justiça de 9 de outubro de 2003, estabeleceu que o Ministério do Trabalho é órgão competente para o registro das entidades sindicais a que se refere o inciso I do art. 8º da Constituição Federal, nos seguintes termos: "até que a lei venha a dispor a respeito, incumbe ao Ministério do Trabalho proceder ao registro das entidades sindicais e zelar pela observância do princípio da unicidade";

Considerando o disposto no art. 2.031 da Lei n. 10.406, de 10 de janeiro de 2002 (Novo Código Civil), segundo o qual "as associações, sociedades e fundações, constituídas na formas das leis anteriores terão o prazo de 1 (um) ano para se adaptarem às disposições deste Código, a partir de sua vigência";

Considerando a eminência do término do prazo a que se refere o art. 2.031 da Lei n. 10.406, de 2002, que se dará em 11 de janeiro de 2004, e a necessidade de orientação das entidades sindicais quanto à eventual adequação de seus estatutos aos termos desse artigo;

Considerando a existência na legislação trabalhista de normas específicas concernentes à organização sindical, dispostas no Título V do Decreto-Lei n. 5.452, de 10 de maio de 1943 (Consolidação das Leis do Trabalho);

Considerando, finalmente, a singularidade do sindicato como ente associativo, resolve:

Art. 1º A personalidade jurídica sindical decorre de registro no Ministério do Trabalho e Emprego.

Art. 2º As entidades sindicais registradas no Ministério do Trabalho e Emprego não estão obrigadas a promover em seus estatutos as adaptações a que se refere o art. 2.031 da Lei n. 10.046, de 2002(Novo Código Civil).

Art. 3º Esta portaria entra em vigor na data de sua publicação.

5.5. O sindicato em juízo

Retornando ao tema central, ressaltamos que a independência para a formação de entidades sindicais, na realidade, conduziu praticamente à extinção das associações profissionais, pelo menos daquelas formadas por trabalhadores, apesar de ainda encontrarmos, aqui ou ali, algumas dessas associações, denominadas profissionais ou de classe.

A vantagem das entidades sindicais está, exatamente, no trabalho por elas desenvolvido em benefício da categoria profissional, pois, somente a elas, por força de preceito constitucional, cabe a defesa dos direitos e interesses coletivos ou individuais da categoria, inclusive em questões judiciais ou administrativas (inciso III do art. 8º), o que significa dizer que os sindicatos são os legítimos representantes da categoria profissional.

A questão a ser colocada, em termos de representação sindical, está na necessidade da outorga expressa dos membros da categoria para representá-los.

Muito se tem discutido sobre o tema, mantendo-se acorde a doutrina no que tange à representação coletiva da categoria profissional, como um todo.[37]

Trata-se de substituição processual ou de representação?

No que tange aos dissídios coletivos, às convenções coletivas e aos acordos coletivos, em nosso entendimento, dúvida não há de que os sindicatos representam os membros da categoria profissional, possuindo legitimidade ordinária, por força do art. 513, alínea a, da Consolidação das Leis do Trabalho e do inciso III do art. 8º da Constituição Federal de 1988.

Quanto ao cumprimento das sentenças normativas exaradas nos dissídios coletivos, ou das normas contidas nas cláusulas de convenções ou acordos coletivos, por meio de reclamações individuais singulares ou plúrimas, obtemperamos que, se o sindicato representativo da categoria profissional ingressar em juízo, estaremos diante do instituto da substituição processual, figura, aliás, prevista no art. 6º do Código de Processo Civil que dispõe:

"ninguém poderá pleitear, em nome próprio, direito alheio, salvo quando autorizado por lei".

Do exposto, e, em consonância com o art. 872, *caput*, da CLT, "após a celebração do acordo, ou transitada em julgado a decisão, seguir-se-á o seu cumprimento, sob as penas estabelecidas neste Título".

O cumprimento das situações contidas no *caput* do artigo supramencionado poderá ser realizado, diretamente, pelos empregados ou pelos sindicatos, independentemente de outorga de poderes dos associados, sendo vedado, porém, questionar sobre a matéria de fato e de direito já apreciada na decisão, conforme prevê o parágrafo único do art. 872, da Consolidação das Leis do Trabalho.[38]

---

(37) CARRION, Valentin. *Comentários à Consolidação das Leis do Trabalho*. 19. ed. São Paulo: Saraiva, 1995. p. 655/656.
(38) Observamos, no entanto, que originariamente o *caput* do art. 872, na medida em que exigia o trânsito em julgado da decisão, conferia efeito suspensivo ao recurso. Ocorre que o mencionado artigo foi revogado pelo art. 7º da Lei n. 7.788/89, que retirou o efeito suspensivo dos recursos em dissídios coletivos. Ressalte-se, porém, que a Lei n. 8.030/80 revogou a Lei n. 7.788/89 e, por sua vez, foi revogada pela Lei n. 8.178/91, sem que fosse estabelecida qualquer regulamentação para a matéria. Indaga-se: Qual a regra a ser aplicada, quanto aos efeitos dos recursos em dissídios coletivos? A uma, não há que se falar em repristinação, já que o § 3º do art. 2º da Lei de Introdução ao Código Civil determina "salvo disposição em contrário, a lei revogada não se restaura por ter a lei revogadora perdido a vigência". Assim, as leis posteriores não restauraram a pretérita. A duas, porque não estamos diante de um vácuo legislativo, pois, de acordo como art. 769 da CLT, "nos casos omissos, o direito processual comum será fonte subsidiária do direito processual do trabalho, exceto naquilo em que for incompatível com as normas deste Título". Dessa forma, deverá ser aplicada a regra geral, estabelecida no Código de Processo Civil, de

Assim, conjugando o dispositivo processual civil e o celetista, verifica-se que, nesta hipótese, a legitimidade do sindicato é extraordinária, isto é, a lei o autoriza a ingressar em juízo em nome próprio para defender direito dos empregados beneficiados, para fazer cumprir a sentença normativa, o acordo ou a convenção coletiva.

Valentin Carrion[39] a respeito da matéria, argumenta que, na realidade, "a lei salarial n. 7.238/84 facultou aos sindicatos apresentar reclamação trabalhista, independentemente de outorga de poderes "na qualidade de substituto processual de seus associados". Esta figura do processo civil é a de quem pleiteia direito alheio em nome próprio (CPC, art. 6º). Não é crível que o legislador trabalhista o tenha usado com propriedade técnica; entre outras razões, porque a substituição processual própria impediria a presença do titular do direito no processo e tornaria impossível o instituto da conciliação, que integra o processo trabalhista, por vontade expressa e reiterada das Constituições brasileiras, a vigente inclusive (art. 114); há de se ponderar, apenas, que a Emenda Constitucional n. 45/2004 alterou a redação do art. 114 da Carta Magna de 1988, retirando do *caput*, a possibilidade da Justiça do Trabalho conciliar direitos trabalhistas, pois encontra-se assim redigido:

"Art. 114 — compete à Justiça do Trabalho, processar e julgar:"

Apesar da alteração constitucional, os juízes trabalhistas continuam tentando a conciliação entre as partes interessadas, por força do disposto no art. 764 da Consolidação das Leis do Trabalho.

Para mais, a conciliação é um instituto que sempre presidiu às relações de trabalho, possibilitando que os seus partícipes possam continuar a desenvolver a relação existente, o que não poderá ocorrer na hipótese de se impedir aos juízes trabalhistas em geral de, pelo menos, tentar a conciliação; dizer, como ponderadamente disse o TST, que o substituído pode desistir da ação (Súmulas ns. 180 e 225) equivale a mostrar que não se trata de verdadeira substituição processual, em que não há lugar para intervenção do substituído. Conclui-se tratar-se de "substituição processual concorrente", que é a que permite a presença de alguns interessados na ação comum, enquanto outros estiverem ausentes (*Barbosa Moreira*, Apontamentos..., RT 404/9) e que, portanto, não é substituição típica. Por isso, a expressão deve ser considerada simples representação, com mandato legal presumido, e revogável, o que está de acordo com a sistemática do processo trabalhista, como se viu dos três dispositivos legais mencionados acima".

---

que os recursos são dotados de efeito suspensivo, isto é, enquanto sujeita a recurso ordinário, a decisão, em princípio, não produz efeitos. Somente excepcionalmente a lei, negando suspensividade ao recurso, permite que a decisão se torne eficaz antes de transitar em julgado (MOREIRA, José Carlos Barbosa. *O novo processo civil brasileiro*. 15. ed. Rio de Janeiro: Forense, 1993. p. 149). A propósito, o Tribunal Superior do Trabalho, pelo enunciado da Súmula n. 246, vem entendendo, *in verbis*: "É indispensável o trânsito em julgado da sentença normativa para a propositura da ação de cumprimento".

Dessa forma, o ingresso da ação de cumprimento de sentença normativa independe da interposição de recurso, pois a sua execução poderá ser efetivada a partir do vigésimo dia subseqüente ao do julgamento dos TRT's, fundada no acórdão ou na certidão de julgamento, de acordo com o art. 7º da Lei n. 7.701/88; e a partir da publicação da certidão de julgamento do TST (art. 10, da Lei n. 7.701/88).

(39) *Op. cit.,* p. 654.

Neste passo, ousamos discordar do pensamento acima esposado por *Valentin Carrion*.

Inicialmente, porque a substituição processual, realmente, é de rara aplicação, exatamente, por ser uma figura extraordinária.

O legislador, atento a algumas situações emergenciais que podem ocorrer nas relações entre os membros de uma sociedade, permitiu o ingresso em juízo de uma pessoa para, em nome próprio, defender direitos de terceiros.

Ora, os casos em que se permite a substituição processual demonstram, claramente, a procedência desta afirmação, exatamente, por ser uma situação emergencial, extraordinária, como são exemplos, a ação de nulidade de casamento promovida pelo Ministério Público (art. 208, parágrafo único, inciso II, do Código Civil), a ação movida pelo marido sobre os bens dotais da mulher (art. 289, do Código Civil); o reconhecimento da insalubridade e da periculosidade (art. 195 da Consolidação das Leis do Trabalho); a ação popular, que a própria Constituição Federal em seu art. 5º, inciso LXXIII confere a qualquer cidadão para ser parte legítima para propô-la visando à anulação de atos lesivos ao patrimônio de entidades públicas; o terceiro que pode impetrar mandado de segurança a favor do direito originário, se o seu titular não o fez em prazo razoável, se notificado foi judicialmente (Lei n. 1.533, de 31 de dezembro de 1951, em seu art. 3º); e os casos de impedimentos matrimoniais em que o Ministério Público tem legitimação para ingressar em juízo (art. 189 do Código Civil), no mandado de segurança coletivo, alínea *b*, do inciso LXX, do art. 5º e art. 8º, inciso III da Constituição Federal.

Já nos dissídios coletivos, por exemplo, os sindicatos representam os interesses das categorias.

Efetivamente, a teor do art. 513, alínea *a*, da Consolidação das Leis do Trabalho, é prerrogativa do sindicato representar, perante as autoridades administrativas ou judiciárias, os interesses gerais da respectiva categoria, enquanto o art. 857, coerentemente, dispõe que a representação para instaurar a instância em dissídio coletivo constitui prerrogativa das associações sindicais.

Assim, os sindicatos são representantes legais dos interesses das categorias profissionais ou econômicas, respectivamente, conforme se trate de empregados ou empregadores. Mas o sindicato representa os interesses da categoria que, como vimos, não se confunde com o somatório dos seus associados.

Convém sublinhar que a representação reconhecida ao sindicato não é, sequer, a representação da soma ou conjunto dos integrantes da categoria, associados ou não, mas da categoria como ente inorgânico, a que o sindicato dá organicidade.

Pensou-se inicialmente, em explicar a representação sindical em termos civilistas, idéia afinada com a exacerbação do individualismo e da autonomia da vontade, tão em voga no final do século passado e início deste. Assim, a representação sindical nada mais seria do que a soma de contratos de mandato.

A tese esbarrou nas profundas diferenças que marcam a atividade sindical, contrastada com o cumprimento do contrato de mandato: os integrantes da categoria não ditam instruções ao sindicato, não podem cassar-lhe o mandato, o que ocorreria na hipótese de se identificar a natureza contratual de tal representação.

Nem mesmo como representante legal dos integrantes da categoria pode-se identificar a posição do sindicato em relação à categoria no Direito Coletivo do Trabalho, por isso que a idéia de representação legal está ligada à da incapacidade do representado, pressuposto que não se coaduna, à evidência, com a posição das categorias econômica ou profissional.

Outras tentativas de conceituação da natureza jurídica da representação sindical, como a da gestão de negócios, de estipulação em favor de terceiros, não resistem à menor análise.

Neste passo, vale pôr em destaque dois pontos de alta significação para a identificação da natureza da representação sindical.

Por primeiro tenha-se presente que, formal e materialmente, as partes no processo coletivo do trabalho — dissídios coletivos — são os sindicatos. Confira-se, a propósito, o art. 857 da Consolidação das Leis do Trabalho: "A representação para instaurar a instância em dissídio coletivo constitui prerrogativa das associações sindicais, excluídas as hipóteses aludidas no art. 856, quando houver suspensão do trabalho".

Emerge daí que um grupo de empregados, ou todos os empregados de uma categoria profissional não poderiam suscitar um dissídio coletivo, precisamente porque o interesse da categoria não é igual à soma ou ao somatório dos interesses de seus integrantes.

Ainda quando o dissídio coletivo tenha por motivo novas condições de trabalho e no qual figure como parte apenas uma fração de empregados de uma empresa, tal como previsto no art. 868 da legislação consolidada, o interesse posto em juízo é de fração da categoria, melhor ainda, da categoria fracionada, e não do grupo de empregados que a integra.

Em segundo lugar, deve ser anotado que quem se obriga, nominalmente, nos dissídios, nos acordos ou nos contratos coletivos são os sindicatos, como representantes dos interesses das respectivas categorias.

Se nos for permitida a ousadia, diríamos que o sindicato está para a categoria como o Estado está para a nação.

A tese da representação sindical como representação de interesses está bem explicada e magnificamente sintetizada por *Melgar*:[40]

"La fundada desestimación de las tesis privatistas ha obligado a replantear el problema de la representación sindical desde otra perspectiva esencialmente

---

(40) MELGAR, Alfredo Montoya. *Derecho del trabajo*. 2. ed. Madri: Tecnos, 1978. p. 124.

diversa; así, se piensa que la representación sindical, lejos de operar una representación de voluntades, actúa una 'representación de intereses', una *representation* y no una *Vertretung* o, para emplear palabras de nuestro Tribunal Supremo, una representación de carácter 'profesional-colectivo'.

Estando la representación de intereses más próximo a la representación política que a la representación de Derecho privado, resulta obligado un excursus, siquiera breve, a la teoría de la representación política, no sin antes advertir cómo representación sindical y política persiguen una misma finalidad: hacer posible la unidad (política o sindical) fijando un interés unitario — el de la comunidad de súbditos o de sindicados que se sobreponga a los intereses particulares de éstos: Al ser imposible recurrir constantemente al referéndum para comprobar la voluntad real del electorado, como querían *Maquiavelo* y *Rousseau*, es preciso que la comunidad se personifique en uno o varios individuos para que la acción política pueda desarrolarse como con toda claridad supo ver *Hobbes*. La representación sindical, pues, no pude asimilarse en modo alguno al mandato imperativo, característico de las asambleas estamentales del Medievo, pues tal sistema partía de la atribución de la representación política a mandatarios, designados por las localidades y sometidos a las instrucciones de éstas, las cuales podían incluso revocar el mandato. Frente a este originario sistema de representación civil es evidente — a partir de la Revolución Francesa los representantes parlamentarios no son mandatarios de los electros, sino de la nación, y su poder es irrevocable. Este tipo de representación conocido con el nombre de mandato representación conocido con el nombre de 'mandato representativo', y en cuyo modelo se funda la representación sindical, atiende a la gestión de intereses ajenos (*Hauriou*), y pretende básicamente la solución de los problemas políticos conforme al interés general (*Burke*)'".

Na mesma ordem de raciocínio, diremos que o sindicato representa a categoria e não os empregados ou empregadores que a integram, respectivamente.

Não é sem razão, portanto, que *Ernesto Krotoschin*[41], ao tratar das associações profissionais, põe, desde logo, em destaque que "além das pessoas físicas, são sujeitos do Direito do Trabalho as associações profissionais".

Tais considerações revestem-se da maior importância para a compreensão da posição processual do sindicato.

Vê-se, pois, que nos dissídios coletivos o sindicato é legitimado ordinariamente para a causa, por isso que, como já se salientou, representa os interesses da categoria e a institucionaliza, dando-lhe organicidade jurídica.

Não se pode perder de vista os aspectos peculiares das sentenças proferidas em dissídios coletivos.

Observe-se que o art. 872 da Consolidação, após estabelecer que seguir-se-á o cumprimento da decisão faculta a ação de cumprimento concorrentemente aos

---

[41] KROTOSCHIN, Ernesto. *Instituciones del derecho del trabajo*. 2. ed. Buenos Aires: Delpama, 1968. p. 177.

empregados "ou seus sindicatos, independentes de outorga de poderes de seus associados".

O cumprimento das decisões ou dos acordos em dissídio coletivo, portanto, está, a teor do art. 872, subordinado:

a) à via da reclamação individual, como prevista no Capítulo II do Título X da Consolidação;

b) à iniciativa do sindicato.

A execução para tornar efetivo o pagamento de salários na forma estabelecida na sentença ou em acordo, no dissídio coletivo, por meio de ação ou reclamação individual, realça bem o caráter normativo e a natureza de lei, materialmente, da sentença ali proferida.

Observe-se que a execução se faz por via de uma ação individual, em que se pede a aplicação da norma abstrata (sentença normativa) a uma situação particular, concreta.

A legitimação para a chamada ação de cumprimento é deferida pela lei ao empregado e ao sindicato.

Quanto ao empregado, sua legitimação para a causa, na espécie, é ordinária. Integrante da relação jurídica de direito material (contrato de trabalho) em que uma das cláusulas — o salário ou a remuneração — foi alterada ou disciplinada pela sentença proferida no dissídio coletivo, está legitimado para exigir o cumprimento do que ali se estabeleceu.

Ocorre que as sentenças proferidas em dissídios coletivos não dizem respeito, necessariamente, a salários, mas às condições de trabalho, de um modo geral.

Qualquer que seja o conteúdo da sentença normativa, entretanto, sua execução far-se-á pela ação de cumprimento, que é individual.

A respeito, observa *Pires Chaves*[42]:

"Trânsita em julgado a sentença normativa, é através da ação de cumprimento que o empregado favorecido por suas disposições ingressa no juízo trabalhista. O dissídio coletivo acaba onde começa a eficácia da sentença normativa por ele provocada.

São partes na ação de cumprimento das condições normativas os empregados e os empregadores das categorias representadas na ação coletiva, individualmente ou em grupos (litisconsórcio), ativa ou passivamente".

É interessante notar que a ação de cumprimento pode ser por iniciativa do empregador.

Pires Chaves[43] lembra que:

---

(42) CHAVES, Pires. *Da execução trabalhista*. Rio de Janeiro: Forense, 1955. p. 323.
(43) *Op. cit.*, p. 324.

"a ação de cumprimento da sentença coletiva é de índole essencialmente interpretativa. Assim, o empregado e o empregador têm direito de ação com o fim exclusivo de ver definida a sua situação sobre o entendimento de determinadas condições normativas, entre ações que, na verdade, não se contradizem, mas, ao invés, se reúnem, em obediência ao princípio de economia processual."

Legitimados ativos, ordinariamente, para a ação de cumprimento são, portanto, o empregado e o empregador, embora este, raras vezes tenha tal iniciativa.

No pólo passivo da relação processual que surge da reclamação para exigir o cumprimento da sentença proferida no dissídio estará o empregador e não, como se poderia supor, o sindicato da categoria econômica a que o mesmo pertença.

Assinalamos antes que a lei defere ao empregado e ao sindicato legitimação para propor a ação de cumprimento, por meio da qual se opera a execução da sentença proferida em dissídio coletivo.

Deixamos, também, assentado que a legitimação do empregado é ordinária, por isso que ele é o titular da relação jurídica (contrato de trabalho) sobre a qual incidiu a norma (sentença normativa) descumprida pelo empregador.

O sindicato que, como vimos, era legitimado ordinariamente para o dissídio, surge, na ação de cumprimento, legitimado em caráter extraordinário.

Vale relembrar os termos do parágrafo único do art. 872 da Consolidação das Leis do Trabalho, quando estabelece que "poderão os empregados ou seus sindicatos, independente de outorga de poderes de seus associados..." promover a reclamação individual para o cumprimento da sentença proferida no dissídio, "quando os empregadores deixarem de satisfazer o pagamento de salários na conformidade da decisão".

Ora, a titularidade do direito ao salário, o titular da pretensão que será deduzida na reclamação — pretensão ao recebimento conforme a decisão normativa — é o empregado.

Permitindo a lei que terceiro, no caso o sindicato da respectiva categoria profissional, possa ir a juízo postular, em seu próprio nome, aquele pagamento, outorga-lhe a condição de substituto processual.

Em verdade, quando o sindicato, que não é titular do direito aos salários, vai a juízo reclamar o pagamento na forma do que se decidiu no dissídio, está defendendo em nome próprio direito alheio, o que é, precisamente, o conceito de substituição processual.

Procurando enfrentar o tema *Christovão Tostes Malta* e *José Fiorêncio Júnior*[44] assim o abordaram:

"No campo da substituição processual, hipótese que merece estudo é a prevista no art. 872 da CLT. Saber se o sindicato deve ser considerado parte ou se parte

---
(44) MALTA, Christovão Tostes; FIORÊNCIO JUNIOR, José. *Introdução ao processo trabalhista*. Rio de Janeiro: Freitas Bastos, 1961. p. 427.

é o membro da categoria cujo direito se exercita, é matéria que oferece larga margem para debates.

Desde logo, porém, queremos salientar que, coerentemente com que dissemos a propósito dos dissídios coletivos, também na execução de sentenças normativas o sindicato age como representante da categoria profissional, da classe, do grupo. Essas formações é que justificam o atuar do sindicato e lhe conferem expressão. Conseqüentemente, ao nos referirmos em seguida, para facilidade de expressão, ao sindicato como agindo em nome próprio, temos sempre em vista que o faz em função da categoria ou do grupo. Estes é que são partes.

Não se quer, com isso, dizer que o interesse do sindicato e o da classe sempre estejam em harmonia. Nós mesmos já mostramos que o contrário pode suceder. Na hipótese em foco, todavia, e isso é importante, o sindicato age primordialmente na defesa de interesses de classe".

Observam os mesmos eminentes professores que

"o debate em torno da posição do sindicato, quando se vale do disposto no art. 872 consolidado, longe de ser meramente acadêmico, acarreta importantes conseqüências práticas. Em primeiro lugar reconhecer-se ao sindicato a posição de parte significa traçar-lhe os direitos processuais, matéria que não focalizaremos no momento, bastando lembrar que são muito diferentes os direitos de que gozam as partes e meros intervenientes no curso de uma lide. Mas não é só isso, admitindo-se que o sindicato seja um substituto processual, não será possível admitir-se que o substituído ingresse na lide senão para robustecer os atos do sindicato. Ao substituído não se reconhecerá o direito de desistir da ação e nem de obstar, de qualquer modo, a orientação do órgão de classe".[45]

O cotejo dos textos do parágrafo único do art. 872 e do § 2º do art. 843 robustece o convencionamento de que, na ação de cumprimento, a posição do sindicato é de substituto processual.

Com efeito, o § 2º do art. 843 alude, expressamente, à possibilidade do empregado, que por motivo de doença não possa comparecer à audiência, fazer-se representar por seu sindicato. Aí, a posição do sindicato não é de parte, mas de mero representante da parte. Agirá em nome alheio, isto é, do seu associado e não em seu próprio nome, ao contrário do que ocorre na ação de cumprimento.

Não acreditamos, por outro lado, que se possa identificar na ação de cumprimento para pagamento de salários o interesse da categoria como sendo aquele que estará posto em juízo, porque conflitante.

Já vimos que o interesse da categoria não é a soma dos interesses dos seus integrantes, o que afasta a possibilidade de se reconhecer na ação de cumprimento, a titularidade pela categoria do interesse (individual) levado a juízo.

---

(45) *Op. cit.,* p. 429.

O que se pode reconhecer, e de fato aqui se reconhece, é o interesse da categoria em que cada um dos seus integrantes veja assegurado o seu próprio direito individual frente ao empregador.

Mas tal interesse na vitória de terceiros, já que o integrante não se confunde com a categoria, não é o mesmo posto em juízo pelo empregado.

Daí, a necessidade de identificação de posição que assume o sindicato quando, em seu próprio nome, move a ação de cumprimento a favor de um associado.

Essa posição, ao que se viu da análise do interesse posto em juízo, do confronto entre o interesse da categoria e os dos seus integrantes, é a de substituto processual.

Em tal hipótese, o sindicato, que personifica a categoria, está em juízo defendendo direito de outrem — seu associado -, o que caracteriza a substituição processual, legitimado extraordinário para a causa.

A indagação agora é de se saber se o sindicato somente está legitimado extraordinariamente para substituir seus associados, como refere o texto legal, ou, se pelo contrário, assim poderá agir em favor de qualquer integrante do grupo.

Inclinamo-nos, neste passo também, antes para o elemento teleológico da norma, do que para o sentido gramatical de seus termos.

A força normativa das decisões proferidas nos dissídios coletivos obriga não só os associados, mas os integrantes da categoria profissional ou econômica, desde logo, ou mediante extensão, na forma do art. 868 da CLT, conforme se trate de dissídio em que seja parte toda a categoria ou apenas uma fração de empregados de uma empresa.

Não seria curial, portanto, que se restringisse a legitimação extraordinária para as causas de interesse dos associados do sindicato e a mesma possibilidade não se reconhecesse aos não-associados.

O que importa, no caso, é a condição de integrante da categoria profissional para que se tenha o sindicato como substituto processual, legitimado para a ação de cumprimento.

O interesse da categoria, fator que há de ter informado a legitimação extraordinária, tanto se faz presente na ação de cumprimento movida em favor do associado, como do seu integrante, porém não associado.

Valentim Carrion[46], comparando o art. 5º, XXI, e o art. 8º da Constituição Federal, argumenta que o sindicato, pelo primeiro dispositivo, como entidade associativa, receberia legitimidade para representar apenas os seus filiados e desde que esteja expressamente autorizado, e, pelo segundo (inciso III), "recebe essa legitimidade não só para os filiados mas (quanto aos interesses coletivos e quanto aos individuais dos membros da categoria) mesmo para os não filiados".

---

(46) *Op. cit.*, p. 655.

Octavio Bueno Magano e *Celso Neves*[47] afirmam que "os direitos individuais da categoria", constantes do art. 8º do texto constitucional, constituem verdadeiros direitos da categoria, não dos seus membros, respectivamente.

Mais uma vez discordamos do insigne mestre *Carrion*, pois a Constituição Federal, no inciso III do art. 8º, nada mais fez do que, praticamente, reproduzir, o que já existia na alínea a do art. 513 da Consolidação das Leis do Trabalho.

Comparem-se os dois textos:

"Art. 8º,

...

III — ao sindicato cabe a defesa dos direitos e interesses coletivos ou individuais da categoria, inclusive em questões judiciais ou administrativas"; e

"Art. 513. São prerrogativas dos Sindicatos:

a — representar, perante as autoridades administrativas e judiciárias, os interesses gerais da respectiva categoria ou profissão liberal ou os interesses individuais dos associados relativos à atividade ou profissão exercida".

Assim, pelo texto consolidado, o sindicato, para representar qualquer membro da categoria, individualmente, fosse associado ou não associado, necessitava de procuração.

A propósito, deve-se trazer à colação o fato de, tendo em vista inúmeros conflitos, indagações e posições doutrinárias e jurisprudenciais, o Supremo Tribunal Federal ter-se posicionado no sentido de que na hipótese da letra *b,* do inciso LXX do art. 5º (mandado de segurança coletivo) e do inciso III do art. 8º que trata da defesa dos direitos e interesses coletivos ou *individuais* da categoria, inclusive em questões judiciais ou administrativas, pelo sindicato, a posição da Entidade Sindical no processo, será de substituto processual, e não, como vinha sendo entendido de representação processual.

Com isso a Suprema Corte criou mais duas hipóteses de legitimação extraordinária que não estão autorizadas por lei, como faz crer a redação do art. 6º do CPC: "ninguém poderá pleitear, em nome próprio, direito alheio, salvo quando autorizado por lei".

Dessa forma, o Supremo Tribunal Federal com relação à matéria, legislou!

---

(47) MAGANO, Octavio Bueno. A Organização sindical na nova Constituição. *Revista LTr,* n. 53, 1989, p. 43. NEVES, Celso. Legitimação ordinária dos sindicatos. *Revista LTr,* n. 53, 1989, p. 905.

VI. DIREITOS INDIVIDUAIS E SOCIAIS E OS SINDICATOS

Verificamos que um dos direitos fundamentais do homem é o direito à liberdade, aliás, o maior dos direitos que o homem pode possuir.

A palavra liberdade deriva do latim, *libertas-libertatis*, equivalente ao grego *eleutheria*, e significa a faculdade de uma pessoa fazer ou deixar de fazer, por seu livre arbítrio, alguma coisa.

Significa, também, a condição do homem livre, condição daquele que não é propriedade de um dono qualquer, é o gozo dos direitos do homem livre.

Em sentido mais amplo, liberdade natural é a possibilidade máxima de expressão física e intelectual do ser humano, faculdade de autodeterminação, que cada um tem de optar por este ou aquele comportamento.

Não se pode perder de vista que a vida em sociedade limita as expansões individuais ou coletivas, pois ao direito de cada cidadão, ou de cada grupo, contrapõe-se o de outro indivíduo ou de outro grupo, razão pela qual cabe ao Estado, como responsável pela ordem social, estabelecer um sistema jurídico que imponha um freio à liberdade de cada indivíduo ou de cada grupo de indivíduos, máxima, aliás, já consagrada no art. 4º da Declaração dos Direitos do Homem e do Cidadão de 1789, que dispunha:

"A liberdade consiste em poder fazer o que não é prejudicial a outrem".

No preâmbulo de nossa Constituição de 1988, os constituintes incluíram a liberdade entre as metas do Estado Democrático ou que o Estado de Direito visa a alcançar.

No que tange à conceituação da expressão *liberdade*, a doutrina nacional mostra-se coerente e uniforme, no sentido de que deve haver liberdade, porém, limitada às normas emanadas do Estado que, na realidade, correspondem a reprimir o referido direito ao direito alheio, pois definir liberdade como resistência à opressão ou à coação da autoridade ou do poder é uma concepção negativa, porque se opõe, nega a autoridade do Estado.

A teoria que procura dar-lhe sentido positivo também é defeituosa, pois é livre quem participa da autoridade do poder.

O defeito das duas correntes, para *José Afonso da Silva*[1], está em que a liberdade não pode ser definida em função da autoridade, pois liberdade é o oposto de autoritarismo, à deformação da autoridade; não porém, à autoridade legítima.

---

(1) *Op. cit.*, p. 226.

Assim, para que haja liberdade é necessário que haja um mínimo de coação, por meio de norma, moral e legítima, no sentido de que seja consentida por aqueles cuja liberdade restringe.

6.1. Direitos individuais

Para um melhor entendimento do que seja liberdade individual, faz-se necessário definir o que se entende por direitos individuais e direitos sociais.

Estamos diante de direitos idênticos ou cada um possui características próprias e tratam de coisas diferentes?

Pinto Ferreira[2], analisando os direitos sociais do homem e do cidadão, e acompanhando, de todo em todo, a exposição dogmática de *Karl Schimitt*, afirma que "deve-se distinguir um grupo de direitos sociais do homem, ou sejam, os direitos de liberdade dos indivíduos nas suas relações mútuas no círculo social, enunciados da seguinte maneira: liberdades de manifestação de opinião, de discurso, de imprensa, de culto, de reunião e de associação."

Ao lado desses direitos individuais, o homem possuía outra espécie de direitos, exatamente por não viver isolado, mas sim em sociedade, que a doutrina denomina de *direitos sociais*.

A diferença entre ambas as espécies é que os direitos da primeira, os individuais, eram considerados oponíveis ao Estado, enquanto os da segunda, os sociais, eram oponíveis a toda a sociedade.

Segundo *Afonso Arinos de Melo Franco*[3], eram considerados como uma garantia do indivíduo não em função dos atributos de sua personalidade, mas sim, como parte integrante do grupo social.

Assim, o direito de associar-se profissionalmente, por exemplo, fazia parte da primeira espécie, isto é, dos direitos individuais, facultando que o indivíduo se vinculasse ou não, por exemplo, a alguma associação profissional.

Em contrapartida, a criação de uma associação era considerada como um direito oponível à sociedade, pertencente, portanto, ao ramo do Direito denominado *social*.

Cretella Júnior[4], analisando o preâmbulo da Constituição Federal de 1988, sobre o tema — direitos sociais e individuais — diz que o *social* contrapõe-se ao individual como o todo se opõe à *parte*. A ordem individual, pessoal, situa-se em um plano que não se confunde com outras ordens, a ordem política, a ordem econômica, a ordem social. A Constituição garante o exercício de todos os direitos — individuais,

---

[2] FERREIRA, Luiz Pinto. *Princípios gerais do direito constitucional moderno*. Rio de Janeiro: Forense, 1951. v. I, p. 493/494.
[3] FRANCO, Afonso Arinos de Melo. *Curso de direito constitucional brasileiro*. Rio de Janeiro: Forense, 1958. v. I, p. 181.
[4] CRETELLA JUNIOR, José. *Comentários à Constituição de 1988*. 3. ed. Rio de Janeiro: Forense, 1992. v. I, p. 93/94.

sociais, políticos e econômicos, e, como se quisesse espancar qualquer dúvida, o Constituinte de 1988 enumerou os nove direitos sociais taxativamente: a educação; a saúde; o trabalho; o lazer; a segurança; a previdência social; o amparo à maternidade; à infância e a assistência aos desamparados.

À Luz da Constituição Federal de 1988, *José Afonso da Silva*[5], analisando a norma contida no art. 5º, que dispõe sobre os direitos e deveres individuais e coletivos, sem explicitar quais são as garantias dos direitos denominados individuais, observa que estes também encontram-se ali compreendidos, embora implicitamente. Registra ainda que, no momento em que o texto enuncia o direito de igualdade de todos perante a lei, sem fazer distinção de qualquer natureza, dá-lhe uma importância especial, elevando-o a um princípio que serve como uma bússola orientadora do intérprete, a ser sempre levado em conta, quando da consideração dos direitos fundamentais do homem.

Ainda sobre o art. 5º, *José Afonso da Silva*[6] argumenta que "a segunda parte do artigo mostra-se obtusa e inadequada, pois não faz sentido dizer que assegura aos brasileiros os direitos ali indicados, se ela foi feita para o Brasil e para os brasileiros, de modo geral. Exatamente, por assegurar aos brasileiros todos os direitos nela positivados, demonstra limitação aos estrangeiros que residem no país, como se a eles fossem reconhecidos, apenas, os direitos descritos no dispositivo (art. 5º)".

Da forma como está redigido, poderia entender-se que aos estrangeiros é negado o gozo dos direitos denominados sociais, que, aliás, é bom que se diga, não constam de sua redação.

A dúvida, no entanto, logo se dissipa quando se percebe que estes direitos, também, lhes são assegurados, principalmente, quando estamos diante dos direitos trabalhistas.

A afirmação encontra respaldo no momento em que interpretamos o art. 7º do texto constitucional, sem maiores esforços, pois o seu *caput* contém o seguinte enunciado: "São direitos dos trabalhadores urbanos e rurais", sem excluir, nem excepcionar os estrangeiros residentes no País.

O comando ali contido não diferencia os trabalhadores estrangeiros dos brasileiros, tratando a todos com igualdade.

Por isso, ousamos afirmar que os direitos sociais também se dirigem a todos, brasileiros e estrangeiros, que em nosso território residem.

Aliás, outra não poderia ser a interpretação dada ao referido dispositivo, sem se pretender incorrer em injustiça com pessoas que, pelo menos em um determinado momento, são portadoras de idênticas situações.

O tema, no entanto, não é tão pacífico como possa parecer ao intérprete menos desavisado, pois inúmeras questões surgem a respeito da extensão dos direi-

---

(5) *Op. cit.*, p. 187.
(6) *Idem.*

tos individuais a outras pessoas que não sejam físicas, brasileiros ou estrangeiros residentes no País.

O caso dos estrangeiros não residentes no País, por exemplo, para *José Afonso da Silva*[7], é de difícil solução, tendo em vista o texto constitucional.

Em sua opinião, se a Constituição determinou os seus destinatários, deverá ter conseqüências normativas, não se aplicando aos estrangeiros que não residem no País.

Isto não quer dizer, no entanto, que devam sofrer qualquer arbitrariedade em seus direitos.

Celso Ribeiro Bastos[8], analisando o texto constitucional, posiciona-se no sentido de que a Carta Magna procura determinar os destinatários dos direitos individuais, esclarecendo que a sua proteção é dada aos brasileiros e estendida aos estrangeiros residentes no País.

Mas, apesar da fórmula ampla adotada pelo Constituinte, ela não pode ser entendida apenas na sua literalidade, sob pena de deixarmos de contemplar situações que não foram tratadas com clareza no texto constitucional.

O autor traz à colação o exemplo do estrangeiro que se encontrasse em trânsito pelo País e que fosse tolhido de sua liberdade de ir e vir. Não teria direito ao instituto do *habeas-corpus*, por exemplo, pela simples razão de não residir no Brasil? Ou ainda, recusar-se-ia proteção à propriedade de um estrangeiro que porventura não residisse no País? Seria esta uma razão para poder confiscar-lhe a propriedade sem indenização?

Pelo exposto, entende que o verdadeiro sentido da expressão *brasileiros e estrangeiros no País* é deixar certo que esta proteção dada aos direitos individuais é inerente à ordem jurídica brasileira.

Em outras palavras, é um rol de direitos que, na realidade, consagra a limitação da atuação estatal frente a todos aqueles que estão ou entram em contato com a ordem jurídica brasileira, sem nenhuma distinção, como outrora era feito, em que havia um direito para os brasileiros, e outro para os estrangeiros.

Outra não é a posição de *Pinto Ferreira*[9], ao analisar o dispositivo constitucional, afirmando que a garantia da inviolabilidade é estendida também aos estrangeiros residentes e não residentes no País, pois a declaração de direitos possui caráter de natureza universal. O sentido da expressão *estrangeiro residente* deve ser interpretado para significar que a validade e a fruição legal dos direitos fundamentais se exercem dentro do território nacional.

Quanto aos estrangeiros não residentes outra não é a interpretação, pois estes possuem igualmente acesso aos instrumentos processuais, como o mandado de segurança, o *habeas-corpus*, e outras ações.

---

(7) *Op. cit.*, p. 189.
(8) BASTOS, Celso Ribeiro. *Comentários à Constituição do Brasil*. 16. ed. São Paulo: Saraiva, 1995. p. 164.
(9) FERREIRA, Luiz Pinto. *Comentários à Constituição Brasileira*. São Paulo: Saraiva, 1989. v. 1, p. 59/60.

Na mesma linha, analisa o direito das pessoas jurídicas, e outra não é a solução. Estas também deverão gozar do princípio da igualdade de direitos, estendendo-se a elas a norma do *caput* do art. 5º.

Cretella Júnior[10] questiona de que modo a Constituição pode garantir aos brasileiros o rol dos direitos ali enumerados.

Para tanto, invoca a opinião de *Rui Barbosa* (*Comentários à Constituição Brasileira*, textos reunidos por *Homero Pires*, São Paulo: Saraiva, 1932/1934. v. VI, p. 278/279), para quem a Expressão *Garantias Constitucionais* significa, em sentido amplo "toda providência que, na Constituição, se destina a manter os poderes no jogo harmônico de suas funções, no exercício contrabalançado e simultâneo de suas prerrogativas, como, ainda, em sentido estrito, toda defesa posta pela Constituição aos direitos especiais do indivíduo, consistindo em um sistema de proteção organizado pelos autores da lei fundamental para a segurança da pessoa humana, da vida humana e da liberdade humana".

Da análise da proteção dos direitos dos brasileiros e dos estrangeiros residentes no País avulta uma questão que merece do intérprete uma melhor atenção.

Assim é que a expressão *residentes no País* não pode ser entendida restritivamente, para aqueles que possuem residência fixa no Brasil, mas também para os estrangeiros que podem estar de passagem pelo País, a negócios ou mesmo como turistas, e que podem, também, satisfeitos os requisitos legais, ter o *status de residentes*.

Verifica-se, pois, que a matéria não é nem mansa, nem pacífica, porém, em nosso entender, razão têm aqueles que afirmam que a norma contida no *caput* do art. 5º da Constituição Federal é dirigida a todos, sejam nacionais ou estrangeiros, residentes ou não residentes no País, pessoas físicas ou jurídicas, por serem direitos, como diz *Celso Ribeiro Bastos*[11], inerentes à ordem jurídica brasileira.

Em nosso entender, o ilustre Autor torna a *expressão residentes no País* muito elástica, o que minimiza a importância das garantias constitucionais dos brasileiros e daqueles estrangeiros que, efetivamente, aqui residem.

De tudo o que foi exposto, podemos conceituar os direitos fundamentais do homem com *José Afonso da Silva*[12]:

"São aqueles que reconhecem autonomia aos particulares, garantindo a iniciativa e independência aos indivíduos diante dos demais membros da sociedade política e do próprio Estado. Por isso, a doutrina, e, em especial, a francesa, costuma englobá-los na concepção de liberdade autônoma".

Após definir o que se considera como direitos individuais, procuraremos classificá-los, de acordo com o critério adotado pelo próprio art. 5º do texto constitucional.

---

(10) CRETELLA JÚNIOR, José. *Comentários à Constituição de 1988*. 3. ed. Rio de Janeiro: Forense, 1992. v. I, p. 181/182.
(11) BASTOS, Celso Ribeiro. *Op. cit.*, p. 164.
(12) SILVA, José Afonso da. *Op. cit.*, p. 188.

Seriam eles o direito à vida, à igualdade, à liberdade, à segurança e à propriedade.

A doutrina, no entanto, oferece outras classificações.

Assim, para José Afonso da Silva[13], a classificação poderia ser dividida em três grupos:

a) direitos individuais expressos — seriam aqueles explicitamente enunciados nos diversos incisos do art. 5º;

b) direitos individuais implícitos, aqueles que estão subentendidos nas regras de garantias, como o direito à identidade pessoal, certos desdobramentos do direito à vida, o direito à atuação geral, que se encontra no inciso II do art. 5º; e

c) direitos individuais decorrentes do regime e de tratados internacionais subscritos pelo Brasil, aqueles que não são nem explícitos, nem implicitamente enumerados, mas que provêm ou podem vir a provir do regime adotado, como o direito de resistência, entre outros, de difícil caracterização *a priori*.

Dessa forma, os direitos individuais podem ser classificados como:

1. direito à vida;

2. direito à intimidade;

3. direito de igualdade;

4. direito de liberdade;

5. direito de propriedade.

Discorrer sobre direitos fundamentais do indivíduo leva-nos a pensar, exatamente, sobre o tratamento que vem sendo dispensado ao homem na área trabalhista.

Para tanto, invocamos Conferência realizada pela OIT — Organização Internacional do Trabalho, no período de 2 a 18 de junho de 1998 na qual foi aprovada a "Declaração da OIT relativa aos Princípios e Direitos Fundamentais no Trabalho".

Nesta Declaração foi reafirmado por 131 Estados Membros, o compromisso de respeitarem os princípios referentes às sete convenções internacionais que trataram dos direitos dos trabalhadores e empregadores, no que tange aos seguintes temas:

— direito à liberdade sindical (Convenção n. 87);

— reconhecimento do direito à negociação coletiva (Convenção n. 154);

— eliminação de todas as formas de trabalho forçado ou obrigatório (Convenções ns. 29 e 105);

— a erradicação efetiva do trabalho infantil (Convenção n. 138);

— a igualdade de oportunidades e de tratamento (Convenções ns. 100 e 111).

Ressalte-se que apenas 43 países se abstiveram de votar e nenhum votou contra.

---

(13) SILVA, José Afonso da. *Op. cit.*, p. 191.

Na realidade, a Declaração, que é fruto de iniciativa de um grupo de empregadores, teve por princípio fazer a promoção das convenções internacionais já existentes sobre os direitos fundamentais mencionados.

O que pretende o documento é clarear o significado da constituição da OIT, à luz do que informam os princípios fundamentais.

Segundo *Dalva Amélia de Oliveira*[14] "a consagração de tal declaração de princípios já se fez notar na recente Conferência Interamericana de Ministros do Trabalho, realizada de 17 a 19.9.2001, em Otawa. De tal encontro emergiu um compromisso que contempla os consensos em termos de princípios e ações de trabalho decente no hemisfério. O documento tem como base a Declaração dos Princípios e Direitos Fundamentais do Trabalho e seu Segmento da OIT de 1998, emanados da OIT".

A propósito, o jurista *Arion Sayão Romita*[15] examinando o tema considera que "os direitos fundamentais dos trabalhadores, em particular, considerados indisponíveis em caráter absoluto e, portanto, insuscetíveis de renúncia, mesmo que seja em rede coletiva são os seguintes:

— direitos da personalidade (honra, intimidade, imagem);

— liberdade ideológica;

— liberdade de expressão e de informação;

— igualdade de oportunidade e de tratamento;

— não-discriminação;

— idade mínima de admissão ao emprego;

— salário mínimo;

— saúde e segurança do trabalho;

— proteção contra a despedida injustificada;

— direito ao repouso (intervalos, limitação da jornada, repouso semanal e férias);

— direito de sindicalização;

— direito de representação dos trabalhadores e sindical na empresa;

— direito à negociação coletiva;

— direito de greve;

— direito ao meio ambiente de trabalho saudável".

Entende o eminente professor que estes direitos não podem ser tocados, pois são irrenunciáveis, não podendo, a seu entendimento, qualquer norma coletiva atingi-los sob pena de estar atingindo a própria dignidade do trabalhador como pessoa humana.

---

(14) OLIVEIRA, Dalva Amélia. *Reformas — a atualização da legislação trabalhista e os direitos fundamentais no trabalho, segundo a declaração de princípios da OIT*. São Paulo: LTr, 2004. p. 88.
(15) ROMITA, Arion Sayão. *Direitos fundamentais nas relações de trabalho*. São Paulo: LTr, 2005. p. 405.

Esclarece *Romita*[16] que "os direitos fundamentais elencados não se assimilam, aos "princípios essenciais" do Direito do Trabalho relacionados por *Ana Virgínia Moreira Gomes*. Tais princípios teriam por função induzir ou inspirar a edição de normas destinadas a fazer valer os direitos que deles deveriam derivar, por interferência lógica, enquanto que os direitos fundamentais relacionados valem por eles mesmos, independentemente de desenvolvimento por via legislativa".

6.2. Direitos sociais

Para um melhor entendimento do que seja Direitos Sociais, segundo *Ricardo Lobo Torres*, é necessário que se faça uma distinção entre os "mínimos sociais" e os "direitos sociais" que é o tema central da problemática contemporânea dos direitos humanos.

Assim, para o citado Autor os "mínimos sociais" que compõem o quadro dos direitos fundamentais gozam do *status positivus libertatis* e a sua eficácia prescinde de lei ordinária; podem ser garantidos pelo Judiciário e ingressam necessariamente no orçamento, enquanto os "direitos sociais" não se consideram direitos fundamentais, gozando do *status positivus socialis*, que os tornam dependentes da concessão do legislador, não são garantidos pelo Judiciário na ausência da lei e encontram-se sob a reserva do orçamento.

Para mais afirma que "sem o mínimo necessário à existência, cessa a possibilidade de sobrevivência do homem e desaparecem as condições essenciais da liberdade; a dignidade humana e as condições materiais da existência não podem retroceder aquém de um mínimo, do qual nem os prisioneiros, os doentes mentais e os indigentes podem ser privados".

Prossegue, afirmando que os direitos sociais e os econômicos diferem do mínimo existencial porque dependem da concessão do legislador, estão despojados do *status negativus*, não geram por si só a pretensão às prestações positivas do Estado, carecem de eficácia *erga omnes* e subordinam-se a idéia de justiça social e, portanto, não se confundem com os direitos de liberdade, nem com o mínimo existencial.[17]

Os denominados *direitos sociais* nas constituições brasileiras anteriores, seguindo o modelo das constituições mexicana de 1917 e alemã de 1919, *denominada Constituição Alemã de Weimar*, encontravam-se contidos nos capítulos sobre a Ordem Social ou a Ordem Econômica.

Na atual Constituição Brasileira de 1988, os direitos sociais passaram a ser tratados em capítulo próprio, e não em conjunto com a ordem econômica, e bem distanciados da ordem social, que é objeto de um título especial (Título VIII da Constituição Federal).

---

(16) ROMITA, Arion Sayão. *Op. cit.*, p. 405/406.
(17) TORRES, Ricardo Lobo. Os mínimos sociais, os direitos sociais e o orçamento público. In: *Revista de Ciências Sociais da UGF*, Edição Especial — Direitos Humanos, Rio de Janeiro, p. 70/71, dez. 1997.

Na realidade, esta reorganização dos referidos direitos não quer dizer que estes se encontrem divorciados daquelas, pois, se nos detivermos na análise da redação do art. 6º, verificaremos que os *direitos sociais* incluem os que se encontram regulados na chamada *Ordem Social:*

"Art. 6º São direitos sociais a educação, a saúde, o trabalho, o lazer, a segurança, a previdência social, a proteção à maternidade e à infância, a assistência aos desamparados, na forma desta Constituição."

Ao conceituar os direitos sociais, *José Afonso da Silva*[18] os tem como a dimensão dos direitos fundamentais do homem, como prestações positivas estatais, enunciadas em normas constitucionais, possibilitando aos mais fracos melhores condições de vida. Direitos estes que tendem a realizar a igualização de situações sociais desiguais.

Na realidade, para o Autor, os direitos sociais valem como pressupostos do gozo dos direitos individuais na medida em que criam condições materiais mais propícias ao auferimento da igualdade real, o que, por sua vez, proporciona condição mais compatível com o exercício efetivo da liberdade.

Na classificação dos direitos sociais, verifica-se que estes podem ser vistos sob dois ângulos.

Inicialmente, procuramos agrupá-los da seguinte forma:

a) direitos sociais relativos ao trabalhador;

b) direitos sociais relativos à seguridade social;

c) direitos sociais relativos à educação e à cultura;

d) direitos sociais relativos à família, à criança, ao adolescente e ao idoso;

e) direitos sociais relativos ao meio ambiente.

Em uma outra classificação, os direitos sociais do homem podem ser tidos como direitos do homem como produtor e como consumidor.

Como *homem produtor*, temos a liberdade de organização sindical, o direito de greve, o direito de o trabalhador determinar as condições de seu trabalho, o direito de cooperar na gestão da empresa e o direito de obter um emprego.

Como *homem consumidor*, encontramos os direitos à saúde, à segurança social, ao desenvolvimento intelectual, o igual acesso das crianças e adultos à instrução, à formação profissional e à cultura e a garantia de desenvolvimento da família.

Celso Ribeiro Bastos[19] preferiu analisar o conteúdo do art. 6º da Constituição, afirmando que os direitos sociais não podem ser confundidos com os trabalhadores, como fez o dispositivo supracitado, porque quando fala em trabalhadores, diz respeito, apenas, àqueles que mantêm um vínculo de emprego.

---
(18) SILVA, José Afonso da. *Op. cit.,* p. 277.
(19) BASTOS, Celso Ribeiro. *Op. cit.,* p. 227/228.

Melhor seria que o texto constitucional tivesse empregado a expressão *as liberdades de trabalho*, como fizeram os tratadistas franceses, tendo em vista que os direitos sociais podem abarcar no rol de seus beneficiários outros profissionais e, até mesmo, os empresários.

Comentando o disposto no art. 6º da Carta Magna, *Pinto Ferreira*[20] argumenta que o elenco de direitos sociais ali contidos é meramente exemplificativo, constituindo um rol mínimo e irredutível, que não pode ser diminuído pelo legislador.

Afirma, ainda, que as declarações de direitos não se confundem, nem se identificam com as declarações clássicas de direitos individuais, revelando uma política social diferente.

Pinto Ferreira posiciona-se no sentido de que as regras contidas nos arts. 6º e 7º da Constituição Federal, são de aplicabilidade restrita, destinando-se, apenas, aos trabalhadores, sejam urbanos ou rurais, com contratos de trabalho, regidos pela Consolidação das Leis do Trabalho, não se estendendo, assim, por exemplo, aos servidores públicos.

Invocando a opinião de *Alcino Pinto Falcão*, argumenta que "as declarações clássicas dos direitos individuais impõem a abstenção do Estado, um *nec facere*, ao contrário das disposições sociais, que implicam uma determinação positiva, traduzindo-se em obrigações e deveres do Estado".

Os direitos sociais podem, assim, ser considerados como normas constitucionais, e que, na realidade, somente se efetivam na medida em que permitem dimensionar especificamente os direitos fundamentais do homem, como indivíduo.

Tais dimensões podem ser vistas ou refletidas nas prestações ou ações positivas do Estado.

Tais prestações ou ações, com certeza, conduzirão a uma vida mais digna, principalmente no que tange à classe trabalhadora.

Assim considerados os direitos sociais, podemos até concordar com *Celso Bastos*, quando afirma que as declarações de direitos sociais são em grande parte regras programáticas, mas de evidente utilidade prática, pois, caso contrário, teríamos que aceitar a posição de que tais direitos nem sempre são cumpridos, o que levaria a uma desproteção por parte do Estado ao cidadão, enquanto indivíduo.

6.3. Correlação entre a liberdade sindical e as liberdades públicas

Os direitos integram um sistema jurídico, do que resulta que entre suas diversas e múltiplas expressões se estabelece uma integração e, até mesmo, se observa que aquelas se interpenetram.

Essa observação, desde logo, adverte-nos para a irrecusável correlação entre as liberdades públicas em geral e, por isso mesmo, entre estas e a liberdade sindical.

---

(20) FERREIRA, Luiz Pinto. *Op. cit.*, p. 222.

Efetivamente não é razoável pensar em qualquer expressão da liberdade, em qualquer liberdade específica, isoladamente, num contexto em que só aquela espécie possa existir.

Na realidade inexistiria uma espécie de liberdade sem as demais que compõem o gênero ou, pelo menos, a ausência de uma delas importa no enfraquecimento das demais, na medida em que as liberdades públicas sempre fazem parte de uma conjuntura ou de um contexto político no qual possam ser asseguradas pelo direito e garantido o seu exercício judicialmente.

Não é sem muita razão, portanto, que o poder constituinte sempre organiza um verdadeiro sistema em que proclama as liberdades públicas, enumera-as, não exaustiva, mas sim exemplificadamente e cria os mecanismos para torná-las efetivas.

A liberdade sindical, que vem sendo expressa em nossas Cartas Magnas, e é destacada no *caput* do art. 8º da Constituição Federal de 1988, em cujo texto se lê que "é livre a associação profissional ou sindical" correlaciona-se com as demais liberdades públicas ali garantidas.

Nessa perspectiva, é induvidosa a estreita vinculação entre a liberdade sindical e a regra que se pode ter como matriz das liberdades, insculpida no inciso II do art. 5º da Carta Política de 1988, segundo a qual

"ninguém será obrigado a fazer ou deixar de fazer alguma coisa senão em virtude da lei",

tornando o homem livre para agir, salvo as restrições ou imposições legais.

Assim, v. g., o inciso V do art. 8º da Carta vigente — ninguém será obrigado a filiar-se ou manter-se filiado a sindicato — é uma especificação daquele princípio, cercado, entretanto, da destacada garantia constitucional em razão da qual a lei infraconstitucional não poderá impor a filiação, nem obrigar a permanecer filiado, o que seria possível na ausência do texto.

Por outra perspectiva, pode-se identificar que, sem a garantia de liberdade de locomoção (inciso LXVII do art. 5º), a liberdade sindical poderia se frustrar com toda facilidade.

Pode-se, por outro lado, entender na liberdade sindical (*caput* e inciso III do art. 8º) uma forma específica de revelação da liberdade de associação, que o inciso XVII do art. 5º a todos garante enfática e plenamente.

Reitere-se e insista-se, pois, que, assim, os direitos e as liberdades não se encerram em compartimentos estanques. Se pudéssemos compartimentar as liberdades, teríamos que o fazer num sistema de vasos comunicantes.

Já se disse que

"está universalmente admitido que no es posible el desarrollo de la libertad sindical sin la preexistencia efectiva dos demás derechos humanos y que tampoco es posible el completo ejercicio de éstos sin la vigencia de aquélla. En otras palavras, la libertad sindical no es posible sin el ejercicio de otros derechos humanos, y viceversa.

El derecho a la libertad sindical depende de los demás derechos fundamentales, porque es prácticamente imposible constituir un sindicato libre y desarrollar una actividad sindical auténtica, si no se pueden ejercer derechos tales como, por ejemplo, el de reunión, el da libre expresión del pensamiento, etc."[21]

Por isso mesmo, ao tratar dos direitos sindicais e das liberdades públicas, o Comitê de Liberdade Sindical do Conselho de Administração da OIT inclui entre os princípios gerais o seguinte:

"Un movimiento sindical realmente libre e independiente sólo puede desarrollarse dentro del respeto de los derechos humanos fundamentales".[22]

Dir-se-ia que o princípio ali proclamado não é, senão, parte de uma concepção bem mais ampla e de muito maior abrangência, como antes procuramos, abreviadamente, registrar, segundo a qual somente num sistema jurídico emanado do Estado de direito, que tenha como regime condutor a democracia, assegurando os direitos individuais, estabelecendo as garantias desses direitos, é que se pode encontrar terra fértil onde possam medrar as liberdades públicas.

É ainda a OIT quem realça a estreita vinculação entre a proteção dos direitos sindicais e o respeito das liberdades públicas, dispondo, com clareza, dos princípios aplicados pelo Comitê de Liberdade Sindical toda vez que examina queixas de organizações profissionais relativas ao exercício dos seus direitos. O Comitê parte da premissa de que um movimento sindical livre e independente só pode medrar num clima em que se respeitem e se garantam os direitos fundamentais e, por conseguinte, tem insistido na importância dos princípios estabelecidos na Declaração Universal dos Direitos Humanos, pois sua violação pode comprometer, de uma maneira decisiva, o livre exercício dos direitos sindicais.[23]

A Constituição Federal de 1988 não se ateve apenas à idéia de interdependência entre as liberdades, e não regateou espaço para especificá-las expressamente. Procurou, também, criar os mecanismos genéricos e específicos, para assegurar a eficácia concreta das liberdades.

Assim, no que interessa mais de perto à liberdade sindical, proclamou-a no *caput* do art. 8º, detalhou o seu exercício em vários de seus incisos e, no III, deu ao

---

(21) URIARTE, Oscar Ermida. *Sindicatos en libertad sindical*. 2. ed. Montevideo: Fundación de Cultura, 1991. p. 24.
(22) *La libertad sindical, recopilación de decisiones y principios del comité de libertad sindical del consejo de administración de la OIT*. 3. ed. Genebra: OIT, 1985. p. 19.
(23) "69. El Comité ha considerado que el sistema democrático es fundamental para el ejercicio de los derechos sindicales.
70. Los derechos sindicales sólo pueden ejercerse en clima desprovisto de violencia, de presiones o de amenazas de toda índole contra los sindicalistas; incumbe a los gobiernos garantizar el respeto de este principio.
71. El Comité ha juzgado conveniente reafirmar la importancia que cabe atribuir a los principios fundamentales enunciados en la Declaración Universal de Derechos Humanos, ya que su violación puede comprometer el libre ejercicio de los derechos sindicales." — obra e local citados.

sindicato o munus da defesa dos direitos e interesses coletivos ou individuais da categoria, inclusive em questões judiciais e administrativas.

A norma constitucional, em verdade, emprestou às regras ordinárias galas especiais, além de recepcioná-las.

Assim é que a Consolidação das Leis do Trabalho, no art. 513, estabelece — e há muito estabelecia — que são prerrogativas dos sindicatos, entre outras

"representar, perante as autoridades administrativas e judiciárias, os interesses gerais da respectiva categoria ou profissão liberal ou os interesses individuais dos associados relativos à atividade ou profissão exercida".

Outras normas inseridas na legislação consolidada como v.g. a alínea *b* do art. 514, que inclui entre os deveres dos sindicatos a manutenção de serviços de assistência judiciária aos seus associados, ou seu parágrafo, que determina aos sindicatos que promovam a fundação de cooperativas de consumo e de crédito, evidenciam o papel dos sindicatos como instrumentos de garantia da eficácia de outros direitos fundamentais.

Importante função, a um tempo fiscalizadora e de proteção dos associados, é atribuída pelo art. 477, § 1º, da CLT, que condiciona a validade e eficácia da quitação nas rescisões do contrato de trabalho à homologação dos sindicatos. De que adiantaria garantir a lei a remuneração do trabalhador se, por ocasião da rescisão, não tivesse este a segurança de que os valores devidos estão sendo precisamente pagos?

Fora da sede da CLT, vale dizer, em lei extravagante (Lei n. 5.584/70), encontra-se norma que atribuiu ao sindicato a assistência judiciária a que se refere a Lei n. 1.060, de 5 de fevereiro de 1950, dando eficácia a mais uma garantia individual inscrita na Carta Magna.

Outra importante atribuição representativa outorgada aos sindicatos emerge da Lei de Greve (Lei n. 7.783, de 28.6.1989).

Sua leitura atenta revela, no art. 5º, que a entidade sindical ou comissão especial representará os interesses dos trabalhadores nas negociações ou na Justiça do Trabalho.

Tem-se, segundo aquela norma, que é ao sindicato que cabe sentar-se à mesa de negociação e sua palavra ali já expressa e representa a vontade do trabalhador.

Ainda aquele diploma disciplinador do direito de greve dá ao sindicato (art. 7º c/c art. 9º) a delicada atribuição de designar e escolher os empregados que prosseguirão trabalhando para evitar a paralisação de que decorram prejuízos graves e irreparáveis para a empresa.

Tudo, pois, revela que a liberdade sindical, a par de importante instrumento de defesa de interesses coletivos dos trabalhadores, é também instrumento essencial de proteção de inúmeros direitos individuais dos trabalhadores.

6.4. Liberdade sindical e liberdade individual

O regime democrático instituído em um País é, na realidade, uma garantia geral da realização dos direitos fundamentais do homem. Assim, é na democracia que a liberdade encontra o seu campo de expansão. É exatamente nela que o homem dispõe da mais ampla possibilidade de coordenar os meios necessários à sua realização pessoal. Quanto mais o processo democrático avança, mais o homem vai se libertando dos obstáculos que o constrangem, mais liberdade conquista.

José Cláudio Monteiro de Brito Filho[24], afirma "que o Brasil tem suas normas sobre sindicalização, ainda hoje e em boa parte, cunhadas com base no corporativismo, adotado a partir da década de 30, não possuindo regime de plena liberdade sindical".

Para *José Francisco Siqueira Neto*, no art. 8º, Constitucional, as transgressões ao princípio da Liberdade Sindical residem nos incisos II, IV e VII. Para o autor, o restante do artigo apenas regularia as especificidades nacionais previstas pela própria Convenção n. 98 da OIT.

Com pensamento contrário, ou seja, em linha que pretende tenha o texto constitucional consagrado o regime de liberdade sindical, no Brasil, *Júlio César do Prado Leite* afirma: O art. 8º da Constituição Federal rompendo preconceitos anteriores, assegurou, de maneira linear, a liberdade sindical estabelecendo como partes fundamentais desse propósito a desnecessidade de autorização burocrática para a criação da entidade representativa da categoria obreira ou patronal e vedando a interferência estatal em seu funcionamento. Isto fica ainda mais claro com outra afirmação do autor, quando é dito: A liberdade sindical outorgada pela nova Constituição, de modo inequívoco, traz uma muito definida responsabilidade à representação dos interesses profissionais e econômicos.

Comungamos com o pensamento de *Siqueira Neto*. De forma geral, apenas. Com efeito, muito embora o texto constitucional de 1988 tenha abrandado, de forma significativa, a rigidez do período anterior, manteve, em relação a alguns aspectos da sindicalização, normas incompatíveis com modelo que consagre a liberdade sindical".

Quando se está diante da liberdade sindical, uma das formas de expressão da liberdade, deve-se fazer uma reflexão para se saber se esta é um meio de apoio e de expressão dos direitos individuais do homem, ou se, na realidade, é uma forma de supressão dessa liberdade.

Georgenor de Sousa Franco Filho[25], ao tratar da liberdade sindical, afirma que "a doutrina a distingue em dois ângulos, individual e coletivo. A liberdade sindical individual teria como titulares os trabalhadores e os empregadores e seria positiva, correspondente ao direito de filiação, e negativa, que se dividiria em passiva (não-filiação) e ativa (filiação). Já a liberdade sindical coletiva, que possuiria como sujeito o sindicato,

---
(24) BRITO FILHO, José Cláudio Monteiro de. *Direito sindical*. São Paulo: LTr, 2000. p. 94.
(25) FRANCO FILHO, Georgenor de Sousa. *Liberdade sindical e direito de greve no direito comparado:* lineamentos. São Paulo: LTr, 1992. p. 20/21.

teria dois aspectos da autonomia sindical, que seria a parte dinâmica da liberdade sindical: a autonomia interna, de constituir-se, estruturar-se, e mesmo de dissolver-se, sem a intervenção estatal, e a autonomia de ação, que agruparia as diversas hipóteses do que denomina autotutela. Refere-se, ainda, à liberdade coletiva positiva e negativa que teria o sindicato de se filiar ou não a entidade de grau superior".

José Afonso da Silva[26], analisando o problema dos direitos coletivos no texto constitucional de 1988, noticia:

> "Houve propostas, na Constituinte, de abrir-se um capítulo próprio para os *direitos coletivos*. Nele seriam incluídos direitos tais como o de acesso à terra urbana e rural, para nela trabalhar e morar, o de acesso de todos ao trabalho, o direito a transporte coletivo, à energia, ao saneamento básico, o direito ao meio ambiente sadio, o direito à melhoria da qualidade de vida, o direito à preservação da paisagem e da identidade histórica e cultural da coletividade, o direito às informações do Poder Público a requerimento de sindicatos e associações em geral (que o Senador José Paulo Bisol chamou de *visibilidade e corregedoria social dos poderes*), os direitos de reunião, de associação e de sindicalização, o direito de manifestação coletiva, incluindo-se aí o direito de greve, o direito de controle do mercado de bens e serviços essenciais à população e os direitos de petição e de participação direta.
>
> Muitos desses ditos direitos coletivos sobrevivem ao longo do texto constitucional, caracterizados, na maior parte, como direitos sociais, como a liberdade de associação profissional e sindical (arts. 8º e 37, VI), o direito de greve (arts. 9º e 37, VII), o direito de participação de trabalhadores e empregadores nos colegiados de órgãos públicos (art. 10), a representação de empregados junto aos empregadores (art. 11), o direito ao meio ambiente ecologicamente equilibrado (art. 225); ou caracterizados como instituto de democracia direta nos arts. 14, I, II e III, 27, § 4º, 29, XI, e 61, § 2º; ou, ainda, como instituto de fiscalização financeira; no art. 31, § 3º. Apenas as liberdades de reunião e de associação (art. 5º, XVI a XX), o direito de entidades associativas de representar seus filiados (art. 5º, XXI) e os direitos de receber informações de interesse coletivo (art. 5º) e de petição (art. 5º, XXXV, *a*) restaram subordinados à rubrica dos direitos coletivos. Alguns deles não são propriamente direitos coletivos, mas *direitos individuais de expressão coletiva*, como as liberdades de reunião e de associação".

Assim, há de se indagar: o direito de criar organizações sindicais, de a elas se filiar ou delas se desfiliar, é um direito individual ou um direito coletivo?

Até que ponto podemos afirmar que a liberdade sindical é uma forma de apoio à liberdade do indivíduo?

Ermida Uriarte[27], examinando o problema do aspecto individual da liberdade sindical, argumenta que este estaria constituído pelos direitos de o indivíduo poder filiar-se ou não às organizações de sua escolha e de desfiliar-se das mesmas, bem como

---
(26) SILVA, José Afonso da. *Op. cit.*, p. 192.
(27) URIARTE, Oscar Ermida. *Op. cit.*, p. 31/37.

criar ou não organizações, sem autorização prévia, com ampla liberdade, isto é, sem nenhuma restrição.

Nessa linha de raciocínio, os direitos individuais de sindicalização apresentam um aspecto positivo, que é o de filiar-se a um sindicato, constituir uma organização, eleger seus diretores e ser eleito. Este princípio, aliás, encontra-se expresso nas normas internacionais do trabalho, como se verifica da Convenção n. 87 da OIT.

O aspecto negativo, apesar de não se encontrar expressamente nas normas internacionais, encontra guarida na doutrina.

Consiste, conforme *Plá Rodriguez*[28], no direito a não se filiar a um sindicato ou a deles desfiliar-se.

A existência da liberdade sindical negativa constitui tema ainda bastante polêmico, pois implica a interdição total ou parcial das denominadas cláusulas sindicais ou cláusulas de segurança sindical.

Se, por um lado, a liberdade negativa repele as denominadas cláusulas sindicais, por outro, constituem elas um instrumento de robustecimento da organização sindical.

Alguns autores, como *Nestor de Buen*[29], consideram incorreta a recepção da liberdade sindical negativa, tendo em vista a confusão que significa ver na liberdade sindical um direito individual, e não exclusivamente coletivo.

Harold Laski[30], que não é partidário do sindicalismo voluntário, não vê motivo para se proteger por meio da lei o trabalhador-indivíduo que é incapaz, ou que não queira ingressar em um sindicato, e prefere tratar individualmente com o seu empregador.

Já *Octavio Bueno Magano*[31] sustenta que a cláusula de exclusividade sindical constitui um dos aspectos da liberdade sindical e se refere ao interesse do grupo profissional em assegurar a sua autonomia coletiva.

A análise das cláusulas sindicais e sua vinculação com a liberdade sindical denominada negativa deve ser feita à luz da diferente extensão que alcança nas diversas partes do mundo.

Assim, nos países anglo-saxões como é o caso da Inglaterra, dos Estados Unidos da América, da Áustria, da Nova Zelândia, do Canadá, as cláusulas sindicais encontram-se amplamente difundidas, enquanto na França e em boa parte dos países latino-americanos estas não encontram guarida.

Em segundo lugar, com referência a determinadas cláusulas sindicais, deve-se distingui-las segundo a fonte formal dos mecanismos de *segurança sindical*. Estas podem vir contidas em convênios coletivos, podem ser instituídas por lei, ou por outra norma jurídica direta ou unilateralmente ditada pelo Estado.

---

(28) RODRIGUEZ, Américo Plá. *Liberdad sindical*. Genebra, 1959. p. 190.
(29) BUEN, Nestor. *Derecho del trabajo*. 3. ed. México, 1979. t. II, p. 528/537.
(30) LASKI, Harold. *Los sindicatos en la nueva sociedad*. Trad. esp. México, 1951. p. 190/191.
(31) MAGANO, Octavio Bueno. *Organização sindical brasileira*. São Paulo: LTr, 1982. p. 60.

É importante que se faça uma distinção da origem da cláusula, pois quando esta emana do Estado, pode constituir uma ingerência estatal na autonomia coletiva.

Em terceiro lugar, o que se deve ter em conta são as diferentes classes de cláusulas sindicais, pois poderemos estar diante de cláusulas líticas ou ilícitas.

Oscar Ermida Uriarte, classificando as cláusulas sindicais, inclui entre outras:

a) a cláusula *closed shop* ou *taller cerrado*, que proíbe o empregador de contratar trabalhadores que não pertençam ao sindicato;

b) a cláusula *union shop* ou *taller sindical,* que permite ao empregador contratar empregado não sindicalizado com o compromisso de dentro de um determinado prazo filiar-se a um sindicato e caso não o faça o contrato de trabalho ficará rescindido;

c) a cláusula de *maintenance of member-ship* ou *mantenimiento de la afiliación*, que permite ao empregador despedir os empregados que se desfiliarem do sindicato;

d) a cláusula de *hiring hall* ou *bolsa de trabajo sindical* ou, ainda, *agencia de contratación sindical*. Esta cláusula obriga o empregador a contratar trabalhadores somente por meio do serviço de empregado, bolsa de trabalho ou agência de colocação do sindicato, ou órgão criado por acordo entre este e o empregador;

e) as cláusulas *preferential shop* ou cláusulas de preferência ou, ainda, cláusulas preferenciais, concedem aos trabalhadores sindicalizados certas vantagens e benefícios em matéria de emprego, de acesso, de remuneração, etc.

f) pela cláusula *union label* ou *marchamo sindical* ou *marca sindical,* coloca-se em um determinado produto um selo, um símbolo da marca que indique aos consumidores que aquela mercadoria foi fabricada por uma empresa que cumpriu as condições impostas por lei e acordadas com o sindicato para a execução do trabalho;

g) a cláusula *check-off* ou *retención de cotizaciones*, da qual decorre que o empregador se obriga a descontar da remuneração dos trabalhadores filiados a um sindicato, contribuição para os cofres daquela organização;

h) a cláusula *agency shop* ou de *cotización sindical*, segundo a qual os trabalhadores não desfiliados a uma organização ficam obrigados a descontar para aquela organização, por meio de retenção pelo empregador, determinada parcela ou percentual de salário ou majoração deste.

Verifica-se, pois, uma variedade de cláusulas que podem ser denominadas cláusulas de exclusão ou de consolidação sindical.

Entre as primeiras, isto é, de exclusão, situam-se: *closed shop, union shop, maintenance of member-ship* e algumas formas extremas de *hiring hall*.

Ao segundo grupo pertencem algumas formas de *hiring hall, union label,* de preferência de retenção de cotizações, sendo que a mais discutida é a cláusula *agency shop*.

Visto por uma outra ótica, verifica-se que podemos estar diante de cláusulas sindicais lícitas ou ilícitas.

A princípio, quando estamos frente a cláusulas que exercem pressão direta sobre os empregados e sobre os empregadores, ordinariamente desautorizadas pela lei constitucional, podemos considerá-las como ilícitas, por violação do princípio da isonomia e da liberdade de acesso a qualquer trabalho, ofício ou profissão (Constituição Brasileira, art. 5º, *caput* e inciso XIII).

Opostamente, quando a pressão é de forma indireta, pode ser considerada lícita, pois não se choca frontalmente com normas proibitivas.

Claro que esta afirmação não pode ser compreendida como definitiva e geral, ou que não aceite contra-argumentação, pois sempre dependerá do momento, da forma do sindicalismo e do País em que se esteja analisando o tema.

A liberdade sindical negativa busca, na realidade, uma proteção do indivíduo contra o sindicato, vez que a liberdade sindical positiva e as liberdades sindicais coletivas são proteções do trabalhador e do sindicato frente ao Estado e frente ao empregador.[32]

A Organização Internacional do Trabalho tem combatido, quando da adoção de convenções sobre a liberdade sindical, o monopólio que se verifica em alguns países.

Quando, por exemplo, em vez das cláusulas sindicais serem fruto de um acordo havido entre sindicatos e empregadores, têm efeito obrigatório em virtude de lei que imponha a sua vigência com relação à filiação a um sindicato, a um determinado sindicato privilegiado, ou a um sistema de contribuições sindicais compulsórias.

Assim, o Comitê de Liberdade Sindical da OIT tem observado algumas situações em que, por exemplo, o trabalhador tem o direito de se filiar a um sindicato de sua escolha, mas está obrigado por lei a filiar-se a outro, para poder manter o seu emprego. Esta exigência é incompatível com o seu direito de filiação à organização que tenha escolhido.[33]

Além do mais, esta obrigatoriedade pode se constituir em uma injusta discriminação nos casos em que se impõem condições não razoáveis às pessoas que requerem essa filiação.

---

[32] RUSSOMANO, Mozart Victor. *Comentários à CLT*. v. II, p. 630/631: "O direito brasileiro, felizmente, riscou de seus textos a sindicalização obrigatória e não admite nenhuma providência coercitiva contra o empregado ou o empregador que se recusa a ingressar no sindicato representativo de sua categoria profissional ou econômica (*vide* Constituição Federal de 1988, art. 8º, inciso V). Nossa lei, em boa hora, afastou as chamadas cláusulas de exclusão, admitidas pelo legislador de vários países, segundo as quais o empregado que não for sindicalizado não poderá ser admitido pelo empregador (cláusula de exclusão de ingresso) e o empregado que, sendo sindicalizado e tendo obtido serviço, deixar o sindicato, perderá o emprego (cláusula de exclusão por separação). As cláusulas de exclusão constituem, em nosso pensamento, meio indireto, e portanto insincero de se coagir o indivíduo a ingressar no sindicato — forma oculta, por conseguinte, para se chegar aos fins antidemocráticos e injustos da sindicalização obrigatória. Embora usadas em legislação democráticas (Estados Unidos e México) tais cláusulas ferem a liberdade, como foi reconhecido pela Grã-Bretanha, que as proibiu pelo *Employment Act* de 1982".
[33] *La libertad sindical,* p. 54/55.

Outro ponto que merece exame é o fato de uma legislação estabelecer o pagamento de uma contribuição obrigatória para os empregados sindicalizados e para os não-filiados ao sindicato encarregado da negociação coletiva, em representação exclusiva de todos os trabalhadores de uma unidade de negociação, o que não seria incompatível com os princípios da liberdade sindical, mas o valor estipulado para a contribuição deve ser levado em conta para que se pesquise sobre sua razoabilidade.

O Comitê de Liberdade Sindical tem analisado o problema do favoritismo para com uma determinada organização sindical e observado que tal favoritismo pode ser objetado no que tange a uma ou mais organizações quando se exerce pressão sobre os trabalhadores mediante declarações públicas por parte das autoridades, oferecendo vantagens ou benefícios a determinadas entidades sindicais, como, *v. g.*, locais para reuniões e outras atividades sindicais.

Estes atos são considerados discriminatórios pela OIT, pois ferem os princípios assecuratórios da liberdade sindical, e, como tal, devem ser evitados pelas autoridades e pelos empregadores, especialmente no que tange ao reconhecimento dos dirigentes sindicais e aos fins de suas atividades legítimas.[34]

Verifica-se, pois, que o princípio da liberdade sindical deve ser um meio de apoio e de expressão da liberdade individual e não de sua limitação ou cerceamento, pois a prática de qualquer ato inerente à atividade sindical que viole o direito do trabalhador-indivíduo deve ser repelida. Há que se procurar, a todo custo, harmonizar os princípios da liberdade sindical e da liberdade individual.

O sistema jurídico deve encontrar um ponto de equilíbrio que, sem prejudicar a liberdade individual de sindicalizar-se, prestigie as normas de segurança sindical, tudo dentro da dupla perspectiva em que se mostra e pode ser contemplada a liberdade sindical (art. 8º, *caput*, e inciso V da Constituição).

Em busca desse desiderato no Brasil, a Constituição Federal, em seu art. 9º, por exemplo, assegura aos trabalhadores o direito de greve, outorgando-lhes poder e competência para decidir sobre a oportunidade de exercê-lo e sobre os interesses que devam por meio da paralisação do trabalho defender.

De outro lado, a legislação ordinária (Lei n. 7.783/89), em seu art. 4º, determina que "caberá à entidade sindical correspondente convocar, na forma do seu estatuto, *assembléia geral que definirá* as reivindicações da categoria e deliberará sobre a paralisação coletiva da prestação de serviços". Tudo, pois, em perfeita harmonia. Prestigia-se o sindicato pela sua participação obrigatória no processo de greve. Deixa-se ao trabalhador, no exercício de sua liberdade individual, a dicção das reivindicações.

O art. 5º, § 3º, da citada lei prevê que "as manifestações e atos de persuasão utilizados pelos grevistas não poderão impedir o acesso ao trabalho nem causar ameaça ou dano à propriedade ou pessoa", com o que se persegue a proteção à liberdade individual de participação, ou não, no movimento grevista.

---

(34) *Op. cit.*, p. 54/55.

O art. 548 da Consolidação das Leis do Trabalho prevê "contribuições dos associados, na forma estabelecida nos Estatutos ou pelas Assembléias Gerais" que, em nosso entender, somente poderão ser descontadas em folha de pagamento mediante autorização, por escrito, do empregado.

Em sede constitucional, o art. 8º, inciso IV, ordena a fixação de uma contribuição pela Assembléia Geral que, em se tratando de categoria profissional, será descontada em folha, para custeio do sistema confederativo da representação sindical respectiva, independentemente da contribuição prevista em lei. Esta, no nosso entender, poderá ser descontada do salário do empregado, o que não ocorre com a chamada *contribuição assistencial*, cujo desconto em folha depende da expressa autorização do empregado, sob pena de ferir o seu direito individual de não participar da vida sindical, que se sobrepõe à garantia de segurança para o próprio sindicato.

6.5. Liberdade sindical e liberdade de reunião

Já dissemos que a liberdade de reunião, consagrada no inciso XVI do art. 5º da Constituição, possibilita o agrupamento de pessoas, inclusive em lugar público, sem prévia autorização de qualquer autoridade.

Assim, para haver uma reunião, não se faz necessário uma organização, isto é, não é preciso que, previamente, se organize um grupo para tratar de qualquer assunto.

Para o insigne *Pontes de Miranda*[35], reunião não são nem ajuntamentos ocasionais, nem ajuntamentos por força de ordens legais.

A reunião, normalmente, é formada pela vontade daqueles que a ela aderem. Assim, como formas de reunião, temos as passeatas e as manifestações em logradouros públicos.

A diferença que se faz entre passeata e simples manifestação está em que esta se realiza num só lugar, é imóvel, enquanto aquela se desloca nas vias públicas.

Para *José Afonso da Silva*[36], "a liberdade de reunião é daquelas que a gente pode denominar de liberdade-condição, porque, sendo um direito em si, constitui também um requisito para o exercício de outras liberdades: de manifestação de pensamento, de expressão, de convicção filosófica, religiosa, científica e política e de locomoção (liberdade de ir, vir e ficar).

A liberdade de reunião pode se expressar por diversas formas, em diversos setores, como v. g., as reuniões de natureza religiosa, as reuniões de cunho político e também, as de natureza sindical.

---

(35) MIRANDA, Francisco Cavalcanti Pontes de. *Comentários à Constituição de 1967, com a Emenda n. 1 de 1969*. Rio de Janeiro: Forense, 1971. tomo V, p. 597.
(36) SILVA, José Afonso da. *Op. cit.*, p. 257.

A propósito, o Comitê de Liberdade Sindical da Organização Internacional do Trabalho destaca a liberdade de organizar reuniões sindicais como um dos elementos essenciais dos direitos sindicais.[37]

Por outro lado, é induvidoso, na perspectiva da OIT, que constituindo a não-intervenção dos governos na formação e no desenvolvimento das reuniões sindicais um elemento essencial dos direitos sindicais, devam as autoridades públicas abster-se de toda intervenção que possa limitar esse direito, ou que caracterize obstáculo ao seu exercício legal, ressalva feita, apenas, a situações em que tal exercício altere a ordem pública ou ponha em perigo, grave e iminente, a manutenção da mesma.[38]

Numa síntese feliz, diz aquele órgão internacional que o direito dos sindicatos de realizar reuniões em suas sedes ou em seus locais, para examinar questões sindicais, sem autorização prévia e sem a ingerência das autoridades, constitui um elemento fundamental da liberdade sindical.[39]

O que proclama e pelo que anseia a OIT, é que aos sindicatos se conceda a maior liberdade de ação possível no âmbito trabalhista, respeitada sempre, todavia, a manutenção da ordem pública.

Dentro desse amplo espectro, entende que em épocas normais as organizações de trabalhadores e de empregadores deveriam ter o direito de realizar seus congressos independentemente de autorização governamental e definir, com ampla liberdade, sua ordem do dia.

O respeito à liberdade sindical deve ser de tal ordem que nem a crença das autoridades de que um congresso possa desviar-se e ser utilizado para fins políticos, nem seus temores de que produzam atos ilícitos pode justificar a violação dos princípios enumerados na resolução sobre a independência do movimento sindical, adotada pela Conferência Internacional do Trabalho, em 1952.[40]

Assim, o Comitê de Liberdade Sindical censura a presença de policiais em reuniões sindicais, por constituir uma forma de ingerência de que deveriam se abster as autoridades públicas.

Até mesmo a presença de um representante das autoridades nas reuniões sindicais restringe o livre funcionamento das organizações profissionais e, conseqüentemente, importa em violação da liberdade sindical.[41]

Qualquer restrição à liberdade de reunião somente poderá ocorrer nas hipóteses de estado de sítio ou estado de defesa, com a necessária autorização ou aprovação do Congresso Nacional, nos termos da Constituição, e não como um ato arbitrário dirigido — a impedir o exercício da liberdade sindical.

---

(37) *La libertad sindical*. 3. ed. Genebra: OIT, 1985. § 140, p. 33.
(38) *Op. cit.*, § 141, p. 34.
(39) *Op. cit.*, § 142, p. 34.
(40) *Op. cit.*, §§ 143, 146.
(41) *Op. cit.*, §§ 147, 152.

6.6. Liberdade sindical e liberdade de opinião e de expressão

O Comitê de Liberdade Sindical da OIT também tem atribuído importância especial ao direito de expressar pensamentos e opiniões, seja pela imprensa, seja por outros meios de comunicação.

Em sua opinião, este direito constitui elemento inseparável e essencial da liberdade de que devem gozar as organizações sindicais no exercício dos direitos sindicais.

Dessa forma, o pleno exercício dos direitos sindicais exige o fluxo livre de informações, opiniões e idéias, razão pela qual tanto os trabalhadores como os empregadores devem gozar dessa liberdade, tanto em reuniões como em publicações ou outras atividades sindicais.

O Comitê entende, ainda, que medidas de controle de publicações ou de informações podem implicar em ingerência das autoridades administrativas na atividade sindical, e que deverá submeter o ato da autoridade ao controle judicial, pois as publicações e a distribuição de notícias e de informações de interesse sindical constituem uma atividade lícita.[42]

Discute-se também a hipótese de a lei impor aos proprietários de um periódico sindical a obrigação de requerer a autorização do Ministério competente.

O que se deve indagar é se essa exigência cerceia o livre exercício dos direitos sindicais.

O Comitê de Liberdade Sindical tem entendido que depende, essencialmente, das condições para a concessão ou negociação da autorização.

Se a decisão resultar de ato discricionário da autoridade competente, sem possibilidade de recurso à Justiça, mostra-se incompatível com a liberdade sindical.[43]

Assim, por exemplo, se antes de se publicar um periódico, se requer o depósito de uma fiança de valor considerável, a exigência pode ser considerada desmedida, principalmente se estivermos diante de pequenos sindicatos. Ou, ainda, a demora na concessão de licença pode também limitar o direito de um sindicato de organizar suas atividades e elaborar seu programa de ação.

A censura quando geral atenta muito mais contra as liberdades públicas do que contra os direitos sindicais. No entanto, se a censura de imprensa for durante um conflito de trabalho, pode ter efeitos diretos na evolução do conflito e prejudicar as partes, ao impedir a difusão e o conhecimento dos fatos.

As organizações sindicais, quando de suas publicações, devem evitar que suas reivindicações assumam aspectos políticos, apesar de se ter consciência de que, muitas vezes, é muito difícil estabelecer, claramente, a diferença entre uma publicação de caráter político, de outra de cunho puramente sindical.[44]

---

(42) *Op. cit.*, §§ 172, 182.
(43) *Op. cit.*, § 181.
(44) *Op. cit.*, p. 183.

O direito de expressar opinião, por meio da imprensa ou de outra forma, constitui-se, portanto, em um dos elementos essenciais, dos direitos sindicais.

Em nível nacional, a Constituição Federal de 1988, no inciso IV do art. 5º, do capítulo "Dos Direitos e Deveres Individuais e Coletivos", determina que "é livre a manifestação do pensamento, sendo vedado o anonimato".

A Consolidação das Leis do Trabalho, quando trata das condições para o funcionamento dos sindicatos no art. 521, prevê nas alíneas *a, d e e,* determinadas proibições, *in verbis*:

"Art. 521: São condições para o funcionamento do sindicato:

a. proibição de qualquer propaganda de doutrinas incompatíveis com as instituições e os interesses da Nação, bem como de candidaturas a cargos eletivos estranhos ao sindicato;

...

b. proibição de quaisquer atividades não compreendidas nas finalidades mencionadas no art. 511, inclusive as de caráter político-partidário;

...

c. proibição de cessão gratuita ou remunerada da respectiva sede a entidade de índole político-partidária."

Em nosso entender, mesmo diante do texto constitucional, o dispositivo consolidado, quanto à proibição de atividades políticas, permanece em vigor, pois, diante do regime do sindicato único adotado por nosso País, não se pode admitir que o único sindicato, representativo de todos os trabalhadores da categoria, possa estar vinculado a um grupo político determinado.

Essa liberdade de ação política pode existir no regime da pluralidade sindical, em que o trabalhador tem a opção de escolher, entre vários sindicatos existentes, o de sua preferência ou simpatia.

Mas, até mesmo no regime da pluralidade, a atividade política desvirtua a entidade sindical, porque a desvia de suas finalidades precípuas, que são a representação e a defesa dos interesses específicos dos trabalhadores, e que justificam as prerrogativas de que gozam no Estado de Direito.

Aliás, na Lei do Reino Unido, de 16 de julho de 1992, a matéria vem regulada nos arts. 71 a 96, limitando a utilização pelos sindicatos de fundos e a tomada de decisões para fins políticos.[45]

---

(45) *Documents de droit social.* Genebra: OIT, 1993/1. p. 76.

VII. GARANTIAS ESPECÍFICAS DA LIBERDADE SINDICAL

Vê-se, do que foi até aqui exposto, que a liberdade sindical pressupõe que os sindicatos e os seus dirigentes gozem efetivamente dos direitos e garantias individuais assegurados aos cidadãos em geral, sem qualquer restrição especial.

Entretanto, além dessas garantias de caráter geral ou inespecíficas, é possível enumerar algumas garantias próprias da liberdade sindical, somente a ela aplicáveis, garantias ao mesmo tempo da não-ingerência do Poder Público e de terceiros nas suas atividades, decisões e opiniões, mas também garantias em favor dos trabalhadores que elas representam, no sentido de assegurar o caráter democrático dessas organizações.

7.1. Liberdade de formação de sindicatos

A formação de organizações sindicais tem sido motivo de preocupação em todos os países do mundo e, também, da Organização Internacional do Trabalho.

Assim é que esta última, a OIT, tem adotado como princípio geral, em termos de liberdade sindical, a possibilidade de trabalhadores e empregadores constituírem organizações, e de a elas se filiarem, para o fim específico de proteger seus interesses, mesmo que tenha ocorrido a dissolução de todas as entidades sindicais existentes nos seus países.[1]

Aliás, outra não poderia ser a posição adotada pela Organização Internacional do Trabalho, pois o fato de ocorrerem dissoluções de organismos sindicais não deve ser fator de inibição para a criação de outros, caso contrário os trabalhadores ficarão privados de um instrumento legítimo para a defesa de seus interesses.

No âmbito do Direito Brasileiro, a liberdade de formação de sindicatos decorre do enunciado constante do *caput* do art. 8º da Carta Magna ("é livre a associação profissional ou sindical") e dos princípios inscritos nos incisos I ("a lei não poderá exigir autorização do Estado para a fundação de sindicato") e II (definição da base territorial dos sindicatos pelos próprios interessados) do mesmo artigo.

Aliás, essa liberdade de formação dos sindicatos encontra suporte, como direito fundamental do indivíduo, no inciso XVII do art. 5º da Constituição:

"É plena a liberdade de associação para fins lícitos, vedada a de caráter paramilitar."

---

(1) *La libertad sindical*, p. 45.

7.1.1. Criação de entidade sindical

Como princípio básico, a liberdade de formação de organizações sindicais é um direito fundamental de quaisquer trabalhadores.

É o que preconiza a Convenção n. 87 da OIT, em seu art. 2º, *in verbis*:[2]

"Los trabajadores y los empleadores, sin ninguna distinción y sin autorización previa, tienen el derecho de constituir las organizaciones que estimen convenientes, así como el de afiliarse a estas organizaciones, con la sola condición de observar los estatutos de las mismas."

A expressão sem nenhuma distinção deve ser entendida de forma a não haver restrições a nenhum setor, seja privado, seja público.

Assim a OIT tem considerado que não deve ser estabelecida distinção entre os trabalhadores do setor privado e os agentes públicos, já que uns e outros devem gozar do direito de se organizarem, para defender seus interesses.

Qualquer norma que seja contrária a este entendimento estará, com certeza, ferindo o princípio insculpido no art. 2º da Convenção n. 87.

As únicas exceções admitidas pela referida Convenção, em seu art. 9º, referem-se às forças armadas e à polícia.[3]

A questão da organização e da filiação a entidades sindicais tem se mostrado de suma importância, pois, na realidade, representa o exercício da liberdade do indivíduo.

O art. 2º da Convenção n. 87 da OIT vai além da consagração do princípio da liberdade de formação de sindicatos, pois, ao assegurar aos trabalhadores o direito a constituírem *as organizações que estimem convenientes*, inclui nessa liberdade o direito à formação de uma ou mais entidades sindicais pelos trabalhadores da mesma categoria ou do mesmo grupo.

Parece-nos que a essência dessa liberdade se encontra na possibilidade de os trabalhadores escolherem o sistema de organização sindical que lhes seja mais conveniente.

A Comissão de Peritos em Aplicação de Convênios e Recomendações da OIT "tem observado que existe uma diferença fundamental, enquanto às garantias estabelecidas para a liberdade sindical e a proteção do direito de sindicalização, entre dita situação, por uma parte, em que o monopólio sindical é introduzido e mantido pela lei, e, por outra parte, as situações de fato que existem em certos países, em que todas as organizações sindicais agrupam-se, voluntariamente, em uma só federação ou confederação, sem que ela resulte direta ou indiretamente das disposições legislativas aplicáveis aos sindicatos".[4]

---

(2) *Convenios y recomendaciones del trabajo — 1919-1984*. Genebra: OIT, 1985. p. 707.
(3) A Constituição de 1988 exclui da sindicalização, no § 5º do art. 42, os militares (membros das forças armadas, das polícias militares e bombeiros militares), mas não os policiais civis (art. 37, VI).
(4) *La libertad sindical*, p. 48/49.

No Brasil, em que se adota o sistema de sindicato único, muito se tem discutido sobre o tema, pois a Constituição Federal manteve o sistema único, porém determinou que a "lei não poderá exigir autorização do Estado para a fundação de sindicato, ressalvado o registro no órgão competente, vedadas ao Poder Público a interferência e a intervenção na organização sindical" (art. 8º, I).

7.1.2. Unidade ou pluralidade sindical

A questão da unidade ou da pluralidade sindical, na realidade, está intimamente ligada à idéia de liberdade sindical, conforme posição expendida por *Paul Durand* [5]:

> "La liberté syndicale est un des plus grans thémes du droit travail et de la science politique. Elle a éte consacrée comme um droit fondamental de l'homme, et c'est sur le syndicalisme qui est construit tour l'edifice contemporain des rapports collectifs du travail."

A questão fortemente debatida em torna da pluralidade ou unicidade sindical, o cotejo entre normas internas — como a Constituição Federal de 1988, que proclama o princípio da unicidade sindical — e regras consagradas em organismos internacionais, v. g. o art. 2º da Convenção n. 87 da OIT, da liberdade sindical, tem conduzido a intermináveis polêmicas doutrinárias num proveitoso exercício dialético em que cada pensador defende uma das vertentes postas em confronto, não passa, a rigor, de um falso dilema.

A colocação que pretendemos fazer neste trabalho, parte do inarredável pressuposto de que a questão da opção por um dos Sistemas só tem significado diante do Estado Democrático, até porque somente neste se pode exercitar qualquer forma de expressão da liberdade e a opção já é, em si mesma, o exercício da liberdade.

Assim, as idéias e reflexões que vão, a seguir, desenvolvidas tomam como terreno onde somente podem ser semeados e frutificar, a Democracia, pois, para daí, nos regimes anormais, de exóticos coloridos, não faz sentido a perquirição sobre qualquer proposição cuja conclusão dependa do exercício da liberdade, pois o Estado forte tudo pode fazer, inclusive restringir as liberdades e, não raro, suprimi-las quase por inteiro.

Passemos, pois, à análise da questão — Pluralidade e Unicidade Sindical.

A formação de organizações sindicais tem sido motivo de preocupação em todos os países do mundo e, também, da Organização Internacional do Trabalho.

Assim é que esta última, a OIT, tem adotado como princípio geral, em termos de liberdade sindical, a possibilidade de trabalhadores e empregadores constituírem organizações, e de a elas se filiarem, para o fim específico de proteger seus interesses, mesmo que tenha ocorrido a dissolução de todas as entidades sindicais existentes nos seus países.

---

(5) *Traité de droit du travail*. Paris: Dalloz, 1950. Prefácio.

Como princípio básico, as normas contidas na Convenção n. 87 da OIT devem ser aplicadas a todos, trabalhadores e empregadores, *sem nenhuma distinção*, é o que preceitua o seu art. 2º, anteriormente transcrito e que nunca é demais reproduzi-lo:

"Los trabajadores y los empleadores, sin ninguna distinción y sin autorización previa, tienen el derecho de constituir las organizaciones que estimen convenientes, así como el de afiliarse a estas organizaciones, con la sola condición de observar los estatutos de las mismas."

Há de entender-se, no entanto, habilmente, a norma do art. 2º da Convenção n. 87, pois o direito à criação de entidades sindicais não está jungido ao sistema adotado por qualquer País — pluralidade ou unidade sindical — pois, ao fazer figurar ali a expressão *organizaciones que estimen convenientes*, entendeu ter em conta o fato de em um certo número de países existirem várias organizações de empregadores e de trabalhadores e os interessados, no entanto, podem, simplesmente, pertencer, por eleição, a uma ou a outra, por razões diversas, sem que se perquira sobre a questão da preferência de sistema — único ou plural.

O que importa, evidentemente, é a liberdade de escolher um ou outro sistema.

A Convenção n. 87 sobre liberdade sindical e proteção do direito sindical, da OIT, segundo *João Regis F. Teixeira*[6], colocou o problema da liberdade sindical dentro do esquema que, como base, impõe a existência de vários sindicatos, para possibilitar a livre escolha, quer por assalariados, que por empregadores.

Tal posicionamento possibilitou e possibilita, ainda hoje, o surgimento de discussões inconciliáveis, debates os mais acres a respeito de teses opostas e falsamente antagônicas: unicidade e pluralidade sindical.

Orlando Gomes e *Elson Gottschalk*[7], analisando o problema, expressaram-se no sentido de que a unidade e a pluralidade sindical constituem um dos aspectos da liberdade sindical que mais debates tem suscitado.

Assim, unicidade sindical significa o reconhecimento pelo Estado, ou pela categoria profissional contraposta, de apenas um sindicato como representante de toda uma profissão. A pluralidade sindical, igual reconhecimento de vários sindicatos de uma mesma profissão. Neste último caso, todos os organismos sindicais são iguais entre si. O princípio da pluralidade é corolário da liberdade de constituição dos sindicatos.

Na realidade são duas as teses que, a princípio, parecem se opor: um só sindicato na mesma base territorial para toda a categoria; número irrestrito de sindicatos para a representação da categoria no mesmo território.

Passemos numa breve revista as opiniões em torno da pluralidade e da unicidade sindical, pinçando alguns dos respectivos defensores.

---

(6) TEIXEIRA, João Regis F. *Introdução ao direito sindical*. São Paulo: Revista dos Tribunais, 1979. p. 142.
(7) GOMES, Orlando; GOTTSCHALK, Elson. *Curso de direito do trabalho*. Rio de Janeiro: Forense, 1968. p. 537.

No que tange à pluralidade sindical, são encontrados vários pronunciamentos doutrinários.

Para *G. Spyropoulos*[8], "le principe de la pluralité syndicale est le corollaire de la liberté de constitution des syndicat".

Prossegue o Autor, dizendo da aceitação natural da pluralidade e das dificuldades para que seja admissível a unidade um dia.

Finaliza, concluindo:

"On peut ardentement souhaiter l'unité des organizations syndicales, lorsqu'elle est le résultat d'une decision spontanée. On ne saurait l'imposer au milieux syndicaux par une disposition de la legislation, ou par une intervention de l'Administration".

Roger Bonnard [9] assevera que o sistema da pluralidade é mais condizente com a liberdade sindical, como procura demonstrar:

"Impedir os indivíduos de se agruparem em sindicatos distintos e de aderir a estes sindicatos, constrangê-los ao sindicato único, é impedi-los de escolher, para defesa de seus interesses profissionais, os processos, as idéias, a política que eles consideram mais eficiente. Ora, sendo esta escolha um direito numa democracia liberal, suprimi-la constitui um atentado à liberdade do indivíduo, inadmissível em um regime liberal.

Portanto, a solução liberal para a intervenção sindical, quando existem diversos sindicatos numa mesma profissão, consiste em adotar um meio-termo que, levando em consideração a preponderância dos sindicatos mais representativos, admita, entretanto, sindicatos dissidentes".

Para *Guillermo Cabanellas*[10], "as razões pelas quais se julga preferível a forma do sindicato plural podem ser resumidas da seguinte forma:

a) há mais respeito ao direito de associação, que reconhece o empregado como ser humano; o direito de formar parte de qualquer associação que não seja contrária ao bem comum;

b) enquadra-se melhor com os princípios de uma democracia que respeita as liberdades fundamentais do ser humano;

c) porque ninguém pode ser obrigado a entrar em uma associação cujos princípios e atuações pareçam-lhe inconvenientes, nem mesmo pode ser compelido a participar com ações ou com suas cotas em atividade que a sua consciência repudie;

d) olhando-se o problema de ponto de vista dos interesses econômico-sociais da classe trabalhadora, o sindicato múltiplo resguarda-os mais amplamente. Em

---
(8) SPYROPOULOS, G. *La liberté syndicale*. Paris: Droit, 1956. p. 277/290.
(9) BONNARD, Roger. *Sindicalismo, corporativismo, e estado corporativo*. Tradução, prefácio e anotação de Themistócles Brandão Cavalcanti. Rio de Janeiro: Freitas Bastos, 1938. p. 118.
(10) CABANELLAS, Guillermo. *Compendio de derecho laboral*. Buenos Aires: Omeba, 1968. tomos I e II, p. 109/110.

uma associação única, as energias dos componentes dirigem-se, primeiramente, e às vezes unicamente, para obter o predomínio político ou pessoal e descuidam das atividades profissionais ou sindicais, propriamente ditas."

Apesar de a tese do sindicato plural ser a mais condizente com os princípios que informam o Direito do Trabalho e a liberdade sindical, por outro lado, não se pode deixar de admitir que o sistema unitário, na prática, é o que mais corresponde aos anseios e às necessidades da classe, tendo em vista que enfraquece as lutas dentro da profissão, representando uma união de forças.

Essa unidade, porém, não deve ser imposta pelo Estado, como ensina *Evaristo de Moraes Filho*[11], mas, sim, conquistada pelos próprios trabalhadores, livremente, por meio de votação e de resoluções democráticas, como ocorre entre os operários norte-americanos.

Para *Délio Maranhão*[12], em uma sociedade democrática em que se preleciona a unidade do movimento sindical, não deve esta ser "legalmente imposta pelo Estado, mas sim o resultado da unidade mesma do grupo profissional, principalmente através de órgãos de cúpula, superando, por instrumentos próprios, os conflitos de interesses que inevitavelmente existirão dentro dele".

Georges Scelle[13], a respeito do tema, posicionou-se no seguinte sentido:

"Há uma contradição fundamental entre o fato de encarregar o sindicato de representar e defender o interesse profissional e a liberdade deixada aos profissionais de constituir sindicatos opostos, ou até de defender cada um individualmente o seu interesse profissional. O interesse profissional, cremos nós, é um, e outro é o interesse coletivo que não se confunde com a soma dos interesses de cada um dos membros da profissão. O interesse profissional é um. Pode ser que um sindicato único se engane na apreciação deste interesse, mas se existem vários sindicatos com tendências divergentes, como saber qual, dentre eles, o interpreta corretamente? Na representação dos interesses coletivos, o direito público consagra logicamente a unidade de interpretação. Os interesses comunais, departamentais, nacionais, são confiados aos cuidados de uma administração única: a pluralidade seria a anarquia. A este respeito é fatalmente o que acontece com a profissão: o sindicato, para administrar, deve possuir um monopólio, e, para dizer tudo, emigrar do domínio do direito privado para o domínio do direito público".

Em defesa do sindicato único, encontramos os mais variados argumentos: assegura a força do movimento sindical; neutraliza as disputas entre sindicatos rivais que só enfraquecem a classe; impossibilita a criação artificial de sindicatos; evita o aparecimento de pseudo-entidades, causando desordem; preserva a independência do

---
(11) MORAES FILHO, Evaristo de. Prefácio e tradução ao Livro de Florense Peterson, *Sindicatos operários-americanos*: o que são e como funcionam. Rio de Janeiro: Agir, 1953. p. 27.
(12) MARANHÃO, Délio. *Direito do trabalho*. Rio de Janeiro: Fundação Getúlio Vargas, 1964. p. 306.
(13) SCELLE, Georges. *Précis de legislation industrielle*. Paris: Sirey, 1927. p. 319/320.

empregado, que corre o risco de ser despedido ao se recusar a filiar-se à entidade existente e simpática ao empregador.

Ademais, aduzem, a pluralidade sindical desvia o sindicalismo de seus objetivos reais, atrelando-o a partidos políticos ou seitas religiosas, cujo apoiamento não pode faltar como condição de sua sobrevivência.

Arnaldo Süssekind [14], em 1953, defendia a unidade sindical, e lembrava a perigosa possibilidade de que, no regime plural, as empresas mais fortes estimulassem o nascimento e o crescimento de organizações completamente divorciadas de suas verdadeiras finalidades, como os *sindicatos amarelos*, noticiados pelas doutrinas francesa e americana.

Recordava, ainda, que mesmo os pluralistas mais ardorosos culminaram por admitir a unidade (embora natural, não de direito), citando exemplos, aliás, confirmados pelas idéias pluralistas.

Em defesa da tese da unicidade ou unidade sindical, *Evaristo de Moraes Filho*[15] argumenta que, "em quase todas as legislações do mundo, a base sindical é a profissão, seja sob a ótica patronal ou do operário".

Como se vê, opiniões as mais respeitáveis põem-se em aparente choque quando, em verdade, essa contradição é enganosa, simplesmente aparente.

As tentativas de conciliação entre as duas correntes feitas por *Délio Maranhão* e, também, por *Mozart Victor Russomano* bem se aproximam da idéia central deste trabalho. *Russomano* observa que não são pequenos os riscos da pluralidade sindical. Mas haverá outra maneira de salvar a liberdade dos homens, das classes, e dos povos, sem enfrentar a ameaça de grandes males? A pluralidade sindical, efetivamente, garante melhor a liberdade dos sindicatos.

Apesar de encontrar vantagens na pluralidade de sindicatos, aponta como fórmula ideal para o sindicalismo: "o sindicato único deve nascer da pluralidade sindical, ou seja, deve perdurar a unidade da categoria profissional ou econômica à margem da possibilidade, espontaneamente abandonada, de formação dos sindicatos dissidentes".

Também *Amauri Mascaro Nascimento*[16] considera "o sistema da unidade sindical mais democrático, pois significa a união dos trabalhadores não como decorrência da imposição da lei, mas como resultado da sua livre opção, como na República Federal de Alemanha e em outros países. É possível também a pluralidade orgânica e a unidade de ação, esta última, sem nenhuma dúvida, necessária quando há movimentos gerais".

Sem fazer expressas afirmações, esses últimos autores, na realidade, vinculam a opção por um ou outro sistema à democracia, mais precisamente, ao corolário desta

---

(14) SÜSSEKIND, Arnaldo. Formas de organização sindical. In: *Revista do Trabalho*, p. 9, jan./fev. 1953.
(15) *Op. cit.*
(16) NASCIMENTO, Amauri Mascaro. *Curso de direito do trabalho*. 10. ed. São Paulo: Saraiva, 1992. p. 603/604.

— a liberdade, seja o termo adotado na acepção ampla das liberdades públicas, seja mais restrita ou qualificada — a liberdade sindical.

Embora já tenhamo-nos pronunciado anteriormente, em tese de Docência Livre, a favor da unidade sindical, posição que reafirmamos, acreditamos que a continuidade de nossos reflexos sobre o tema levou-nos à conclusão de que a dicotomia — unidade ou pluralidade sindical — constitui um falso dilema, pois decorre, antes, da organização do Estado, sua estruturação segundo o Direito e sua sujeição a este, a assecuração da Democracia.

Expliquemo-nos.

No Estado Democrático a elaboração da Constituição pelos representantes do povo para esse fim eleitos e, portanto, investidos do Poder Constituinte, as normas da Carta Magna representam não a vontade do Estado, mas a escolha da Nação.

Assim, quando a Constituição consagra, como o fez a Carta de 1988, o princípio da unicidade sindical, significa que a Nação, que engloba o conceito de povo e este abrange a idéia de trabalhadores e empregadores, assim, dizíamos há de se identificar uma opção livre das classes e categorias no sentido da existência de uma só representação sindical para cada categoria em determinada base territorial.

Isso, na verdade, é uma forte expressão das liberdades públicas, particularmente da liberdade sindical em seu aspecto, em sua perspectiva mais importante.

Dir-se-ia, mesmo, que a inclusão da unicidade sindical no texto constitucional é uma forma primária de exercício da liberdade sindical expressa na mesma Magna Carta.

Seria evidente exagero considerar imposta de cima para baixo a unicidade sindical proclamada pela Constituição, democraticamente elaborada por Assembléia Nacional Constituinte, no exercício do poder constituinte originário, como o foi a Carta de 1988. Mais do que isso, seria não atentar para a natureza da vontade da Nação que o texto constitucional se limita a revelar.

O exercício primário da liberdade sindical já foi expressado: a Nação quer a unidade, e não a unicidade.

A liberdade sindical subsiste, harmonicamente com a regra da unidade, expressando-se pela não interferência do Estado na vida sindical, na liberdade de associação, na liberdade de se desligar da organização sindical etc., etc.

O dilema não está entre a unidade ou pluralidade sindical, mas sim na identificação ou não da escolha democrática de um dos sistemas. Na possibilidade de passagem pela modificação ou alteração da norma, constitucional, como no Brasil, ou infraconstitucional, como em outros países.

Não se pense, pois, que a unidade sindical fossiliza o sindicato, mantendo-o inalterável e conduzindo-o ao envelhecimento.

As transformações sociais poderão conduzir ao desdobramento dos sindicatos, num movimento interno, de dentro para fora, como se do sindicato dos metalúrgicos viesse a surgir, por desdobramento, o dos ajustadores de motores ou de lanterneiros, e assim por diante.

Importa reconhecer, portanto, que tanto o sistema da pluralidade como o da unidade sindical devem representar uma escolha livremente feita pelo povo, mais designadamente, pela Nação, compreendida em sua acepção científica e política.

Então o dilema é falso, desimportante.

Verdadeiramente importante é a liberdade de optar entre um dos sistemas, sabido que ambos oferecem pontos positivos e negativos, cuja avaliação perde a importância diante do relevo que assume a liberdade de optar-se por um deles.

A liberdade sindical se correlaciona num sistema integrado com as liberdades públicas em geral, em especial com o princípio da legalidade, com a liberdade de locomoção e com a de associação. Um movimento sindical livre somente pode desenvolver-se dentro do regime democrático em que se assegure o respeito dos direitos humanos fundamentais.

No ano base de 2003 foi apresentada ao Congresso Nacional a Proposta de Emenda à Constituição n. 29, PEC n. 29/03 que pretendia alterar a redação do inciso II, do art. 8º da Constituição Federal de 1988 que teria a seguinte redação:

"...

II — organizações sindicais representativas de trabalhadores e empregadores podem se organizar a partir do local de trabalho e constituir federações, confederações e centrais sindicais e a elas se filiarem, e qualquer uma dessas organizações pode filiar-se a organizações internacionais de trabalhadores e empregadores."

Com a redação proposta, passaríamos a ter implantado no Brasil o sistema da pluralidade sindical, com a seguinte justificativa:

"O governo anterior tentou mudar a organização sindical através da PEC n. 623. Limitando-se a eliminar a unicidade sindical e a contribuição sindical obrigatória, a proposição era falha por conceber a liberdade sindical apenas no seu aspecto negativo. A reforma sindical necessária tem que ir mais além. Tem que eliminar interferências indevidas do estado na organização sindical (aspecto negativo), mas tem de criar mecanismos que fortaleçam a organização sindical autônoma e a negociação coletiva (aspecto positivo). Como fazem os EUA desde 1935 com o *National Labor Relations Act* ou a Itália desde 1970 com o *Statuto dei Lavoratori*. Não se trata de simplesmente retirar o Estado das relações sindicais. O País precisa é de que o Estado abandone o detalhe ou o controle da atividade sindical; mas, que intervenha com dispositivos para equilibrar relações estruturalmente desiguais como são as do tipo capital-trabalho.

O Direito Coletivo do Trabalho no Brasil está à espera de uma legislação que reconheça esta desigualdade estrutural existente entre empregadores e empregados, agravada pelo desemprego elevado. Somente com a *liberdade sindical positiva* que fortaleça os sindicatos poderá haver negociação coletiva."[17]

---

(17) Disponível em: <http://www.adunesp.org.br/reformas/sindical/pec29.htm> Acesso em: 20 maio 2008.

Após todos esses anos de discussão a respeito da matéria, no dia 31 de janeiro de 2007, a referida PEC n. 29 foi arquivada nos termos do art. 105 do Regimento Interno do Congresso Nacional.

Assim, no momento, não existe mais nenhum projeto ou anteprojeto de lei tratando da liberdade sindical.

7.1.2.1. *A Convenção n. 87, de 1948, da OIT*

A Organização Internacional do Trabalho, fundada em 1919, tem como uma de suas funções precípuas a criação de normas de caráter internacional que são utilizadas como parâmetros para a elaboração da legislação de cada País que as adotar.

Por meio de um sistema tripartite, do qual participam representantes dos governos, dos empregadores e dos trabalhadores, a edição dessas normas está sujeita a uma discussão prévia, de acordo com a conveniência dos diversos Estados membros que participam de sua elaboração.

Assim é que, ao editar a Convenção n. 87, de 1948, considerou a liberdade sindical como um dos direitos fundamentais do homem e se comprometeu a defendê-la, promovendo a difusão de seu texto em todos os países que a ratificarem.

Do acordo resultante da reunião e votação dos Estados membros na Conferência Internacional do Trabalho, é que a Organização Internacional do Trabalho editou a convenção sobre *liberdade sindical e proteção do direito de sindicalização*, cuja principal finalidade é garantir aos trabalhadores e aos empregadores, sem nenhuma distinção, "o direito de constituir as organizações que acharem convenientes, assim como o de filiarem-se a estas organizações".

Embora o princípio esteja insculpido na referida Convenção, e já constasse do preâmbulo e da Declaração anexa à Constituição da própria OIT, a liberdade de escolha da organização a que deseja ser filiado, na prática, encontra algumas dificuldades.

À liberdade de escolha contrapõe-se o chamado monopólio sindical, que não permite a filiação do trabalhador a não ser a uma organização sindical em cada categoria.

O monopólio sindical pode apresentar-se por três formas:

a) monopólio nas organizações de primeiro grau;

b) monopólio em todos os níveis sindicais;

c) monopólio resultante do procedimento de registro das organizações.

A) *Monopólio nas organizações de primeiro grau*

A existência de proibição de criação de mais de um sindicato na mesma base territorial para todos os trabalhadores, constitui o monopólio nas organizações de primeiro grau, embora possa existir a formação livre de federações e de confederações.

O monopólio de primeiro grau pode configurar-se na proibição expressa da criação de mais de um sindicato, ou, ainda, na fixação, como condição, que os seus membros devam representar uma proporção mínima de trabalhadores daquela categoria ou ramo de empresa.

B) Monopólio em todos os níveis sindicais

Ocorre quando a legislação do País impõe um sistema unitário para todos os níveis da organização sindical.

Nesta hipótese, o pluralismo sindical está proibido não só em nível local, como nos planos regional e nacional.

Dessa forma, em geral, apenas se admite uma organização de base e um sindicato nacional para cada categoria de trabalhadores, e uma federação para cada categoria em cada região.

Estas federações podem, ou melhor, devem filiar-se a uma Confederação ou Central Nacional Única, que, em muitos casos, vem expressamente designada na legislação nacional.

C) Monopólio resultante do procedimento de registro

Em alguns países, uma organização sindical pode obter personalidade jurídica somente após haver realizado o seu registro perante a autoridade competente.

Este registro nada mais é do que a representação, perante o órgão encarregado do registro, de exemplares dos estatutos da organização solicitante e da relação dos seus dirigentes, ou melhor, da diretoria.

O que se pretende com este procedimento é verificar se aquela organização solicitante está sendo constituída em conformidade com a legislação que rege o sistema sindical.

Em outros países, a legislação nacional confere ao órgão encarregado do registro a faculdade discricionária de denegar a inscrição de um sindicato.

Assim, por exemplo, quando já existe um sindicato registrado que, a juízo da autoridade competente, represente satisfatoriamente os interesses dos trabalhadores daquela categoria, e a inscrição do novo solicitante não irá representar para os trabalhadores um desempenho maior na defesa dos seus interesses.

Esta forma de agir não conduz, exatamente, à proibição de criação de organismos sindicais. Pode, porém, ensejar a unificação dos sindicatos.

Ainda em outros países o órgão encarregado do registro pode denegar a inscrição de um sindicato se tem a convicção de que o que obteve o registro anteriormente representa suficientemente os interesses da mesma categoria de trabalhadores.

Obviamente, qualquer das formas de monopólio, acima citadas, contraria o disposto no art. 2º da Convenção que proclama a liberdade sindical, isto é, a Convenção n. 87 de 1948.

O Comitê de Liberdade Sindical da OIT, no entanto, não toma nenhuma posição a favor da unidade sindical ou da pluralidade sindical, apesar de levar em consideração que o sistema plural, adotado por muitos países, significa a liberdade ampla dos trabalhadores e dos empregadores de poderem eleger, livremente, a organização a que pretendem se filiar, sem que com isso queira obrigar os Estados membros a implantar o pluralismo sindical.

Há que se fazer uma distinção entre o monopólio sindical e a unidade sindical, e o sistema do sindicato mais representativo.

Apesar de o objetivo de um e do outro ser o de evitar a multiplicação de organizações, a existência de um sindicato mais representativo não impede a criação de outro para a mesma categoria de trabalhadores, isto quer dizer, não contraria o princípio da liberdade sindical.

O sistema da organização mais representativa, a rigor, não esbarra com as garantias previstas na Convenção n. 87 da OIT, pois o conceito de maior representatividade encontra-se contemplado na Constituição da Organização Internacional, que no § 5º, do art. 3º, tratando das delegações tripartes à Conferência Internacional do Trabalho, dispõe:

"Los miembros se obligan a designar a los delegados y consejeros técnicos no gubernamentales de acuerdo con las organizaciones profesionales más representativas de empleadores o de trabajadores, según sea el caso, siempre que tales organizaciones existan en el País de que se trate".

Obviamente, a distinção das organizações mais representativas, tendo em vista o número de filiados, não quer dizer que devam ter maiores privilégios que as demais, pois estas não devem ser privadas dos meios essenciais para defender os interesses profissionais de seus membros, do direito de organizar sua gestão e atividade e de formular seu programa de ação, conforme se encontra previsto no art. 3º da Convenção n. 87.

Por outro lado, a OIT considera que os trabalhadores devem ter o direito de constituir as organizações que achem convenientes, assim como o de filiar-se a estas organizações.

Pressupõe esta máxima que o direito de determinar a estrutura e a composição dos sindicatos, ou de criar uma ou mais organizações para uma empresa, profissão ou ramo de atividade, e de se constituírem federações e confederações, tudo isto sem a ingerência das autoridades públicas, é o que representa o conteúdo da liberdade sindical, como instrumento de proteção dos trabalhadores.

A liberdade sindical tal como ela foi consagrada na Convenção n. 87 da OIT, implica a faculdade de escolher ou eleger um sindicato ao invés de outro.

Nenhuma disposição da convenção refere-se de maneira explícita a esta faculdade, entretanto, é claro que ela está presente na referência feita no art. 2º, quando dispõe sobre o direito dos empregadores e dos trabalhadores de constituírem as organizações de sua escolha, isto é, aquelas que considerem convenientes, e de filiar-se a estas.

Não há, tampouco, qualquer disposição que permita ou vede a constituição de sindicatos por empresa ou de qualquer outra modalidade.

Na realidade, do exposto, o que se conclui é que a posição da Organização Internacional do Trabalho em relação à unidade ou à pluralidade sindical, é a de que a única objeção ao princípio unitário diz respeito à imposição pelo Estado, determinada ou predeterminada na lei, fixada de cima para baixo, como instrumento supressivo ou restritivo da independência que as organizações sindicais devem manter em relação aos órgãos do Poder Público.

Assim, a Convenção n. 87 e a OIT respeitam a unidade, quando voluntariamente estabelecida pelos interessados. Ao contrário, considera que, quando a unidade é prescrita por lei, denomina-se unicidade e corre o risco de se tornar um instrumento a serviço dos interesses do Estado.

O monismo, imposto de cima para baixo, constitui autoritarismo, muito mais do que democracia sindical.

7.1.2.2. A liberdade sindical e o advento da Constituição Federal de 1988

O texto constitucional vigente, promulgado em outubro de 1988, a exemplo dos demais, com exceção da Carta de 1934 que, em seu art. 120 assegurava a pluralidade sindical, adotou o princípio da unicidade sindical ou do sindicato único, por categoria profissional.

Dessa forma, o inciso II, do art. 8º, estatui:

"Art. 8º É livre a associação profissional ou sindical, observado o seguinte:

II — é vedada a criação de mais de uma organização sindical, em qualquer grau, representativa da categoria profissional ou econômica, na mesma base territorial, que será definida pelos trabalhadores ou empregadores interessados, não podendo ser inferior à área de um Município."

Do dispositivo transcrito, verifica-se que, apesar do *caput* do artigo determinar que a associação profissional ou sindical é livre, logo a seguir, em seu inciso II, veda a criação de mais de uma organização sindical, em qualquer grau.

Assim, é expressa a nova Carta Constitucional em manter a unicidade sindical, tradicional em nossas Cartas anteriores.

Ao mesmo tempo, no entanto, em que mantém o princípio unitário, autoriza a fundação de sindicatos, sem qualquer ingerência do Estado, desde que haja o registro no órgão competente, e sem qualquer interferência do Poder Público em sua organização (inciso I do art. 8º).

Este novo panorama constitucional gerou em muitos a convicção de que todos os dispositivos da CLT relativos à organização sindical, ou seja, todo o Título V dos arts. 511 a 610 estaria revogado, cabendo apenas aos estatutos disciplinar a criação e o funcionamento das entidades sindicais.

O insigne professor *Arion Sayão Romita*[18] examinando o problema do direito à sindicalização (liberdade sindical) se posiciona no sentido de que "dispõe a Constituição, no art. 8º: "É livre a associação profissional ou sindical, observando o seguinte: I — a lei não poderá exigir autorização do Estado para a fundação de sindicato, ressalvando o registro no órgão competente, vedadas ao Poder Público a interferência e a intervenção na organização sindical; V — ninguém será obrigado a filiar-se ou a manter-se filiado a sindicato".

Consagra a Constituição, de forma incompleta, o princípio de liberdade sindical. Sem dúvida, ela o acolhe nas versões de autonomia sindical e de liberdade individual (direito de não-filiação), mas o repele em outros aspectos. A expressão liberdade sindical possui várias acepções. Engloba, na realidade, várias liberdades, ou um feixe de liberdades. Ela interessa: 1º — ao indivíduo; 2º — ao grupo profissional; 3º — ao Estado. Estão em jogo liberdades do indivíduo em face do grupo e vice-versa e do grupo em face do Estado".

Adota para o fim de sistematizar a matéria, classificação apresentada por *Orlando Gomes* e *Elson Gottschalk*[19]:

"1º) em relação ao indivíduo:

I — liberdade de aderir a um sindicato;

II — liberdade de não se filiar a um sindicato;

III — liberdade de se demitir de um sindicato;

2º) em relação ao grupo profissional:

IV — liberdade de fundar um sindicato;

V — liberdade de determinar o quadro sindical na ordem profissional e territorial;

VI — liberdade de estabelecer relações entre sindicatos para formar agrupamentos mais amplos;

VII — liberdade para fixar as regras internas, formais e de fundo, para regular a vida sindical;

VIII — liberdade nas relações entre o sindicalizado e o grupo profissional;

IX — liberdade nas relações entre o sindicato de empregados e o de empregadores;

X — liberdade no exercício do direito sindical em relação à profissão;

XI — liberdade no exercício do direito sindical em relação à empresa;

---

(18) ROMITA, Arion Sayão. *Direitos fundamentais nas relações de trabalho*. São Paulo: LTr, 2005. p. 325.
(19) *Op. cit.,* p. 326/327.

3º) em relação ao Estado:

XII — independência do sindicato em relação ao Estado;

XIII — conflito entre a autoridade do Estado e a ação sindical;

XIV — integração dos sindicatos no Estado.

A liberdade de aderir a um sindicato é expressamente prevista pelo Pacto Internacional sobre Direitos Econômicos, Sociais e Culturais.

O art. 2º do Decreto n. 951, de 6 de julho de 1992, dispõe: "O Pacto Internacional sobre Direitos Econômicos, Sociais e Culturais, apenso por cópia ao presente decreto, será executado e cumprido tão inteiramente como nele se contém".

O Pacto Internacional sobre Direitos Econômicos, Sociais e Culturais foi adotado pela XXI Sessão da Assembléia Geral das Nações Unidas, em 1º de dezembro de 1966. O Congresso Nacional aprovou o texto do referido diploma internacional por meio do Decreto Legislativo n. 226, de 12 de dezembro de 1991.

A Carta de Adesão ao Pacto Internacional em questão foi depositada em 24 de janeiro de 1992. O referido Pacto entrou em vigor, para o Brasil, em 24 de abril de 1992, na forma de seu art. 27, § 2º. O Decreto n. 591 o promulgou.

O Brasil, portanto, ratificou o Pacto Internacional sobre Direitos Econômicos, Sociais e Culturais. Seus preceitos estão incorporados ao Direito positivo brasileiro.

Realmente, ratificação é o ato pelo qual o Poder Executivo, autorizado pelo órgão competente segundo a legislação interna, declara que o tratado deve produzir no País seus devidos efeitos. O tratado, por força da ratificação, incorpora-se à legislação interna. O fato da ratificação equivale à adoção de normas jurídicas internas iguais às estipuladas pelo tratado.

Assim, os dispositivos do Pacto Internacional sobre Direitos Econômicos, Sociais e Culturais são normas jurídicas vigentes no Brasil. Geram direitos subjetivos, que podem constituir objeto de postulação perante os tribunais.[20]

A propósito, *Cristiane Rozicki*[21], apreciando o problema da liberdade sindical, assim se pronunciou:

"No que tange ao conteúdo da liberdade sindical no Brasil, começa-se esta abordagem a partir do *caput* do art. 8º da Constituição Federal, que surpreende, quebrando positivamente a tradição nacional quando o mesmo dispõe que é 'livre a associação profissional ou sindical', resolvendo de forma simples e objetiva a liberdade sindical."

---

(20) Art. 8º do Pacto Internacional sobre Direitos Econômicos, Sociais e Culturais dispõe: "Os Estados partes do presente Pacto comprometem-se a garantir:
a) o direito de toda pessoa de fundar com outros sindicatos e de filiar-se ao sindicato de sua escolha, sujeitando-se unicamente aos estatutos da organização interessada, com o objetivo de promover e proteger seus interesses econômicos e sociais. O exercício desse direito só poderá ser objeto das restrições previstas em lei e que sejam necessárias, em uma sociedade democrática, no interesse da segurança nacional ou da ordem pública, ou para proteger os direitos e as liberdades alheias".
(21) ROZICKI, Cristiane. *Aspectos da liberdade sindical*. São Paulo: LTr, 1998. p. 173.

A ordem expressa no *caput* do art. 8º define a liberdade sindical consoante os critérios da orientação do Direito Internacional do Trabalho, apresentando-a desobrigada de qualquer tipo de qualificação e caracterização, como todo modelo abstencionista ou autonomista faria. Neste modelo não há imposições legislativas de tipo algum pelo Estado no tocante à organização sindical, que é o simples resultado da livre deliberação dos interessados, porquanto é deixada à autonomia privada coletiva dos mesmos o poder de resolver sobre a estrutura e conformação dos sindicatos para adequá-los aos seus próprios desígnios, decidindo sua preferência por um sistema uno ou plúrimo. Mas, isso, só até ali, até passar a anunciar, o art. 8º, os pontos fundamentais da organização sindical brasileira em seus incisos.

Convém notar, no entanto, que a redação do *caput* se mostrou falha e imprecisa, porque, ao indicar "associação profissional ou sindical", não definiu expressamente quais são as pessoas titulares do exercício da liberdade sindical ali consagrada. Melhor dizendo, porque não fez referência expressa aos dois partícipes da relação laboral — trabalhadores e empregadores —, já que, indicando apenas associações profissionais, de trabalhadores portanto, ou sindicatos sem avisar quem é que tem o direito de formá-los, favoreceu o entendimento de que, talvez, a Lei Fundamental não admitiria a igualdade legislativa da bilateralidade na organização sindical brasileira.

De tudo o que dissemos até aqui evidencia-se o equívoco dessa interpretação, pois ao assegurar a liberdade sindical a Constituição a instituiu simultaneamente com todos os demais direitos e garantias individuais e sociais, com os quais deve ela se harmonizar.

E, ao vedar a ingerência estatal, a Constituição não colocou os sindicatos acima da lei, mas a ela subordinados, como todas as demais pessoas físicas e jurídicas.

Assim, pelo chamado princípio da recepção, o advento da nova Constituição apenas revogou a legislação sindical com ela incompatível, mantendo em vigor todas as demais normas de nível ordinário, que disciplinam a matéria.[22]

Aprofundando o alcance da liberdade sindical, com a proibição de ingerência estatal, é claro que muitas disposições da CLT tornaram-se ineficazes, conforme se analisará adiante.

As disposições da Convenção n. 87, embora não ratificadas pelo Brasil, e a jurisprudência do Comitê de Liberdade Sindical da OIT que as interpreta passaram a constituir importante subsídio doutrinário para a compreensão desse novo quadro legal.

A manutenção, pela Constituição, entretanto, da unicidade sindical, do registro, da contribuição legal e do conceito de categoria não permite o abandono, puro e simples, do arcabouço jurídico estruturado na CLT, sob pena de descumprimento dos princípios adotados pela própria Constituição.

A indefinição do Ministério do Trabalho nesta matéria representou flagrante ilegalidade por omissão, em área de competência daquela Pasta, que acarretou a pro-

---

(22) BASTOS, Celso Ribeiro. *Curso de direito constitucional*. 16. ed. São Paulo: Saraiva, 1995. p. 113/116.

crastinação de inúmeros processos de registro de interesse de entidades sindicais, instituindo verdadeiro caos na organização sindical, pois, enquanto algumas entidades aguardavam a definição governamental, outras, sem qualquer representatividade, vinham sendo irregularmente criadas pelo simples registro nos Cartórios de Registro Civil das Pessoas Jurídicas, pondo em risco a sobrevivência do princípio constitucional da unicidade sindical, prejudicando a distribuição da contribuição sindical legal, favorecendo a criação de falsos sindicatos que não observavam em seus estatutos princípios básicos de organização democrática e que se tornavam, *ipso facto*, instrumento de oligarquias ou de interesses políticos.

Por outro lado, a continuidade do funcionamento da Comissão do Enquadramento sindical era imperiosa, para, sem prejuízo do respeito à vontade dos interessados na definição da base territorial, vigiar sobre a aglutinação das categorias econômicas e profissionais, revendo periodicamente o quadro de atividades e profissões previsto nos arts. 575 e 577 da Consolidação das Leis do Trabalho, já que o conceito de *categoria* foi expressamente mantido no novo texto constitucional (Art. 8º, item II), como pressuposto da unicidade sindical.[23]

Ademais, à Comissão do Enquadramento Sindical cumpria e deveria ter continuado a cumprir importantíssimo papel, prevenindo litígios entre empregados, empregadores e sindicatos e assessorando o Poder Judiciário em centenas de litígios pendentes (CLT, art. 576, § 6º).

Do cotejo dos itens I e II do art. 8º da Carta vigente, verifica-se que a ressalva de registro no órgão competente e a vedação de criação de mais de uma organização sindical, em qualquer grau, representativa de categoria profissional ou econômica, na mesma base territorial, encontram-se intimamente ligadas, podendo-se, daí, inferir que o órgão competente para o registro deverá observar os pressupostos de legalidade inerentes à adoção da unicidade sindical pela norma constitucional.

Assim, a restauração dos procedimentos legais de registro, bem como a manutenção da Comissão de Enquadramento Sindical, cuja existência não fere as disposições constitucionais, não macula a vedação da Carta Magna de interferência ou intervenção do Poder Público nas organizações sindicais.

Faz-se mister reafirmar que a autonomia sindical consagrada na Constituição de 1988 não pode ser interpretada como absoluta ou ilimitada, nem transcender os limites da legalidade e da soberania que só o Estado tem e detém.

---

(23) Assim como acontece com a base territorial, entendo que a melhor maneira de evitar a manipulação do conceito de categoria por um órgão governamental, com restrição ou supressão à liberdade de organização sindical, seria deixar ao critério dos trabalhadores ou empregadores interessados a dissociação de categorias, a criação de novas categorias e a alteração do quadro de atividades e profissões. Entretanto, essa liberdade incontrolada resultará, como já vem ocorrendo, na pluralidade sindical, com a criação de sindicatos para aglutinar apenas os empregados de uma determinada empresa ou de um grupo de empresas. Aliás, também a base territorial se presta a esse tipo de manipulação e por esse motivo a Constituição proibiu que ela fosse inferior à área de um Município. Acho que ao assimilar o conceito de categoria, a Constituição excluiu o sistema do sindicato de empresa e, assim, entendo que a lei deve vir a regular um mecanismo legítimo, não por ato discricionário da Administração, mas por meio da efetiva participação dos interessados, que faculte a evolução do quadro de atividades e profissões dos arts. 575 e 577 da CLT (v. nota seguinte). Arnaldo Süssekind, na *op. cit.* na nota seguinte (p. 1.038), também rejeita a possibilidade de formação de sindicato de empresa ou de estabelecimento.

A Carta em vigor concedeu às organizações sindicais poderes de auto-organização e de auto-governo, o que não afasta a disciplina legal para fixação de pré-requisitos necessários à sua formação, registro e funcionamento democrático e a garantia de sua representatividade para que pudesse valer-se das importantes prerrogativas que a própria Constituição e as leis lhes concedem.[24]

7.1.3. Formalidades legais e aprovação dos estatutos

No informe à Conferência Internacional do Trabalho de 1948, a Comissão de Liberdade Sindical e de Relações do Trabalho declarou que

"los Estados quedan libres para fijar en su legislación las formalidades que les parezcan propias para asegurar el funcionamiento normal de las organizaciones profesionales".[25]

Do texto, verifica-se que os países podem prescrever formalidades para que um sindicato se constitua, com a única condição de que as normas regulamentares não contrariem as garantias previstas na Convenção n. 87.

Segundo *Süssekind*, na esteira das lições de *Efrén Córdova* e *Evaristo de Moraes Filho*, a autonomia de organização sindical não se confunde com soberania:[26]

"Soberano é o Estado. Frente a este cumpre à ordem jurídica garantir a autonomia de entidades sindicais; mas a ação destas, como a das demais pessoas físicas e jurídicas, tem de respeitar a ordem pública e os direitos humanos fundamentais de outrem".

Entende a Organização Internacional do Trabalho que o princípio da liberdade sindical poderia chegar, muitas vezes, a ser letra morta, se, para os trabalhadores ou

---

(24) SÜSSEKIND, Arnaldo (*Instituições*. V. 2, p. 1.057), após citar opiniões divergentes de autores sobre a sobrevivência do quadro aprovado pelo art. 577 da CLT, admite que "se o referido quadro de atividades e profissões serve apenas de modelo, mesmo porque não mais foi complementado por novas categorias resultantes da evolução sócio-econômica e tecnológica, certo é que, em face de decisão do Pleno da suprema Corte (refere-se à decisão de 17.10.1991, no RMS-21.305-1, publicada na *Revista LTr*, São Paulo, p. 13 e 14, jan. 1992), os grupos de empregadores e de trabalhadores que pretenderem constituir sindicatos terão de observar os conceitos de categoria econômica, categoria profissional e categoria profissional diferenciada enunciados no art. 511 da Consolidação."
O mencionado acórdão do STF, de que foi relator o Exmo. Sr. Ministro Marco Aurélio, tem a seguinte ementa: "SINDICATO — CRIAÇÃO POR DESMEMBRAMENTO — CATEGORIA DIFERENCIADA — A organização sindical pressupõe a representação de categoria econômica ou profissional. Tratando-se de categoria diferenciada, definida à luz do disposto no § 3º do art. 511 da consolidação das Leis do Trabalho, descabe cogitar de desdobramento, por iniciativa dos interessados, consideradas as funções exercidas pelos sindicalizados. O disposto no parágrafo único do art. 570 do referido Diploma aplica-se às hipóteses de existência de categorias similares ou conexas e não de categoria diferenciada, muito embora congregando trabalhadores que possuem funções diversas. A definição atribuída aos trabalhadores e empregadores diz respeito à base territorial do sindicato — art. 8º, inciso II, da Constituição Federal — e não à categoria em si, que resulta das peculiaridades da profissão ou da atividade econômica, na maioria das vezes regida por lei especial, como ocorre em relação aos aeronautas. Mostra-se contrária ao princípio da unidade sindical a criação de ente que implique desdobramento de categoria disciplinada em lei como única. Em vista da existência do sindicato Nacional dos Aeronautas, a criação do Sindicato Nacional dos Pilotos da Aviação Civil não subsiste, em face da ilicitude do objeto. Segurança concedida para cassar-se o ato do registro no Ministério do Trabalho" (*Revista LTr*, 56-01/10).
(25) *La libertad sindical*. 3. ed. Genebra: OIT, 1985. p. 57.
(26) SÜSSEKIND, Arnaldo. *Instituições de direito do trabalho*. São Paulo: LTr, v. 2, p. 1105/1106.

empregadores criarem uma organização, dependessem de obter permissão ou aprovação governamental para os seus Estatutos ou Regulamentos, ou, ainda, de alguma autorização prévia para sua fundação.

O fato de serem observados alguns requisitos de publicidade, ou outros quaisquer que possam ser regidos pela legislação de um país, não deve equivaler a uma autorização prévia, nem constituir um obstáculo para sua criação, pois a autorização dada de forma puramente discricionária por um Departamento Ministerial é incompatível com o princípio da liberdade sindical.

As formalidades para a criação de um sindicato previstas na legislação de um País não podem ser inibidoras, nem impeditivas para a sua formação. Devem, sim, constituir regras disciplinadoras para a sua fundação, como ocorre com grande parte das normas insertas nos arts. 515 e seguintes da Consolidação das Leis do Trabalho, no Brasil, a saber:

a) número mínimo de associados, para atestar a representatividade do sindicato;

b) denominação, sede, categoria e base territorial, para identificar a entidade sindical;

c) atribuições, normas gerais sobre processo eleitoral e das votações, casos de perda de mandato e de substituição dos administradores, para assegurar a gestão democrática e a participação dos associados na vida sindical, sem quaisquer espécies de discriminações;

d) modo de constituição e administração do patrimônio social e destino que lhe será dado em caso de dissolução, para que os bens sindicais não possam vir a ser desviados ou utilizados em benefício de determinadas pessoas;

e) condições para a dissolução da entidade;

f) registro próprio, para que a entidade passe a ser *erga omnes* para todas as prerrogativas que o *status* sindical lhe confere.

Verifica-se em alguns países a exigência legal da maioria absoluta dos membros de um sindicato para votar determinado assunto, pelo menos, em primeiro escrutínio.

O Comitê de Liberdade Sindical da OIT[27] tem entendido que em certas questões que possam afetar a própria existência do sindicato ou a sua estrutura, como a aprovação e modificação dos estatutos, a dissolução da entidade, etc., a exigência legal de um *quorum* qualificado não implica limitação indevida à liberdade sindical.[28]

O que não deve ocorrer é a intervenção que dificulte a gestão do sindicato, de acordo com as condições existentes, tornando praticamente impossível a adoção de decisões que correspondam às circunstâncias e que sejam necessárias para garantir

---

(27) *La libertad sindical*. 3. ed. Genebra: OIT, 1985. p. 62.
(28) A lei inglesa de 1992, em seu art. 62, exige uma votação específica, com a convocação de todos os trabalhadores interessados, para que o sindicato possa iniciar qualquer ação reivindicatória (*Documents de droit social*. Genebra: OIT, 1993/1. p. 72).

o direito dos membros de participar democraticamente na vida da organização e de, por meio do sindicato livremente escolhido, defender os seus interesses.

Outra ingerência indevida na administração do sindicato seria a discriminação racial que pudesse, eventualmente, ocorrer em um país, em que o seu regime exigisse sindicatos diferentes para a mesma categoria, baseado, simplesmente, na diferença de raças.

Inversamente, seria perfeitamente legítima a regra legal que exigisse o acesso indiscriminado de todos os trabalhadores da categoria ao direito de filiar-se ao sindicato e de participar de suas atividades e deliberações.

Também a eleição dos membros da diretoria de uma organização sindical é uma emanação da liberdade sindical, pois consiste na ampla liberdade que deve ser assegurada pelo Estado, tanto aos trabalhadores, quanto aos empregadores de escolherem os seus legítimos líderes e representantes.

Esse direito que possuem os associados de um sindicato constitui, na realidade, condição indispensável para que seus dirigentes possam atuar efetivamente, com toda independência, e promover eficazmente os interesses de seus filiados.

7.2. Liberdade de filiação e desfiliação sindical

O trabalhador e o empregador devem ser absolutamente livres de filiarem-se ou não a uma organização sindical. A liberdade de filiação implica a liberdade de não filiar.

Sergio Pinto Martins[29] examinando o problema da proteção à sindicalização, assim se pronunciou:

"A legislação nacional dá proteção ao representante sindical, para que ele possa melhor desempenhar suas funções.

O empregado eleito para o cargo de administração sindical ou representação profissional, inclusive junto a órgão de deliberação coletiva, não poderá ser impedido do exercício de suas funções, nem transferido para lugar ou mister que lhe dificulte ou torne impossível o desempenho de suas atribuições sindicais (art. 543 da CLT). Pedindo o empregado que seja transferido ou aceita a transferência, perderá o mandato (§ 1º do art. 543 da CLT).

O período em que o empregado fica afastado para o exercício de seu mandato sindical é considerado como licença não remunerada, salvo se outra coisa for disposta no contrato de trabalho ou na norma coletiva (§ 2º do art. 543 da CLT).

Considera-se como cargo de direção ou de representação sindical aquele cujo exercício ou indicação decorre de eleição prevista em lei."

---

(29) MARTINS, Sergio Pinto. *Direito do trabalho*. 21. ed. São Paulo: Atlas, 2004. p. 737.

A empresa que, por qualquer modo, procurar impedir que o empregado se associe a sindicato, organize associação profissional ou sindical ou exerça os direitos inerentes à condição de sindicalizado fica sujeita a multa administrativa, sem prejuízo da reparação a que tiver direito o empregado.

O inciso VIII do art. 8º da Constituição de 1988 veio apenas a elevar ao âmbito constitucional o § 3º do art. 543 da CLT: "é vedada a dispensa do empregado sindicalizado a partir do registro da candidatura a cargo de direção ou representação sindical e, se eleito, ainda que suplente, até um ano após o final do mandato, salvo se cometer falta grave nos termos da lei".

Assim, a lei não deve criar quaisquer privilégios ou desvantagens ao cidadão, em razão da sua condição de filiado ou não ao sindicato da respectiva categoria.[30]

Nos países em que é adotado o sistema sindical plúrimo, regra geral, o membro da categoria poderá livremente eleger a que sindicato pretende pertencer, guardadas as peculiaridades do sistema.

Entendem os defensores do sistema plural que, nesta hipótese, estaremos diante da verdadeira liberdade sindical.

Nos países em que o sistema é o do sindicato único, o membro de uma categoria poderá escolher se deseja ser filiado ou não a uma determinada organização sindical, como ocorre no Brasil, por força do inciso V do art. 8º da Constituição Federal (*ninguém será obrigado a filiar-se ou a manter-se filiado a Sindicato*).

Assim, não podem prevalecer, diante dos termos da Constituição, os benefícios e vantagens concedidos pelos arts. 544, 546 e 547 da CLT aos empregados e empresas sindicalizados.

Para *Sergio Pinto Martins*[31], o inciso V do art. 8º da Constituição veio consagrar a regra prevista na Convenção n. 87 da OIT, ou seja, da liberdade positiva, de a pessoa se filiar ao sindicato, e da liberdade negativa, de não se filiar à agremiação. Essa liberdade, porém, está adstrita à filiação ao sindicato único, que é a regra vigente no Brasil.

O inciso XX do art. 5º da Constituição dispõe também que ninguém poderá ser compelido a associar-se ou a permanecer associado.

Declara, ainda, o inciso VII do art. 8º da Lei Maior que o aposentado filiado tem direito a votar e ser votado nas organizações sindicais.

O art. 540 da CLT especifica que "a toda empresa ou indivíduo que exerçam respectivamente atividade ou profissão, desde que satisfaçam as exigências desta lei,

---

(30) MAGANO, Octavio Bueno; MALLET, Estêvão. *O direito do trabalho na Constituição*, p. 293: "No direito brasileiro já não pode mais pairar qualquer dúvida quanto a este assunto. Ressalvou-se de modo claro e inequívoco o direito à não-sindicalização. Diante disso, todo trabalhador é livre para não ingressar em sindicatos ou deles se retirar. Qualquer ato atentatório a tal liberdade mostrar-se-á de manifesta inconstitucionalidade. Força será, portanto, reconhecer-se a ilicitude da prática adotada por certos sindicatos em exigir contribuições maiores de trabalhadores não-filiados, com o intuito de os constranger a se associarem."
(31) *Op. cit.*, p. 739/740.

assiste o direito de ser admitido no sindicato da respectiva categoria, salvo caso de falta de idoneidade, devidamente comprovada...".

Os que exercerem determinada atividade ou profissão em que não haja sindicato da respectiva categoria, ou de atividade ou profissão similar ou conexa, poderão filiar-se ao sindicato de profissão idêntica, similar ou conexa, existente na localidade mais próxima (art. 541 da CLT).

Em virtude de que os sindicatos podem elaborar diretamente seus estatutos, é possível que nestes haja ainda outras restrições à filiação ao sindicato. Os requisitos abusivos e discriminatórios exigidos pelo estatuto para o ingresso nos quadros do sindicato poderão ser contestados em juízo.

Assim como a pessoa pode livremente entrar no sindicato, pode também dele retirar-se. O sindicato poderá expulsar o associado de seus quadros, de acordo com seus estatutos, tendo aquele direito de recurso ao Poder Judiciário e não ao Ministério do Trabalho, como mencionava o art. 542 da CLT.

Outra questão a considerar é a da perda da filiação sindical pelo aposentado ou por aquele que, por qualquer outra razão, deixa de exercer a atividade ou profissão.

O que deixa de exercer a atividade ou profissão para passar a exercer outra não deve mais poder influir nas deliberações do sindicato da categoria de origem, sob pena de desfigurar-se a legitimidade da representação profissional e admitir-se a ingerência dos membros de uma categoria nas atividades do sindicato de outra. A lei pode estabelecer essa desfiliação compulsória.

No entanto, a lei não pode estabelecer essa perda compulsória de filiação, para quem tiver deixado temporariamente o exercício da profissão ou atividade, sem se vincular a outra, como, por exemplo, no caso de assunção de mandato político (vereador, deputado, prefeito, etc.), ou no caso de desemprego.

Quanto ao aposentado que não tenha voltado a trabalhar, parece-me que a lei pode, sim, impor a conservação da filiação, como o faz o inciso VII do art. 8º da Constituição Federal de 1988, delimitando a esfera de proteção social exercida pelo sindicato não só aos trabalhadores da categoria em atividade, mas também aos que tenham cessado definitivamente a sua atividade laborativa.[32]

Sergio Pinto Martins[33], esboça sua opinião no sentido de que se o sindicalizado deixar o exercício da atividade ou da profissão, perderá os direitos de associado. Os associados de sindicatos de empregados, de agentes ou trabalhadores autônomos e de profissões liberais que forem aposentados, estiverem desempregados ou tiverem sido convocados para prestação de serviço militar não perderão os respectivos direitos sindicais e ficarão isentos de qualquer contribuição, não podendo, entretanto, exercer cargo de administração sindical ou de representação econômica ou profissional.

---

(32) Para Arnaldo Süssekind (*Instituições de direito do trabalho*. São Paulo: LTr, 2003. v. II, p. 1124 e ss.), esse dispositivo da Constituição derrogou o art. 540, § 2º, da CLT.
(33) MARTINS, Sergio Pinto. *Op. cit.,* p. 740.

Outra questão relativa à filiação a um sindicato está na imposição, por certas legislações, do prazo de filiação para que o candidato possa concorrer a um mandato sindical ou para que possa exercer certos direitos.

É o que ocorre entre nós, por exemplo, com o disposto no art. 529, letra *a*, da CLT.

Entendemos que esta matéria é atinente exclusivamente ao estatuto de cada entidade sindical, porque deve manter-se na esfera da sua própria autonomia de organização.

Também a inibição para o exercício de certos direitos sindicais em razão de condenação criminal é matéria da economia interna de cada entidade, a ser regulada nos seus próprios estatutos, desde que não seja instrumento de discriminação.

Na hipótese de o delito cometido não ser incompatível com a atividade sindical, cremos que não pode haver proibição, seja pela lei, seja pelo estatuto, uma vez que teria caráter discriminatório.

Quanto à proibição de filiação por motivos político-partidários ou ideológicos, não só não pode ser imposta por lei, mas também não pode ser imposta pelo próprio estatuto, devendo a lei expressamente impedir qualquer discriminação à filiação por tais motivos.

7.3. Liberdade de escolha dos dirigentes sindicais

A liberdade sindical deve, como tudo, aliás, começar pelo princípio.

Assim, a primeira expressão da liberdade sindical, ou pelo menos, uma das primeiras, é a da escolha de seus próprios dirigentes.

Não faz sentido algum falar-se em liberdade sindical, sem que se assegure a ampla liberdade de escolha dos dirigentes e sem que se vede a existência de normas restritivas quanto ao direito de escolha.

A questão da liberdade de escolha dos dirigentes sindicais tem sido objeto das preocupações do Comitê de Liberdade Sindical da OIT.

Vale passar em revista os comentários feitos pelo referido Comitê da Organização Internacional do Trabalho, a partir dos requisitos de elegibilidade em função da ocupação.[34]

Na visa da OIT, são contrárias às garantias estabelecidas na Convenção n. 87 as normas que prescrevam que o candidato a uma função de direção sindical deve exercer algum ofício, ocupação ou profissão, ou a esses pertencer no momento de apresentar sua candidatura, ou que tenha exercido essa atividade durante certo período, anterior à eleição.

---

(34) *La libertad sindical*. 3. ed. Genebra: OIT, 1985. p. 293/318 e 455/466.

O fundamento central para a oposição da OIT a essas disposições está em que as mesmas podem impedir que sindicatos disponham de pessoal qualificado, por exemplo, advogados (aposentados) de cuja experiência alheia a determinada atividade trabalhista, queiram beneficiar-se.

Parece-nos acertada a observação do Comitê, segundo a qual uma lei exija que um dirigente sindical continue desempenhando suas tarefas na empresa, durante todo o seu mandato sindical[35] não é adequada.

Também é, sem dúvida, restritiva da liberdade de eleger os dirigentes sindicais, a legislação que vier a exigir a condição de cidadão daquele país, como requisito de elegibilidade.[36]

No sentido da OIT, uma legislação que prive certas pessoas de ocupar cargos sindicais, por causa de suas opiniões ou filiação política, não é compatível com a liberdade de escolha assegurada pela Convenção n. 87.

O Comitê tem entendido ser restritiva das liberdades, a vedação da eleição de pessoas que tenham a ideologia de um partido, cujo registro tenha sido cancelado ou cujas atividades tenham sido consideradas contrárias ao interesse nacional.

Outra questão que tem sido considerada como restritiva da liberdade de escolha é a pertinente à condenação criminal.

O Comitê de Liberdade Sindical tem afirmado que uma condenação por delitos, cuja natureza não seja suficiente para pôr em dúvida a integridade do implicado, nem envolva risco no que tange ao correto exercício das funções sindicais, não deve justificar inabilitação para ser dirigente. Toda legislação que preveja inabilitações fundadas em condenações, por delitos que não ofereçam esse risco, é incompatível com os princípios da liberdade sindical.

Quanto à reeleição de dirigentes sindicais, qualquer disposição que a impeça — seja uma proibição absoluta ou relativa ao número admissível de mandatos sucessivos — é tida pela OIT como incompatível com a Convenção n. 87.

A preocupação do Comitê de Liberdade Sindical da OIT, quanto à não-ingerência das autoridades no processo eleitoral, vai ao ponto de considerar como violadora da liberdade sindical a existência de disposições legais pelas quais se determine, detalhadamente, os procedimentos internos dos sindicatos a respeito de suas eleições.

Enfatiza a OIT que qualquer intervenção por parte das autoridades públicas nas eleições sindicais pode parecer arbitrária e implicar em uma ingerência incompatível com o direito dos trabalhadores de eleger, livremente, os seus representantes.

---

(35) Por incompatível com o art. 8º, inciso I, da Constituição, foi revogado o inciso III do art. 530 da CLT (v. SÜSSEKIND, Arnaldo. *Instituições*, v. II, p. 1.052).

(36) "A Carta Política de 1988 revogou a proibição de o estrangeiro participar da administração ou representação de entidade sindical, que havia sido renovada pelo Estatuto do Estrangeiro (Lei n. 8.815, de 1980). Como judiciosamente escreveu Eduardo Gabriel Saad, a nova ordem constitucional "exige um tratamento igualitário para brasileiros e estrangeiros no art. 5º." A matéria sindical é objeto do art. 8º e classificada como direito fundamental. Assim, colocado o assunto, é fácil inferir que a lei ordinária está impossibilitada de limitar os direitos do estrangeiro na área sindical" (SÜSSEKIND. *Instituições de direito do trabalho*, v. 2, p. 1110 e ss.).

A nomeação de dirigentes sindicais pelas autoridades públicas também é tida como intromissão incompatível com a Convenção já referida.

Assim, por exemplo, no que tange à condenação criminal, o inciso IV, do art. 530 da CLT, veda a eleição dos que tiverem sido condenados por crime doloso, enquanto persistirem os efeitos da pena, regra extremamente ampla e que abrange a prática de qualquer crime, desde que doloso, mesmo aqueles que não representem incompatibilidade com as funções sindicais.

O inciso VI, do mesmo artigo, choca-se de frente com a liberdade sindical pois tem por inelegíveis os que, pública e ostensivamente, defendam os princípios ideológicos de partido político cujo registro tenha sido cassado, ou de entidade de qualquer natureza, cujas atividades tenham sido consideradas contrárias ao interesse nacional.

Dessa forma, a autoridade pública deve se abster de interferir, sob qualquer ângulo, na eleição, seja no desenvolvimento do pleito, seja na fixação das condições de elegibilidade dos dirigentes.[37]

Assim, o estatuto da entidade sindical é que deve prever a forma de eleição: se por maioria de votos dos presentes, ou da categoria; a duração do mandato; os órgãos de direção, se o candidato deve pertencer a atividade da categoria etc.

Entendo revogadas as disposições da CLT relativas às eleições sindicais, constantes dos arts. 524, §§ 1º a 5º, e 529 a 532,[38] por incompatibilidade com o art. 8º da Constituição Federal.

Entretanto, pode a lei exigir que as eleições sejam convocadas mediante editais, publicados com antecedência de alguns dias, com o prévio registro dos candidatos; que os dirigentes sejam titulares de mandatos a prazo determinado fixado no estatuto, que o voto seja secreto, que das mesas eleitorais e de apuração participem representantes de todos os grupos concorrentes, porque essas são normas asseguratórias da participação dos associados e protetoras do caráter democrático das eleições e da representatividade das lideranças sindicais.

Em face da estabilidade de que goza o dirigente sindical, parece-me que a lei pode também fixar o limite máximo de cargos de direção do sindicato, na proporção do número de trabalhadores a ele filiados.

---

(37) SÜSSEKIND, Arnaldo. (*Instituições de direito do trabalho*. São Paulo: LTr, 2003. v. 2, p. 1110 e ss.), citando o Comitê de Liberdade Sindical da OIT, ressalta que as autoridades públicas devem abster-se de qualquer ingerência nas eleições sindicais, seja na fixação das condições de elegibilidade dos dirigentes, seja no desenvolvimento das próprias eleições. O controle das eleições sindicais deve ser da competência das autoridades judiciárias.

(38) Referindo-se ao voto obrigatório, previsto no art. 529, parágrafo único da CLT, MAGANO e MALLET (*O direito do trabalho na Constituição*, p. 299/301) consideram incompatível com a liberdade sindical essa obrigatoriedade, cabendo ao próprio sindicato decidir sobre esse tema.

Mozart Victor Russomano, nos seus *Comentários à CLT*. 1. ed. Rio de Janeiro: Forense, 1994. v. II, assim se pronuncia: quanto aos parágrafos do art. 524, apenas considerou revogados os §§ 3º e 5º (p. 638/639); quanto ao art. 529, mantém os seus comentários de edições anteriores sem apontar qualquer incompatibilidade com a Constituição de 88 (p. 643/644); quanto ao art. 530, manifesta dúvida quanto à constitucionalidade apenas dos incisos V, VI e VIII (p. 644/647); quanto ao art. 531, considerou revogados pela Constituição de 88 somente os §§ 3º e 4º (p. 648); e no art. 532 considera derrogado apenas, no § 3º, a decisão do processo eleitoral pelo Ministro do Trabalho em caso de protesto ou recurso, casos em que a matéria deverá ser decidida pelos órgãos internos do próprio sindicato, restando sem aplicação a parte final do dispositivo (p. 649/650).

Não se pense, entretanto, que daí se tenha feito um vácuo legislativo, e que tais eleições fiquem entregues à própria sorte sem qualquer regramento, pois, realmente, tal não ocorre.

Na verdade, o recurso à analogia permite o preenchimento do vazio que, aparentemente, fica com a revogação das normas da Consolidação das Leis do Trabalho, respeitantes a eleições sindicais, mediante a aplicação das normas do Direito Eleitoral comum, que nada mais são do que regras assecuratórias do caráter democrático das eleições.

7.4. Livre administração das organizações sindicais

Mauricio Godinho Delgado[39], passando em revista o problema da atuação sindical brasileira entende que "é evidente que o processo de democratização do sistema sindical brasileiro passa pela alteração desses velhos traços da matriz corporativista oriunda das décadas de 1930 e 40, e que foram preservados no texto constitucional de 1988.

A propósito, a combinação de regras, princípios e institutos que sempre se mostraram contraditórios na história do sindicalismo (alguns democráticos, outros de origem autoritária-corporativa), tentada pela Carta Magna de 88, somente fez aprofundar a crise de legitimidade e de força do sistema sindical brasileiro. Por isso, parece inevitável o caminho para a reforma do sistema, de modo a adequá-lo à plena liberdade de associação e à plena autonomia sindical.

Contudo, a reforma do sistema trabalhista do País não passa somente pela reestruturação acima debatida, como também pelo implemento de certas garantias democráticas à atuação sindical, em contexto de plena autonomia e liberdade associativas.

Tais garantias devem compor também o núcleo da reforma democratizante do sistema, sob pena de se produzir transição excessivamente longa e dolorosa, sem qualquer avanço material efetivo no plano do desenvolvimento do Direito do Trabalho enquanto instrumento de elevação das condições de pactuação da força do trabalho no universo social.

Note-se que tais garantias estão expressamente consignadas em textos normativos construídos ao longo de várias décadas do século XX pela Organização Internacional do Trabalho (Convenções ns. 11, 87, 98, 135, 141 e 151, por exemplo). Além disso, inserem-se tais garantias, classicamente, em experiências democráticas consolidadas no mundo ocidental (ilustrativamente, Estatuto dos Trabalhadores da Itália — Lei n. 300, de 1970).

Registre-se que não há, pois, qualquer contradição entre o implemento de plena liberdade e autonomia ao sindicalismo com a presença de garantias legais claras e

---

(39) DELGADO, Mauricio Godinho. *Curso de direito do trabalho*. São Paulo: LTr, 2006. p. 1331/1332.

inequívocas, aptas a assegurarem a mais transparente legitimidade representativa sindical e o mais eficaz dinamismo reivindicativo das entidades sindicais obreiras".

Os Estatutos de uma Entidade Sindical devem conter um capítulo a respeito de como será administrada por seus dirigentes.

Em um País democrático, em que os sindicatos tenham liberdade para organizar suas atividades, é comum que, naturalmente, os membros da categoria a eles filiados, que são, na realidade, quem irá eleger seus dirigentes, possam acordar sobre o regulamento que irá reger a administração e as atividades do sindicato, fixando seu programa de ação.

O poder de auto-organização das entidades sindicais pode ser disciplinado pela lei, para prevenir abusos e proteger os próprios filiados e assegurar um procedimento imparcial por parte dos seus dirigentes.

Assim, o Comitê de Liberdade Sindical da OIT tem considerado legítimas as seguintes disposições legais: que exijam a autenticação dos livros contábeis no Ministério do Trabalho; que obriguem a apresentação de balanços anuais às autoridades públicas, para dar publicidade à sua gestão financeira.[40]

Contrariamente, o mesmo Comitê tem considerado ilegítimas as normas que imponham a gratuidade dos mandatos sindicais, a fiscalização financeira oficial que limite a independência financeira do sindicato, a destinação legal dos fundos e receitas sindicais.[41]

Parecem-me legítimas as disposições legais que estabeleçam: a temporariedade dos mandatos sindicais, a obrigatoriedade de realização de uma Assembléia Geral anual convocada por editais para aprovação do relatório e da prestação de contas e do programa de ação da Diretoria, sob pena de perda do mandato; o registro dos livros contábeis no Ministério do Trabalho e o arquivamento anual dos balanços em repartição oficial; a obrigatoriedade de submeter as contas anuais ao parecer de uma auditoria externa independente; a votação secreta nas Assembléias para aprovação das contas, para a eleição dos dirigentes e outras deliberações importantes (CLT, art. 524); registro em livro próprio dos associados (CLT, art. 527); exigência de avaliação prévia por entidade legalmente habilitada e de deliberação da Assembléia Geral para alienação, locação e aquisição de bens imóveis (CLT, art. 549), disposições todas, a par de outras, que não cerceiam a livre administração, mas asseguram a sua gestão democrática e transparente para os seus próprios associados.

Em contrapartida, são ilegítimas e incompatíveis com a liberdade sindical, entre outras, disposições legais que imponham: a limitação do exercício de cargos eletivos nos sindicatos aos brasileiros (CLT, art. 515, *b* e *c*); a gratuidade dos mandatos sindicais (CLT, art. 521, *c*); o número de diretores, a enumeração dos órgãos dirigentes e as suas atribuições, admitida apenas a proporção numérica de diretores em função do

---

(40) *Op. cit.*, p. 331/333.
(41) *Op. cit.*, p. 322, 327 e 333.

número de associados (CLT, arts. 522,[42] 523 e 538); a permissão de interferência na administração pelo Ministério do Trabalho (CLT, art. 525, parágrafo único, letra *a*); limitações na contratação de empregados (CLT, art. 526); limitações à elegibilidade de candidatos (CLT, arts. 529 e 530); intervenção da autoridade administrativa na administração do sindicato e nomeação de junta interventora (CLT, art. 528); recurso ao Ministério do Trabalho contra as deliberações dos órgãos dirigentes do sindicato (CLT, art. 542); a destinação da aplicação de suas receitas (CLT, arts. 592 e 593).[43]

7.4.1. Contribuição sindical

O fato de as organizações sindicais possuírem ampla liberdade de administração e de gestão conduz ao convencimento de que a instituição da arrecadação de uma quota contributiva de seus membros mostra-se plenamente viável, já que se destina, exatamente, à mantença do organismo para a defesa dos direitos e interesses da categoria.

No Brasil, segundo *Arion Sayão Romita*[44] "as fontes de receita dos sindicatos, federações e confederações encontram-se estipuladas no art. 548 da CLT, que determina:

"Art. 548. constituem o patrimônio das associações sindicais:

a) as contribuições devidas aos Sindicatos pelos que participam das categorias econômicas ou profissionais ou das profissões liberais representadas pelas referidas entidades, sob a denominação de contribuição sindical, pagas e arrecadadas na forma do capítulo III deste título;

b) as contribuições dos associados, na forma estabelecida nos estatutos ou pelas assembléias gerais;

c) os bens e valores adquiridos e as verbas produzidas pelos mesmos;

d) as doações e legados;

e) as multas e outras rendas eventuais."

No caso das contribuições previstas em lei são: a) as estatutárias ou associativas (art. 548); b) a contribuição assistencial (prevista em convenção ou acordo coletivo, conforme o art. 613, VI, da CLT ou por sentença normativa; c) o imposto sindical (arts. 578 e seguintes da CLT); d) a contribuição para o custeio do sistema confederativo (art. 8º, IV da Contribuição Federal de 1988).

O imposto sindical e a contribuição confederativa são considerados contribuições corporativas.

---

(42) RUSSOMANO, Mozart Victor. *Comentários à CLT*, v. II, p. 636, não vê qualquer atrito entre o art. 522 e o art. 8º, da Constituição de 1988.
(43) "Ao consagrar a não-intervenção do Governo Federal na organização sindical, a Carta Magna tornou incompatíveis com o novo sistema as disposições da CLT sobre aprovação de estatutos, supervisão de eleições, estruturação orgânica, controle orçamentário e outras que ferem a autonomia das respectivas associações. Tais normas perderam sua eficácia jurídica; saíram do mundo do Direito" (SÜSSEKIND. *Instituições de direito do trabalho*, 2003. v. II, p. 1110 e ss.).
(44) ROMITA, Arion Sayão. *Sindicalismo, economia, estado democrático — estudos*. São Paulo: LTr, 1993. p. 109.

A propósito, com a Constituição Federal de 1988, houve, na realidade, uma confusão sobre a sobrevivência do imposto sindical frente à nova contribuição constituída.

Assim é que, a Medida Provisória n. 215, de 30.8.90 (sucessivamente reeditada sob os ns. 236, de 28.9.90; 258, de 31.10.90; e 275, de 30.11.90) pretendeu extinguir o imposto sindical, também denominado contribuição sindical compulsória. O Congresso Nacional porém, aprovou o Projeto de Lei de Conversão n. 58, de 1990, que substituiu a extinção imediata por uma extinção gradativa (Diário do Congresso Nacional, de 15.11.90, p. 4721/4723).

O Projeto de Lei aprovado pelo Congresso foi vetado pelo Presidente da República (razões do veto: mensagem n. 22, in *DOU*, de 10.1.91, p. 595). O veto presidencial ainda pende de apreciação pelo Congresso (Constituição, art. 66, § 4º). No momento, prevalecem, portanto, os arts. 578 e ss. da CLT, pois a Medida Provisória perdeu a eficácia desde a edição, de acordo com o disposto no art. 62, parágrafo único, da Constituição.

A instituição de quotas ou contribuições em favor do órgão sindical consiste em prática desenvolvida pelas organizações de vários países, recebendo o respaldo da Organização Internacional do Trabalho, por se constituir em ato inerente à administração da vida sindical.

No Brasil, anteriormente à Constituição Federal de 1988, todo trabalhador que tivesse vínculo empregatício regido pela Consolidação das Leis do Trabalho era obrigado a contribuir para a organização sindical.

Estávamos, pois, diante de uma contribuição sindical imposta por lei, isto é, de cima para baixo, fosse filiado ou não a uma entidade sindical em conformidade com o art. 579 da CLT, *in verbis*:

"A contribuição sindical é devida por todos aqueles que participarem de uma determinada categoria econômica ou profissional, ou de uma profissão liberal, em favor do sindicato representativo da mesma categoria ou profissão ou, inexistindo este, na conformidade do disposto no art. 591."

Ocorre que a Carta Magna de 1988, como já disse anteriormente, manteve o sistema do sindicato único previsto no art. 516 da Consolidação das Leis do Trabalho, vedando, assim, a criação de mais de uma entidade sindical de grau inferior, representativo da mesma categoria profissional, na mesma base territorial, conforme se verifica do disposto nos incisos II e III do seu art. 8º.

À mantença do sistema sindical único, a contribuição sindical já existente, por coerência, também foi mantida,[45] e, ao lado desta, outra foi criada, também para

---

(45) Para Arion Sayão Romita, a manutenção da contribuição compulsória legal, no inciso IV do art. 8º da Constituição de 88, é um "verdadeiro atentado ao princípio de liberdade sindical" (*Os direitos sociais na Constituição e outros estudos*, p. 222). Com o devido respeito à judiciosa opinião do eminente mestre, em muitos países signatários da Convenção n. 87 da OIT percebem os sindicatos receitas oriundas de contribuições compulsórias, embora muitas vezes mascaradas. Inexistissem tais receitas e quase não sobreviveriam as entidades sindicais. Conforme

custeio do sistema confederativo, que veio a ser conhecida como contribuição confederativa ou contribuição assemblear, já que será fixada pela assembléia geral do sindicato, conforme se vê dos termos do inciso IV do art. 8º:

> "a assembléia geral fixará contribuição que, em se tratando de categoria profissional, será descontada em folha, para custeio do sistema confederativo da representação sindical respectiva, independentemente da contribuição prevista em lei".

Assim, verifica-se que, ao lado da contribuição sindical imposta por lei, com caráter nitidamente tributário, de acordo com o art. 3º do Código Tributário Nacional, a nova Carta criou outra, sem o caráter tributário que possui a primeira, a ser imposta pela assembléia geral do sindicato, e com a mesma finalidade daquela, isto é, custear o sistema confederativo de organização sindical (sindicatos, federações e confederações).

O que se perquire em termos do artigo supratranscrito é se este possui eficácia imediata, ou se depende de regulamentação, por meio de lei ordinária.

Eduardo Gabriel Saad [46], como outros autores, crê que a parte do dispositivo constitucional ora transcrito, que instituiu a contribuição confederativa, para ter eficácia necessita de regulação legal infraconstitucional.

Ora, o texto constitucional obsequiou às assembléias gerais, e não à lei, a fixação da contribuição. Assim, somente elas possuem o poder de instituí-la, definindo seu valor, forma, prazo de cobrança, pena para a sua inadimplência e o percentual da receita a ser distribuído entre as entidades sindicais dos três graus.

Abre-se aqui um parêntese para relembrar que os preceitos constitucionais, em função de sua eficácia, costumam ser classificados em:

I — de eficácia plena, os que produzem efeitos, ou têm a possibilidade de produzi-los, sem necessidade de regulamentação legal;

II — de eficácia contida, os que, embora aptos a produzirem seus efeitos, podem tê-los contidos por posterior regulamentação legislativa;

III — de eficácia limitada, os que não encerram em si uma normalidade bastante para produzir os efeitos desejados, dependendo, para tanto, de lei regulamentadora, complementar ou ordinária.[47]

Afigura-se-nos, pois, ser o dispositivo em exame de eficácia contida, já que possui comando apto a produzir efeitos sem necessidade de lei regulamentadora, podendo este, no entanto, vir a encontrar limites estabelecidos em lei.

---

sustentamos acima, a liberdade e a autonomia das entidades sindicais traduzem-se pela possibilidade de auto-organização e de autogestão, garantidas pela proibição de interferência do Poder Público, plenamente asseguradas pela Constituição.
(46) SAAD, Eduardo Gabriel. *Constituição e direito do trabalho*. São Paulo: LTr, 1989. p. 182. (No mesmo sentido, SÜSSEKIND. *Instituições*, v. II, p. 1.069; ROMITA. *Op. cit.*, p. 238).
(47) *Op. cit.*, p. 33/35.

Definida a questão da eficácia da contribuição confederativa, cabe indagar por quem é devida a referida quota.

Apenas os filiados ao sindicato estão obrigados a contribuir, ou é extensiva a todos, filiados e não-filiados?

Cremos que tudo está na interpretação do texto legal e, para tanto, nos socorremos da lição de *Carlos Maximiliano*[48]:

"Considera-se o Direito como uma ciência primariamente normativa ou finalística, por isso mesmo a sua interpretação há de ser, na essência, teleológica. O hermeneuta sempre terá em vista o fim da lei, o resultado que a mesma precisa atingir em sua atuação prática".

Do exposto, interpretando o inciso IV do art. 8º do texto constitucional, em sua finalidade, não se pode chegar a outra conclusão a não ser que a contribuição confederativa dirige-se a todos os membros da categoria, devendo, portanto, ser arrecadada dos filiados e dos não-filiados aos sindicatos.

Na realidade, a contribuição confederativa tem a mesma finalidade da contribuição sindical imposta por lei, pois destina-se a custear o sistema confederativo sindical brasileiro.

A contribuição sindical, no dizer de *Segadas Vianna*[49], é uma colaboração de solidariedade entre todos os componentes de uma classe, permitindo que todos gozem de benefícios, e que o melhor aquinhoado contribua para o amparo do menos favorecido.

A contribuição confederativa tem as mesmas características da contribuição sindical, pois possui o mesmo destino daquela, é devida por todos os integrantes da categoria, que são representados pelos sindicatos, na defesa de seus direitos coletivos e individuais, na esfera administrativa e na judicial (inciso III do art. 8º da Constituição Federal).

A contribuição confederativa é, portanto, uma retribuição de representação fixada pela assembléia geral do sindicato e devida por todos os integrantes da categoria.

É claro, no entanto, que o texto constitucional deu destino à contribuição denominada confederativa, quando dispôs, no inciso IV do art. 8º, que ela visará ao "custeio do sistema confederativo da representação sindical respectiva...".

Apenas para essa finalidade, a Carta Magna deu ao sindicato o poder de criar contribuição impositiva, por intermédio da assembléia geral.

Ressalte-se, porém, que a Constituição vigente, ao manter a contribuição sindical fixada em lei e criar a contribuição a ser estipulada pela assembléia geral, não

---

[48] MAXIMILIANO, Carlos. *Hermenêutica e aplicação do direito*. 10. ed. Rio de Janeiro: Forense, 1951. p. 189.
[49] VIANNA, Segadas. *Organização sindical brasileira*. Rio de Janeiro: Cruzeiro, 1943. p. 192.

afastou de nosso Direito outros tipos de receitas do sindicato, tais como a taxa assistencial e a mensalidade dos sócios, previstas nos Estatutos.[50]

A Contribuição ou Taxa Assistencial encontra embasamento na alínea *d* do art. 513 da CLT, que, entre as prerrogativas dos sindicatos, estabelece a de impor contribuições aos membros da categoria representada.

Trata-se de dispositivo legal que, visto isoladamente, poderia levar à conclusão de ter o sindicato autorização para impor contribuições aos integrantes da categoria, sem que estes a isso pudessem opor qualquer objeção.

Ocorre que dispositivo da mesma hierarquia — o art. 545, *caput*, da CLT — determina que os empregadores ficam obrigados a proceder a desconto, em folha de pagamento de seus empregados, das contribuições devidas ao sindicato, "desde que por eles devidamente autorizados".

A conjunção dos dois dispositivos acima referidos leva à conclusão de poderem os sindicatos instituir a contribuição assistencial — cuja finalidade é remunerar serviços de assistência jurídica, médica, odontológica, etc., mas a cobrança só se pode dar com a aquiescência do membro da categoria.

Há de observar-se que passados 15 anos de a Constituição Federal de 1988 estar em vigor, infelizmente, até os dias atuais, o imposto sindical obrigatório continua vigorando e a contribuição confederativa criada para melhorar as atividades dos sindicatos não vingou, já que ninguém é obrigado a descontar para tanto, o que em nosso entender viria contribuir em muito para uma melhoria dos serviços prestados pelas entidades sindicais.

No Direito estrangeiro não há uma uniformidade no procedimento, tudo está a depender do grande desenvolvimento do sistema sindical e da proteção que a lei possa vir a dispensar ao caso.

Assim, por exemplo, na França, país que apresenta um alto grau de liberdade sindical, esta é fundamental, razão pela qual o Estado oferece ao trabalhador toda garantia para que não ocorram atos arbitrários de desconto em folha, podendo o empregado escolher livremente como contribuirá para o seu sindicato.

Em Portugal, a Lei n. 57, de 5 de agosto de 1977, prevê em seu art. 1º, n. 1 que os sistemas de cobrança das quotas sindicais, podem resultar de acordos entre as associações patronais e as associações sindicais, porém, de acordo com o art. 2º, a dedução da quota no salário do empregado depende de autorização do empregado.

Na Itália, país que mantém respeito ao princípio da liberdade sindical, de alguma forma procura privilegiar a manifestação de vontade do trabalhador. Por essa razão, por força do disposto na Lei n. 300 de 1970 (Estatuto dos Trabalhadores) o desconto no salário do empregado só se faz possível quando expressamente autorizado por este.

---

(50) NASCIMENTO, Amauri Mascaro. *Direito do trabalho na Constituição de 1988*. 2. ed. São Paulo: Saraiva, 1991. p. 237 e 238.

No México, por força de Ley Federal del Trabajo de 1970, entre as obrigações do empregador está a de efetuar o desconto solicitado pelos sindicatos das quotas sindicais ordinárias que se encontrem previstas nos Estatutos.

Na Alemanha, por falta de lei específica as opiniões são controvertidas. De um lado, há os que afirmam nada ter a objetar do ponto de vista da liberdade sindical negativa, pois não conduzem à adesão forçada ao sindicato. Outros negam validade à cláusula, sob o argumento de que o sindicato não pode impor contribuições ao não-sindicalizado[51].

Na Espanha, segundo *Romita*[52], "a Lei Orgânica de Liberdade Sindical (Lei n. 11, de 2 de agosto de 1985), no art. 11, distingue o "cânon econômico" da "quota sindical". Dispõe o § 1º que as convenções coletivas de trabalho poderão conter cláusulas mediante as quais os trabalhadores abrangidos em seu campo de aplicação apoiarão economicamente a gestão do sindicato representado na comissão negociadora, fixando um cânon econômico e regulando as modalidades de seu pagamento. Em qualquer caso será respeitada a vontade individual do trabalhador, que deverá ser manifestada por escrito, na forma e no prazo determinados na negociação coletiva. Aduz o § 2º que o empresário efetuará o desconto da quota sindical nos salários, recolhendo-o por solicitação do sindicato do trabalhador associado, mediante prévia concordância deste.

Eliminando qualquer dúvida sobre a constitucionalidade do preceito, a Exposição de Motivos da lei esclarece: " A constitucionalidade do dispositivo, que é freqüente nos ordenamentos ocidentais, não padece dúvida em face do art. 28.1 da Constituição, já que seu objetivo é fortalecer o movimento sindical e, portanto, reverencia o art. 9º.2, da Constituição, sem que se possa sustentar seriamente que a adoção desta medida, de resto não imperativa e sempre resultante de uma negociação livre e voluntária, afeta ou possa afetar o conteúdo essencial de outros direitos fundamentais reconhecidos na Constituição, pois, em qualquer caso, exige-se a manifestação da vontade dos trabalhadores".

O desconto previsto pelo § 2º do art. 11, acima descrito, tem origem na cláusula *checkoff* do Direito anglo-saxão e sua regulação se assemelha ao disposto no art. 545 da Consolidação brasileira. Refere-se à cobrança das contribuições associativas, devidas pelos associados. A medida tende a eliminar os inconvenientes do pagamento individual efetuado pelos trabalhadores filiados ao órgão de classe. A matéria não oferece maior interesse para o presente estudo.

Mais importa a medida consagrada pelo § 1º, referente ao desconto da chamada contribuição de solidariedade, que no Direito espanhol recebe diferentes designações: quota de solidariedade por negociação, quota por negociação coletiva, cânon por negociação, etc. e que a Lei Orgânica de Liberdade sindical denomina "cânon econômico".

---

(51) ROMITA, Arion Sayão. *Sindicalismo, economia, estado democrático, estudo*. São Paulo: LTr, 1993. p. 122/123.
(52) *Ibidem*, p. 123/124.

7.5. Proibição de intervenção, suspensão e dissolução das entidades sindicais, salvo por ordem judicial

A liberdade de administração e de gestão de uma organização sindical por seus dirigentes é um dos pressupostos básicos da liberdade sindical.

Dessa forma, há de se sopesar a intervenção de um ente estranho à sua administração, seja de direito público, seja de direito privado.

As entidades sindicais, para serem constituídas regularmente, devem obter, como todas as demais associações, personalidade jurídica de direito civil, por meio do registro de seus atos constitutivos, inicialmente, no Registro Civil de Pessoas Jurídicas e, personalidade sindical com o Registro Sindical no Ministério do Trabalho.

Como qualquer outra associação, os seus fins devem ser lícitos e regularmente desenvolvidos.

Em princípio, o controle de suas atividades deve ser exercido pelos seus próprios órgãos internos e associados, na forma dos seus estatutos.

Exercendo suas atividades dentro dos parâmetros estabelecidos pela lei vigente, não há que se falar em intervenção de qualquer autoridade, com a finalidade de suspensão ou dissolução, pois as medidas de suspensão da personalidade jurídica de organizações sindicais implicam graves restrições aos direitos sindicais, hoje vedadas expressamente pela Constituição (art. 8º, inciso I).

Entretanto, a intervenção proibida, que constitui um imperativo da liberdade sindical, é a intervenção administrativa e discricionária, consoante entendimento do Comitê de Liberdade Sindical da OIT.[53]

A intervenção, a dissolução e a suspensão de atividades ou de dirigentes, para não afrontar a liberdade sindical, deve atender aos seguintes pressupostos, segundo aquele Comitê:

a) ser decidida por órgão judicial;

b) fundamentar-se em motivos precisos previstos em lei, caracterizadores de grave ilegalidade, desvio de finalidade ou exercício de atividades ilícitas pelo sindicato ou por seus dirigentes;

c) o processo judicial deve garantir ao sindicato e aos seus dirigentes o mais amplo direito de defesa;

d) a decisão não deve ser exeqüível antes do trânsito em julgado, salvo quanto ao bloqueio de fundos e outras matérias urgentes.

No Brasil, o art. 5º, inciso XIX, da Constituição Federal de 1988, determinou que:

"as associações só poderão ser compulsoriamente dissolvidas ou ter suas atividades suspensas por decisão judicial, exigindo-se, no primeiro caso, o trânsito em julgado".

---

(53) *Op. cit.*, p. 467 a 500.

Vê-se, pois, a preocupação do legislador constituinte em garantir o livre funcionamento de qualquer associação, quando determina que a sua dissolução compulsória somente poderá ocorrer com o trânsito em julgado da decisão, isto é, quando esgotados todos os recursos permitidos em lei.

Os arts. 553, 554, 555 e 557 da Consolidação das Leis do Trabalho que previam a suspensão e destituição de dirigentes sindicais, a suspensão das atividades dos sindicatos por prazo não superior a seis meses e a dissolução de sindicatos, por via administrativa, com fundamento em quaisquer infrações à legislação sindical, sem especificá-las, estão revogados, por incompatíveis com a Constituição.

Efetivamente, a doutrina tem-se posicionado no sentido de que esta Seção da CLT encontra-se revogada por força do texto constitucional, opinião com a qual concordamos, não só em face do já citado inciso XIX do art. 5º da Carta Magna, mas também em face da falta de precisão dos motivos da dissolução ou suspensão, o que é garantia essencial para que tais atos não afrontem a liberdade sindical, assegurada no art. 8º da Lei Maior.

Quanto à dissolução, que a CLT chama de *cassação da carta de reconhecimento*, a letra *c* do art. 555 chega ao ponto inteiramente inaceitável de sujeitar o sindicato a essa sanção gravíssima em caso de *criar obstáculo à execução da política econômica adotada pelo Governo*, o que evidencia o grau de dependência em que, antes de 1988, se encontravam os sindicatos em relação ao Estado.

Mas a revogação desses dispositivos pela Constituição não significa que a matéria tenha caído num total vazio jurídico.

Enquanto não for regulada, como é desejável, por normas próprias, numa lei sindical nova, a dissolução ou suspensão judicial serão cabíveis, nas hipóteses previstas no art. 2º do Decreto-lei n. 9.085/46, por iniciativa dos representantes judiciais da União, ou, nas hipóteses previstas no Decreto-lei n. 41/66, por iniciativa do Ministério Público.

Quanto à intervenção, por falta de lei, não é mais possível. Poderá voltar a sê-lo, se a lei sindical vier a regular com precisão as hipóteses e desde que decorra de decisão judicial.

Ainda quanto à destituição de dirigentes, também por falta de lei, é matéria da economia interna de cada sindicato, na forma dos respectivos estatutos.

Na hipótese de dissolução de um organismo sindical, há que se perquirir sobre o destino dos seus bens.

O parágrafo único do art. 556 da Consolidação das Leis do Trabalho determina que:

"no caso de dissolução, por se achar a associação incursa nas leis que definem crimes contra a personalidade internacional, a estrutura e a segurança do Estado e a ordem política e social, os seus bens, pagas as dívidas decorrentes das responsabilidades, serão incorporados ao patrimônio da União e aplicados em obras de assistência social".

Em nível internacional, o Comitê de Liberdade Sindical da Organização Internacional do Trabalho[54] tem se pronunciado no sentido de que, havendo dissolução de uma organização sindical, os seus bens deverão ser postos, provisoriamente, em um depósito e distribuídos em definitivo entre os membros da organização dissolvida ou transferidos à organização que a suceda, entendendo-se, para tanto, aquelas organizações que perseguem os fins para os quais se constituíram os sindicatos dissolvidos e que tenham o mesmo espírito.

Parece-me que o citado parágrafo único do art. 556 da CLT é incompatível com a Constituição, pelo seu caráter nitidamente confiscatório, e, pois, incompatível com o direito de propriedade.

A orientação da OIT poderá ser objeto de lei futura. Enquanto isso não ocorrer, a matéria deverá ser regulada no estatuto de cada sindicato, aliás, com suporte no art. 518, § 1º, alínea *e*, da própria CLT.

7.6. Liberdade de filiação a entidades sindicais de grau superior e às organizações internacionais de empregadores e de trabalhadores

A liberdade sindical pressupõe a possibilidade não só de criar sindicatos, mas, também, o direito de filiação a entidades sindicais denominadas de grau superior, quais sejam, federações e confederações.

Ao referir-se *ao sistema confederativo da representação sindical*, a Constituição manteve os três níveis de entidades: sindicatos, federações e confederações.

Essa estrutura é plenamente compatível com a Convenção n. 87 da OIT, que, em seu art. 5º, dispõe:

"Las organizaciones de trabajadores y de empleadores tienen el derecho de constituir federaciones y confederaciones, así como el de afiliarse a las mismas, y toda organización, federación o confederación tiene el derecho de afiliarse a organizaciones internacionales de trabajadores y de empleadores."

Entende o Comitê de Liberdade Sindical da Organização Internacional do Trabalho[55] ser muito importante o direito de constituir federações que agrupem sindicatos de trabalhadores de profissões diversas ou de diferentes ramos da indústria.

Dessa forma, qualquer restrição, seja direta ou indireta, ao direito dos sindicatos de constituir associações ou sindicatos pertencentes a um mesmo ramo de atividade ou ramos de atividades diferentes, sobre uma base regional, estaria em desconformidade com os princípios da liberdade sindical.

Conclui, assim, que os direitos preferenciais concedidos aos sindicatos mais representativos não deveriam compreender o direito exclusivo de constituir federações e a elas aderir.

(54) *Op. cit.*, p. 99.
(55) *Op. cit.*, p. 101.

Vê-se, pois, que da mesma maneira que a criação de um sindicato deve ser livre, o direito de filiar-se a uma federação ou a uma confederação, também deverá ser.

Na realidade, é o que se depreende da leitura do art. 5º da Convenção n. 87 da OIT.

Obtempera-se, no entanto, que, apesar de o Brasil adotar o sistema de sindicato único, a Consolidação das Leis do Trabalho adota um sistema próprio, permitindo em seu art. 534 que os sindicatos, quando em número não inferior a cinco, desde que representem a maioria absoluta de um grupo de atividade ou profissões idênticas, similares ou conexas, organizem-se em federações.

Estas federações são constituídas por Estados, permitindo a lei ao Ministro do Trabalho autorizar a constituição de federações interestaduais ou até nacionais.

As federações, na forma do § 3º do art. 534, poderão, ainda, agrupar os sindicatos de determinado Município ou região a ela filiados, mas a união não dá direito de representação das atividades ou profissões agrupadas.

As confederações poderão ser organizadas, no mínimo, com três federações e terão sede na Capital da República (art. 535 da CLT).

Estas, se organizadas por federações de empregadores, denominam-se:

• Confederação Nacional da Indústria;

• Confederação Nacional do Comércio;

• Confederação Nacional de Transportes Marítimos, Fluviais e Aéreos;

• Confederação Nacional de Transportes Terrestres;

• Confederação Nacional de Comunicações e Publicidade;

• Confederação Nacional das Empresas de Crédito;

• Confederação Nacional de Educação e Cultura.

De outra parte, os trabalhadores também organizam Confederações, que, em conformidade com o § 2º do art. 535, são formadas por federações dos sindicatos, a saber:

• Confederação Nacional dos Trabalhadores na Indústria;

• Confederação Nacional dos Trabalhadores no Comércio;

• Confederação Nacional dos Trabalhadores em Transportes Marítimos, Fluviais e Aéreos;

• Confederação Nacional dos Trabalhadores em Transportes Terrestres;

• Confederação Nacional dos Trabalhadores em Comunicações e Publicidade;

• Confederação Nacional dos Trabalhadores nas Empresas de Crédito;

• Confederação Nacional dos Trabalhadores em Estabelecimentos de Educação e Cultura.

A lei trabalhista prevê, ainda, a Confederação Nacional das Profissões Liberais, que reúne as respectivas federações, e as Associações Sindicais de grau superior da Agricultura e da Pecuária, que serão organizadas na conformidade do que dispuser a lei que regular a sindicalização dessas atividades ou profissões.

Parece-me que não mais vigora, em caráter impositivo, esse rol de confederações estabelecido na CLT. O direito de criação de entidades sindicais inclui o direito de constituir livremente as organizações sindicais de grau superior.[56]

Antes mesmo da Constituição de 1988, o Ministério do Trabalho já havia autorizado a criação da Confederação Nacional dos Trabalhadores Metalúrgicos, dissociada da Confederação Nacional dos Trabalhadores na Indústria.

Não mais vigoram, também, as regras dos §§ 2º e 3º do art. 534 da CLT, que deverão ser objeto de livre deliberação das entidades interessadas.

A regra do art. 537 perde o caráter discricionário do reconhecimento para limitar-se ao registro sindical, sob o prisma da estrita legalidade.

No que tange ao registro das federações e das confederações, a Instrução Normativa n. 3, editada pelo Ministro de Estado do Trabalho, em 10 de agosto de 1994, disciplinou a matéria, decidindo que aquele Ministério é o competente para o referido registro, vedando qualquer alteração nos estatutos das entidades solicitantes.

Assim, o pedido de registro das federações e das confederações será instruído com o respectivo estatuto e cópias autenticadas das atas da assembléia de cada sindicato ou do conselho de representantes de cada federação, das quais constarão a expressa autorização para constituir a nova entidade e a ela filiar-se, aplicando-se, no que couber, para o registro de sindicatos.

---

(56) *Op. cit.,* p. 100.
MAGANO, Octavio Bueno; MALLET, Estêvão. *O direito do trabalho na Constituição,* p. 269: "Limite mais efetivo à regra da unidade sindical é o da sua não-aplicabilidade às entidades de grau superior não organizadas pelo critério de categoria, mas sim pelo ramo de atividade, como sucede hoje com as confederações e algumas federações. Em tais casos, a unidade não se impõe porque o art. 8º, II, só veda a criação de mais de uma organização sindical quando se tratar de representação de categoria. Vale dizer que a nova Constituição não proíbe a pluralidade de centrais sindicais, nem de confederações ou de federações nacionais ou estaduais quando estas não estiverem organizadas pelo critério de categoria. Não tolhe tampouco a formação de federações nacionais de categorias mesmo que já existam federações das mesmas categorias, em âmbito estadual, já que, em tais hipóteses, as respectivas bases de representação serão diferentes."
Arnaldo Süssekind (*Instituições de direito do trabalho.* São Paulo: LTr, 2003. v. 2, p. 1110 e ss.), em sentido contrário, e com suporte em acórdão do STF na ADIn 505-7, de que foi Relator o Ministro Moreira Alves, sustenta:
"O art. 535, recepcionado pela Carta Magna, estabelece que o mínimo de três federações do mesmo ramo econômico ou profissional podem constituir a correspondente confederação, sempre de âmbito nacional". Aliás, a Suprema Corte já afirmou, com todas as letras, essa recepção: "Por outro lado, foi recebido pela Carta Magna vigente o art. 535 da CLT, que dispõe sobre a estrutura das Confederações sindicais, exigindo, inclusive, que se organizem com um mínimo de três federações".
Mozart Victor Russomano, nos *Comentários à CLT,* v. II, parece hesitar entre uma e outra posição. De um lado, considera derrogado no art. 533, § 2º, apenas a necessidade de autorização do Ministro do Trabalho para a criação de federações interestaduais, cabendo agora às partes decidir sobre essa extensão. De outro, considera razoável que, em face do art. 8º da Constituição, "se admita maior flexibilidade na organização das federações, como, por exemplo, em relação à categoria profissional dos servidores públicos, que, no regime da Consolidação, não podiam-se sindicalizar.
Isso mostra a absoluta necessidade e a indiscutível urgência da elaboração de uma nova lei sindical para o país, ajustada à letra e, inclusive, ao espírito da Carta Constitucional de 1988" (p. 652).

Quanto à filiação a organizações internacionais, o citado art. 5º da Convenção já o prevê.

Entretanto, o art. 565 da CLT, complementado pelo Decreto-lei n. 1.149/71, subordinava essa filiação à prévia autorização do Poder Público, regra que, evidentemente, desapareceu, a partir de 5 de outubro de 1988.[57]

O que se vê presente é o princípio da solidariedade que une os trabalhadores e os empregadores, que deve ocorrer não só internamente, mas, também, externamente, isto é, no plano internacional, solidariedade cuja importância sobreleva nos períodos de crise e de suspensão das franquias democráticas, nos quais os líderes das organizações sindicais vão buscar forças para resistir à opressão justamente no apoio dessas organizações internacionais e da própria OIT, particularmente por meio das decisões do seu Comitê de Liberdade Sindical.

7.7. Das centrais sindicais

Ao lado das organizações sindicais legalmente constituídas (sindicato, federações e as confederações) tidas como Entidades de Cúpula do Sistema sindical Brasileiro, encontramos as Centrais Sindicais.

Na realidade, as Centrais Sindicais não fazem parte do sistema legal sindical, já que são entidades que possuem natureza civil e não sindical.

Com a Constituição de 1937 e com a Consolidação das Leis do Trabalho de 1943, o Sindicato no Brasil perdeu a liberdade que lhe havia sido atribuída pela Constituição Federal de 1934, ocasião em que, atendendo aos anseios da Organização Internacional do Trabalho, demonstrados na Convenção n. 87 de 1948, vigorou no Brasil o sistema plural que, na realidade, consistia em que os trabalhadores e os empregadores poderiam escolher, livremente, qual ou quais as organizações que pretendiam constituir e se filiar.

Após essa época, isto é, de 1934 a 1937, o Brasil somente conheceu o sistema da unicidade sindical, isto é, o sistema do sindicato único imposto pelo Estado, o que reprovado pela Organização Internacional do Trabalho — OIT que até admite a unidade sindical que é aquela de iniciativa dos próprios interessados (empregadores e trabalhadores) em manter apenas um sindicato por categoria profissional em uma base territorial, o que é diferente da unicidade.

Na hipótese da unidade, há de certa forma liberdade, pois as partes é que elegem o sistema único, já na unicidade, repita-se, não há liberdade, tendo em vista que é imposta pelo Estado.

Com relação às Centrais Sindicais não há o que se discutir em termos de sistema unitário ou plural, já que são entidades civis que congregam pessoas jurídicas de diversos setores, tais como: sindicatos, federações, confederações, associações profis-

---

(57) "A restrição imposta pela CLT à filiação internacional dos sindicatos brasileiros violava o princípio de liberdade sindical. Tal restrição já não subsiste, à luz do disposto no art. 8º, inciso I, da Constituição de 1988" (ROMITA, Arion Sayão. *Op. cit.*, p. 222).

sionais por ramos de trabalho, associações de categorias que sejam organizadas em sindicatos, etc.

Quanto à sua natureza jurídica, apesar das divergências existentes, que são estimuladas pela imprecisão da lei, levam o leitor a indagar qual é o papel desenvolvido pelas Centrais se forem consideradas associações civis? A resposta é simples e não comporta maiores divagações, no sentido de que a sua pluralidade é pacífica, já que a unicidade tem direção certa: as organizações sindicais.

Dessa forma, podem ser criadas quantas Centrais Sindicais forem consideradas necessárias, pois a sua criação é realizada no Registro Cartorial e não no Cadastro Nacional de Entidades Sindicais, onde somente os sindicatos, as federações e as confederações adquirem personalidade jurídica sindical.

Assim, de acordo com a sua natureza jurídica de entidade civil, não lhes é permitido decretar greves, participar de acordos ou convenções coletivas de trabalho, instituir juízo arbitral ou até mesmo representar a categoria de trabalhadores em dissídio coletivo de trabalho na Justiça do Trabalho.

De acordo com a Constituição Federal de 1988 (art. 5º, incisos XVII a XXI) sendo associação civil, as Centrais Sindicais, por força do inciso LXX, alínea b, podem impetrar mandado de segurança coletivo, já que por sua redação percebe-se, nitidamente, a legitimidade para tanto, não só das organizações sindicais (sindicatos, federações e confederações) como também as entidades de classe, incluídas aqui as Centrais Sindicais.

Apesar de todo o exposto, as Centrais Sindicais por sua força, são reconhecidas, amplamente, pelos Poderes Executivo e Legislativo. Por parte do Poder Judiciário não há este reconhecimento porque ao juiz cabe aplicar a lei, e as Centrais Sindicais não se encontram contempladas no art. 8º da Constituição Federal de 1988.

Mesmo não sendo legalmente tidas como organização sindical, a admissão pelo legislador de sua participação em determinados assuntos é patente.

Assim, a Lei n. 7.998, de 11.1.90, que criou o Fundo de Amparo ao Trabalhador (FAT), em seu art. 18, instituiu o Conselho Deliberativo do Fundo de Amparo ao Trabalhador — CODEFAT, composto de nove membros, sendo três dos trabalhadores, e em seu § 3º, dispôs que: "os representantes dos trabalhadores serão indicados pelas centrais sindicais e confederações de trabalhadores".

De igual forma, a Lei n. 8.036, de 11.5.90, que dispõe sobre o Conselho Curador do FGTS, no art. 3º, § 3º, prevê que: "Os representantes dos trabalhadores e dos empregadores e seus respectivos suplentes serão indicados pelas respectivas centrais sindicais e confederações nacionais".[58]

Também a lei que institui o Conselho Nacional de Previdência Social[59], prescreve que "Os representantes dos trabalhadores no Conselho Nacional de Previdência Social devem ser indicados pelas centrais sindicais e confederações nacionais".

---

(58) Art. 3º, § 3º da Lei n. 8.036, de 11.5.90.
(59) Art. 3º, § 2º da Lei n. 8.213, de 24.7.91.

De igual forma, o Poder Executivo, por meio do Decreto n. 1.617/95, ao dispor sobre a organização e o funcionamento do Conselho Nacional do Trabalho — CNTb, estabeleceu que este será integrado por dois representantes de cada uma das seguintes entidades de trabalhadores: Central Única dos Trabalhadores (CUT), Confederação Geral dos Trabalhadores (CGT) e a Força Sindical (FS)[60].

Além do mais é permitida a participação das Centrais Sindicais em reuniões e órgãos do Ministério do Trabalho e emprego que tratem de políticas trabalhistas, podendo celebrar convênios, receber subsídios do governo, cobrar, propor e negociar.

Segundo *Leonardo Rabelo de Matos*[61], "de acordo com os dados do CODEFAT[62], no ano de 2001 foram distribuídos na forma de subsídios: R$ 38 milhões para a Força Sindical, R$ 35 milhões para a CUT, R$ 10 milhões para a CGT, e 12 milhões para a Social Democracia Sindical, perfazendo o total de R$ 95 milhões de Reais.

Além disso, a Força Sindical passou a ter acesso a recursos do Ministério da Educação e do Ministério da Reforma Agrária, recebendo somente ela um total de R$ 95 milhões de Reais.

Portanto, a conta final de recursos do governo destinados às Centrais Sindicais em 2001 foi algo na casa de R$ 152 milhões de Reais.[63]

Restam os seguintes questionamentos: é possível, ao arrepio de dispositivo constitucional, a existência de pluralidade na cúpula sindical e unicidade na base da pirâmide? Se não o é, como estas supostas entidades representativas de trabalhadores receberam subvenções governamentais desta monta?

A doutrina trabalhista tem se manifestado quase que unissonamente no sentido de que órgão de cúpula da organização sindical brasileira são as Confederações, não emprestando, assim, legitimidade às Centrais Sindicais.

Nesse sentido manifestam-se *Mozart Victor Russomano*[64], *Arnaldo Süssekind*[65], *Eduardo Gabriel de Souza Saad*[66] e outros.

Para *Evaristo de Moraes Filho*[67], "a criação de organizações além das confederações não altera o sistema vigente, já que a lei não proíbe a criação de órgãos de cúpula ou de centrais sindicais, mas também não há nenhum que o autorize".

Leonardo Rabelo de Matos[68] traça a trajetória das Centrais Sindicais mais conhecidas no Brasil. Assim temos: a Central Única dos Trabalhadores (CUT); a Confederação Geral dos Trabalhadores do Brasil (CGTb); a Central Geral dos Trabalhadores

---

(60) Art. 2º, II da Lei n. 8.213, de 24.7.91.
(61) MATOS, Leonardo Rabelo. *Centrais sindicais e as perspectivas de reforma sindical brasileira*. Rio de Janeiro: Câmara Brasileira de Jovens Escritores, 2006. p. 124.
(62) CODEFAT — Conselho Deliberativo do Fundo de Amparo ao Trabalhador.
(63) Disponível em: <www.mte.gov.br> Acesso em: 18.12.2004.
(64) RUSSOMANO, Mozart Victor. *Direito sindical: princípios gerais*. Rio de Janeiro: Forense, 2003. p. 117.
(65) SÜSSEKIND, Arnaldo. *Direito constitucional do trabalho*. Rio de Janeiro: Renovar, 2004. p. 399/406.
(66) SAAD, Eduardo Gabriel de Souza. *Constituição e direito do trabalho*. São Paulo: LTr, 1989. p. 88.
(67) MORAES FILHO, Evaristo de. *Sindicato, organização e funcionamento*. São Paulo: LTr, 1980. p. 44.
(68) MATOS, Leonardo Rabelo. *Op. cit.*, p. 111/113.

(CGT); a União Sindical Independente (USI); a Força Sindical (FS) e a novíssima Central dos Servidores Públicos (CSP).

A Central Única dos Trabalhadores — CUT nasceu em meados de 1983, durante a realização, em São Bernardo do Campo (SP), do I Congresso Nacional da Classe Trabalhadora (I CONCLAT), defendendo a contestação e a participação político-partidária, e congregando industriários, bancários e professores, entre outros.

Em novembro de 1983, outro congresso de trabalhadores foi realizado em São Paulo, na Praia Grande, sob a bandeira do "sindicalismo de resultados". Nesse congresso surgiu a Coordenação Nacional da Classe Trabalhadora, que recebeu a sigla do congresso CONCLAT.

Em março de 1986 a CONCLAT passou a chamar-se Central Geral dos Trabalhadores (CGT), que por divergências internas desmembrou-se em dois grupos. O primeiro grupo, liderado pelos defensores do "sindicalismo de resultados", Antônio Rogério Magri e Luiz Antônio Medeiros foi denominado Confederação Geral dos Trabalhadores (posteriormente denominada Confederação Geral dos Trabalhadores do Brasil (CGTb), visando a minimizar a homonímia), com maior representatividade entre os eletricitários do setor privado, e o segundo, liderado por Joaquim dos Santos Andrade, continuou a denominar-se Central Geral dos Trabalhadores, composta basicamente de metalúrgicos e empregados vinculados ao processamento de dados.

A União Sindical Independente (USI), criada em setembro de 1985, tem como suporte os sindicatos dos comerciários de São Paulo.

Em meados de 1990 surgiu a Força Sindical, que sob a liderança do mesmo Luiz Antônio de Medeiros, concluiu seu processo de criação em congresso realizado no Memorial da América Latina, em São Paulo, em março de 1991, congregando metalúrgicos, trabalhadores na indústria da alimentação e aposentados.

A Força Sindical faz crítica ao "radicalismo estéril" da CUT e ao "conformismo" das demais centrais, propondo combatividade e, como maior princípio, a participação dos trabalhadores nas principais decisões econômicas e sociais do Governo, no mesmo nível de políticos e empresários.

Defende ainda política salarial oficial, como patamar mínimo para evitar grandes perdas salariais e, ultrapassado esse piso, a livre negociação sem participação do Estado, a co-gestão, e o contrato coletivo de trabalho.

Em 2004, foi criada a mais recente Central Sindical brasileira, a CSP, Central dos Servidores Públicos, dissidente da CUT, e que conta inicialmente e supostamente com 1 milhão de filiados.

Recentemente foram editadas duas Medidas Provisórias, a de n. 293/06 e a de n. 294/06[69], ambas publicadas no DOU de 9 de maio de 2006.

---

(69) **Medida Provisória n. 293, de 8 de maio de 2006 (DOU:9.5.2006)**
Dispõe sobre o reconhecimento das centrais sindicais para os fins que especifica.
Data de Assinatura: 8.5.2006 **Situação:** Em Tramitação **Grupo:** Trabalho
Prazo Emendas: 14.5.2006 **Prazo Comissão Mista:** 23.5.2006 **Prazo Congresso Nacional:** 7.6.2006

A primeira, a n. 293/06, dispôs sobre o reconhecimento das Centrais Sindicais, estabelecendo as suas atribuições, os requisitos para o seu reconhecimento e para a aferição da sua representatividade.

O PRESIDENTE DA REPÚBLICA, no uso da atribuição que lhe confere o art. 62 da Constituição, adota a seguinte Medida Provisória, com força de lei.
Art. 1º A central sindical, entidade de representação geral dos trabalhadores, constituída em âmbito nacional, terá as seguintes atribuições e prerrogativas:
I — exercer a representação dos trabalhadores, por meio das organizações sindicais a ela filiadas; e
II — participar de negociações em fóruns, colegiados de órgãos públicos e demais espaços de diálogo social que possuam composição tripartite, nos quais estejam em discussão assuntos de interesse geral dos trabalhadores.
Parágrafo único. Considera-se central sindical, para os efeitos do disposto nesta Medida Provisória, a entidade associativa de direito privado composta por organizações sindicais de trabalhadores.
Art. 2º Para o exercício das atribuições e prerrogativas a que se refere o inciso II do art. 1167, a central sindical deverá cumprir os seguintes requisitos:
I — filiação de, no mínimo, cem sindicatos distribuídos nas cinco regiões do País;
II — filiação em pelo menos três regiões do País de, no mínimo, vinte sindicatos em cada uma;
III — filiação de sindicatos em, no mínimo, cinco setores de atividade econômica; e
IV — filiação de trabalhadores aos sindicatos integrantes de sua estrutura organizativa de, no mínimo, dez por cento do total de empregados sindicalizados em âmbito nacional.
Parágrafo único. As centrais sindicais que atenderem apenas aos requisitos dos incisos I, II e III poderão somar os índices de sindicalização dos sindicatos a elas filiados, de modo a cumprir o requisito do inciso IV.
Art. 3º A indicação pela central sindical de representantes nos fóruns tripartites, conselhos e colegiados de órgãos públicos a que se refere o inciso II do art. 1º será em número proporcional ao índice de representatividade previsto no inciso IV do art. 2º, salvo acordo entre centrais sindicais.
Art. 4º A aferição dos requisitos de representatividade de que trata o art. 2º será realizada pelo Ministério do Trabalho e Emprego.
§ 1º O Ministro de Estado do Trabalho e Emprego, mediante consulta às centrais sindicais, poderá baixar instruções para disciplinar os procedimentos necessários à aferição dos requisitos de representatividade, bem como para alterá-los com base na análise dos índices de sindicalização dos sindicatos filiados às centrais sindicais.
§ 2º Ato do Ministro de Estado do Trabalho e Emprego divulgará, anualmente, relação das centrais sindicais que atendem aos requisitos de que trata o art. 2º, indicando seus índices de representatividade.
Art. 5º Esta Medida Provisória entra em vigor na data de sua publicação.
Brasília, 8 de maio de 2006; 185º da Independência e 118º da República.
LUIZ INÁCIO LULA DA SILVA
Luiz Marinho

Medida Provisória n. 294, de 8 de maio de 2006 (DOU:9.5.2006)
Cria o Conselho Nacional de Relações do Trabalho — CNRT e dá outras providências.
Data de Assinatura: 8.5.2006 **Situação:** Em Tramitacão **Grupo:** Trabalho **Prazo**
Emendas: 14.5.2006 **Prazo Comissão Mista:** 23.5.2006 **Prazo Congresso Nacional:** 7.6.2006
Texto Integral
O PRESIDENTE DA REPÚBLICA, no uso da atribuição que lhe confere o art. 62 da Constituição, adota a seguinte Medida Provisória, com força de lei.
CAPÍTULO I — DA INSTITUIÇÃO
Art. 1º Fica instituído, no âmbito do Ministério do Trabalho e Emprego, o Conselho Nacional de Relações do Trabalho — CNRT, órgão colegiado de natureza consultiva e deliberativa, de composição tripartite e paritária.
CAPÍTULO II — DAS FINALIDADES
Art. 2º O CNRT tem por finalidade:
I — promover o entendimento entre trabalhadores, empregadores e Governo Federal, buscando soluções acordadas sobre temas relativos às relações do trabalho e à organização sindical;
II — promover a democratização das relações de trabalho, o tripartismo e o primado da justiça social no âmbito das leis do trabalho e das garantias sindicais; e
III — fomentar a negociação coletiva e o diálogo social.
CAPÍTULO III — DA ESTRUTURA
Art. 3º O CNRT compõe-se de quinze membros titulares e igual número de suplentes, sendo cinco representantes governamentais, cinco representantes dos trabalhadores e cinco representantes dos empregadores.
§ 1º Os representantes governamentais serão indicados pelos titulares dos órgãos e entidades do Poder Público que vierem a integrar o CNRT, conforme dispuser o regulamento.
§ 2º Os representantes dos empregadores serão indicados pelas confederações de empregadores com registro no Ministério do Trabalho e Emprego.

Já há alguns anos, a Organização Internacional do Trabalho, o Governo Federal e as Confederações Patronais reconhecem nas Centrais Sindicais a representatividade

---

§ 3º Havendo mais de uma confederação de empregadores reivindicando a representação de um mesmo setor de atividade econômica, a participação na indicação dos representantes no CNRT será garantida à confederação mais representativa, conforme dispuser o regulamento.

§ 4º Os representantes dos trabalhadores serão indicados pelas centrais sindicais, de acordo com critérios de representatividade estabelecidos em lei.

Art. 4º Compete ao Ministro de Estado do Trabalho e Emprego designar os membros do CNRT, mediante indicação das representações do Poder Público e de trabalhadores e empregadores a que se refere o art. 3º.

Art. 5º O CNRT contará em sua estrutura com duas Câmaras Bipartites, sendo uma de representação dos trabalhadores e outra de representação dos empregadores.

Art. 6º A Câmara Bipartite da representação dos empregadores será composta de dez membros e igual número de suplentes, sendo cinco representantes governamentais e cinco representantes dos empregadores.

Art. 7º A Câmara Bipartite da representação dos trabalhadores será composta de dez membros e igual número de suplentes, sendo cinco representantes governamentais e cinco representantes dos trabalhadores.

Art. 8º A indicação e a designação dos membros das Câmaras Bipartites, bem como suas regras de funcionamento, obedecerão às normas estabelecidas nos arts. 3º e 4º.

Art. 9º A função de membro do CNRT e das Câmaras Bipartites não será remunerada, sendo seu exercício considerado de relevante interesse público.

CAPÍTULO IV — DAS ATRIBUIÇÕES DOS ÓRGÃOS

Art. 10. Compete ao CNRT:

I — apresentar proposta de regimento interno para homologação pelo Ministro de Estado do Trabalho e Emprego;

II — propor e subsidiar a elaboração de propostas legislativas sobre relações de trabalho e organização sindical;

III — propor e subsidiar a elaboração de atos que tenham por finalidade a normatização administrativa sobre assuntos afetos às relações de trabalho e à organização sindical;

IV — avaliar o conteúdo das proposições relativas a relações de trabalho e organização sindical em discussão no Congresso Nacional, manifestando posicionamento sobre elas por meio de parecer, a ser encaminhado ao Ministro de Estado do Trabalho e Emprego;

V — propor diretrizes de políticas públicas e opinar sobre programas e ações governamentais, no âmbito das relações de trabalho e organização sindical;

VI — subsidiar o Ministério do Trabalho e Emprego na elaboração de pareceres sobre as matérias relacionadas às normas internacionais do trabalho;

VII — constituir grupos de trabalho com funções específicas e estabelecer sua composição e regras de funcionamento;

VIII — propor o estabelecimento de critérios para a coleta, organização e divulgação de dados referentes às relações de trabalho e a organização sindical;

IX — apresentar ao Ministro de Estado do Trabalho e Emprego propostas de alteração da Relação Anual de Informações Sociais — RAIS; e

X — pronunciar-se sobre outros assuntos que lhe sejam submetidos pelo Ministro de Estado do Trabalho e Emprego, no âmbito das relações de trabalho e da organização sindical.

Art. 11. Compete às Câmaras Bipartites, nas respectivas esferas de representação:

I — mediar e conciliar conflitos de representação sindical, a pedido comum das partes interessadas;

II — assessorar a respectiva representação no CNRT;

III — analisar a evolução dos índices de sindicalização para, dentre outras, subsidiar a elaboração de políticas de incentivo ao associativismo;

IV — elaborar proposta de revisão da tabela progressiva de contribuição compulsória, devida pelos empregadores, agentes autônomos e profissionais liberais; e

V — sugerir às entidades sindicais a observância de princípios, critérios e procedimentos gerais que assegurem, em seus estatutos:

a) a possibilidade efetiva de participação dos associados na gestão da entidade sindical; e

b) a instituição de mecanismos que permitam a todos os interessados acesso a informações sobre a organização e o funcionamento da entidade sindical, de forma a assegurar transparência em sua gestão.

CAPÍTULO V — DO FUNCIONAMENTO

Art. 12. O mandato dos representantes dos trabalhadores e dos empregadores tem caráter institucional, facultando-se às respectivas entidades substituir seus representantes, na forma do regimento interno.

§ 1º Os representantes dos trabalhadores e dos empregadores terão mandato de três anos, permitida uma única recondução.

§ 2º A cada mandato, deverá haver a renovação de, pelo menos, dois quintos dos representantes dos trabalhadores e dos empregadores.

§ 3º A convocação dos suplentes será assegurada mediante justificativa da ausência do respectivo titular, na forma do regimento interno.

Art. 13. O CNRT terá um presidente e um coordenador de cada representação.

adequada dos trabalhadores em foros de negociação política. Entretanto, a unicidade sindical e o sistema confederativo da organização sindical, impostos pelo art. 8º da Constituição, como já foi afirmado anteriormente, impediram até o momento o seu reconhecimento como entidades sindicais.

A Medida Provisória conseguia legitimar a atuação das centrais sindicais, sem ofender os princípios constitucionais da organização sindical. De sua redação observou-se que alguns cuidados deveriam ser tomados, principalmente no que tange àqueles que pretendiam assegurar a autonomia das entidades sindicais na sua filiação ou desfiliação junto a Centrais Sindicais, assim como na sua representação os interesses dos trabalhadores, bem como para assegurar a manutenção e controle dos requisitos de aferição da representatividade das centrais.

O inciso I, do art. 1º, merecia um aprimoramento redacional, porque podia gerar o entendimento de que as entidades sindicais filiadas à Central deviam seguir as diretrizes desta no exercício da representação dos interesses dos trabalhadores. Além disso, a redação podia entrar em choque com a exclusividade da representação dos trabalhadores que possuem as entidades sindicais na negociação coletiva e perante o Poder Judiciário. Para dissipar qualquer dúvida e acomodar o dispositivo ao princípio da liberdade constitucional da liberdade sindical e à exclusividade da representação jurídica dos trabalhadores pelas entidades sindicais.

A legitimação das Centrais Sindicais como entidades de representação política dos trabalhadores, prevista no inciso II do mesmo artigo, não podia excluir essa mesma representação por parte das entidades sindicais que, porventura, não estejam filiadas a qualquer Central Sindical, pois, do contrário, a filiação a uma Central passaria a ser compulsória, o que contraria a liberdade sindical.

---

§ 1º O presidente e os coordenadores terão mandato de um ano.
§ 2º A presidência será alternada entre as representações, na forma do regimento interno.
Art. 14. As Câmaras Bipartites terão, cada uma, um coordenador, com mandato de um ano, alternado entre as representações, na forma do regimento interno.
Art. 15. As manifestações no CNRT serão colhidas por representação.
Parágrafo único. As deliberações do CNRT serão por consenso.
Art. 16. O CNRT reunir-se-á e decidirá com a presença de, no mínimo, treze de seus membros.
Art. 17. A Câmara Bipartite reunir-se-á e decidirá com a presença de, no mínimo, oito de seus membros.
Art. 18. O regimento interno definirá a periodicidade das reuniões, a forma de convocação do CNRT e das Câmaras Bipartites, assim como outras regras de funcionamento.
Art. 19. O CNRT ou qualquer de suas representações poderá requerer que o Ministro de Estado do Trabalho e Emprego fundamente decisão tomada em matéria de competência do CNRT.
Art. 20. A Secretaria de Relações do Trabalho do Ministério do Trabalho e Emprego desempenhará a função de secretaria-executiva do CNRT, provendo os meios técnicos e administrativos necessários ao funcionamento do colegiado.
Art. 21. O CNRT submeterá ao Ministro de Estado do Trabalho e Emprego proposta de regimento interno no prazo de até quarenta e cinco dias após a sua instalação.
CAPÍTULO VI — DAS DISPOSIÇÕES FINAIS
Art. 22. O inciso XXI do art. 29 da Lei n. 10.683, de 28 de maio de 2003, passa a vigorar com a seguinte redação: "XXI — do Ministério do Trabalho e Emprego o Conselho Nacional de Relações do Trabalho, o Conselho Nacional de Imigração, o Conselho Curador do Fundo de Garantia do Tempo de Serviço, o Conselho Deliberativo do Fundo de Amparo ao Trabalhador, o Conselho Nacional de Economia Solidária e até quatro Secretarias;" (NR)
Art. 23. Esta Medida Provisória entra em vigor na data de sua publicação.
Brasília, 8 de maio de 2006; 185º da Independência e 118º da República.
LUIZ INÁCIO LULA DA SILVA
Luiz Marinho

A liberdade sindical constitucionalmente assegurada exige que a lei garanta a qualquer entidade sindical a mais ampla faculdade de filiar-se e desfiliar-se de uma Central Sindical. Os requisitos de filiação devem estar previstos no estatuto da Central, pois esta não pode ser obrigada a aceitar o ingresso de uma entidade que não comungue dos seus princípios e do seu programa. Mas a desfiliação por iniciativa da entidade sindical filiada deve ser absolutamente livre, não podendo ficar sujeita a limitações impostas em normas internas da Central.

A representatividade das Centrais Sindicais não é matéria do interesse exclusivo dos trabalhadores, mas também do Governo, dos órgãos legislativos, do Judiciário e especialmente dos empregadores. Assim, a sua aferição tem de ser realizada com a máxima transparência e com a participação dos principais interessados, que são as organizações sindicais de trabalhadores e de empregadores.

A relevância dos requisitos de representatividade previstos no art. 2º e o papel que as Centrais passariam a desempenhar na sociedade brasileira não permitiam que a sua alteração se desse a critério exclusivo da autoridade administrativa.

Era pertinente a regra do § 2º do art. 4º, que exigia a renovação anual do reconhecimento da representatividade das entidades sindicais. Entretanto, impunha-se um aperfeiçoamento à regra, para estabelecer a imediata perda de representatividade da Central Sindical que deixasse de atender aos requisitos mínimos do art. 2º.

No que tange à Emenda n. 294/06 que criava o Conselho Nacional de Relações do Trabalho — CNRT, quando tratava de sua estrutura, no parágrafo quarto do art. 3º que "os representantes dos trabalhadores serão indicados pelas Centrais Sindicais, de acordo com critérios de representatividade estabelecidos em lei".

A redação do parágrafo segue a mesma diretriz de outros diplomas legais, permitindo que a indicação dos representantes dos trabalhadores fosse realizada pelas Centrais Sindicais, como na Lei n. 7.998/90 que criou o Fundo de Amparo ao Trabalhador — FAT; a Lei n. 8.036/90 que admite a indicação dos representantes dos trabalhadores e dos empregadores pelas Centrais Sindicais e confederações nacionais, respectivamente, para o Conselho Curador do FGTS — Fundo de Garantia por Tempo de Serviço; o Conselho Nacional de Previdência Social, cujos representantes dos trabalhadores também são indicados pelas Centrais Sindicais, e o Conselho Nacional do Trabalho — CNTb, cujo Decreto n. 1.617/95 estabeleceu que o mesmo será integrado por dois representantes de trabalhadores de cada uma das Centrais Sindicais.

As Medidas Provisórias ns. 293 e 294/06 que, a princípio, pareciam ter como indício o reconhecimento das Centrais Sindicais, regulamentando, em parte, as suas atividades, foram rejeitadas pelo Governo.

7.7.1. A Lei n. 11.648, de 31 de março de 2008

Após a rejeição das Medidas Provisórias ns. 293 e 294, de 2006, o problema do reconhecimento das Centrais Sindicais permaneceu latente, vindo a aflorar agora por meio de uma lei ordinária, editada em 31 de março de 2008, a Lei n. 11.648 que concretizou o anseio das Centrais em obter o seu reconhecimento formal como entidades de representação geral dos trabalhadores.

Os seus artigos iniciais, praticamente, reproduzem os mesmos artigos da Medida Provisória n. 293 editada em maio de 2006 juntamente com a MP n. 294.

A primeira observação que se faz diz respeito ao inciso I do art. 1º da MP n. 293 que estabelecia que as Centrais Sindicais teriam prerrogativas e atribuições para "exercer a representação dos trabalhadores, por meio das organizações sindicais a ela filiadas" redação que foi substituída por "Coordenar a representação dos trabalhadores por meio das organizações a ela filiadas".

Entende-se que a Lei procurou atenuar o impacto da prerrogativa das Centrais, porém não solucionou o problema, haja vista que desnecessário se mostra que as organizações sindicais sejam coordenadas em suas representações dos trabalhadores já que apenas os sindicatos possuem exclusividade para a negociação coletiva e para a representação dos trabalhadores perante o Poder Judiciário, tudo decorrente de lei.

Além do mais o inciso não esclarece de que forma a coordenação será realizada pelas Centrais. Coordenar o quê? Não há nenhum problema com a representação sindical, funciona muito bem, além do que já se encontra disposta e disciplinada na lei trabalhista (Consolidação das Leis do Trabalho, arts. 513 e seguintes) .

Para o cumprimento das atribuições e prerrogativas das Centrais Sindicais constantes do inciso II do art. 1º, a Lei alterou a redação do inciso IV do art. 2º da MP n. 293, diminuindo o percentual de 10 para 7% do total dos empregados sindicalizados em âmbito nacional, para fins de filiação dos sindicatos(art. 2º, IV da Lei).

Da mesma forma, o parágrafo único do mesmo inciso IV diminuiu de 10 para 5% do total dos empregados sindicalizados em âmbito nacional no período de 24 meses a contar da publicação da Lei.

Os arts. 3º e 4º da Lei reproduzem os mesmos da Medida Provisória, razão pela qual reportamo-nos aos comentários à Medida Provisória.

A grande novidade da Lei, que não é de surpreender a ninguém, está na redação do art. 5º que altera a redação dos arts. 589, 590, 591 e 593 da Consolidação das Leis do Trabalho e que dizem respeito à contribuição sindical que era distribuída em percentuais às Confederações (5%), às Federações (15%), aos Sindicatos (60%) e à Conta Especial Emprego e Salário (20%).

Assim, para a representação dos empregadores, não houve qualquer alteração na divisão, pois os percentuais permanecem os mesmos. A modificação constante da Lei encontra-se na distribuição que era realizada para a representação dos trabalhadores.

A nova Lei criou um percentual contemplando as Centrais Sindicais com 10% que foram retirados da Conta Especial Emprego e Salário.

Assim temos:

Antes da lei

5% para a Confederação correspondente

15% para a Federação

60% para o Sindicato respectivo

20% para a Conta Especial Emprego e Salário

Após a lei

5% para a Confederação correspondente

10% para a Central Sindical

15% para a Federação

60% para o Sindicato respectivo

10% para a Conta Especial Emprego e Salário

Alterada também foi a redação do § 3º do art. 590 da Consolidação das Leis do Trabalho, passando a vigorar com a seguinte redação:

> "não havendo sindicato, nem entidade sindical de grau superior ou central sindical, a contribuição sindical será creditada, integralmente, à Conta Especial Emprego e Salário".

Criou-se o § 4º no art. 2º para dispor que "não havendo indicação de Central Sindical pelo sindicato, na forma do § 1º do art. 589 da Consolidação, os percentuais que lhe caberiam serão destinados à Conta Especial Emprego e Salário".

Foi acrescentado um parágrafo único ao art. 593 da Consolidação das Leis do Trabalho determinando que os "recursos destinados às Centrais Sindicais deverão ser utilizados no custeio das atividades de representação geral dos trabalhadores decorrentes de suas atribuições legais".

O parágrafo sob comento, de alguma forma, complementa o que já existe no art. 592 e seus parágrafos, para estender às Centrais Sindicais as disposições ali contidas, já que a partir de agora passam a participar da distribuição da contribuição sindical.

Matéria importante encontrava-se no art. 6º da Lei que, inexplicavelmente, foi vetado pelo Excelentíssimo Senhor Presidente da República.

Dispunha o art. 6º:

> "Os Sindicatos, as Federações e as Confederações das Categorias Econômicas ou Profissionais e as Centrais Sindicais deverão prestar contas ao Tribunal de Contas da União sobre a aplicação dos recursos provenientes das Contribuições de interesse das categorias profissionais ou econômicas, de que trata o art. 149 da Constituição Federal, e de outros recursos públicos que porventura venham a receber."

Inicialmente, é importante destacar o fato de que as ações das representações sindicais em qualquer nível devem ser transparentes.

Assim, não só a prestação de contas que deve ser feita, como toda sua atuação, já que, na realidade, elas representam interesses de terceiros, de trabalhadores ou de empregadores, em que o elemento fidúcia deve estar presente em todos os atos.

A Lei foi editada para incorporar mais um organismo na defesa dos interesses dos empregados. Crê-se, pois, que as Centrais Sindicais ao obterem o seu reconhecimento formal perante toda a sociedade não devem pretender que nenhum ato ou fato possa contribuir para colocar em dúvida a sua atuação, razão pela qual, nada mais correto, que a exemplo do Poder Judiciário, Legislativo e Executivo, as Centrais Sindicais queiram como as demais entidades sindicais prestar contas aos Tribunais Competentes, isto é, aos Tribunais de Contas, como demonstração de que o seu reconhecimento valeu a pena.

Nem se diga que esta atitude poderia ferir o princípio da liberdade sindical que, diga-se de passagem, ainda não se possui, já que a autonomia implementada pela Constituição Federal, de 1988 não pode ser confundida com liberdade.

Liberdade sindical é o que preconiza a Organização Internacional do Trabalho — OIT, que se existisse no ordenamento jurídico do País, não se teria um sistema de unicidade, mas sim de pluralidade sindical, o que dá ampla liberdade aos sindicatos.

Aliás, a título de comentário, foi deixado passar um grande momento para que fosse adotada a pluralidade sindical, dando um passo maior, alterando o art. 8º da Constituição Federal que já não é sem tempo.

No que tange à aferição das contas, não se entende como restrição de liberdade a prestação de contas ao Tribunal competente relativa aos recursos públicos arrecadados pelas entidades sindicais, pelo contrário, isso dá credibilidade às Instituições. Por essa razão crê-se que o veto ao art. 6º da Lei deveria ter sido fruto de um estudo mais acurado, com maturidade, dando maior seriedade à arrecadação e destino do dinheiro público, pois afinal a contribuição é fruto do labor exercido pelos trabalhadores.

Poderia, até, se argumentar que tal dispositivo fere o princípio da liberdade sindical preconizado pela Organização Internacional do Trabalho, no entanto, não se pode esquecer que o Brasil não adotou no inciso I do art. 8º da Constituição Federal de 1988 o sistema da liberdade sindical, isto é, o sistema de sindicato plural, mas sim, da unicidade (art.8º, inciso II), dando, apenas, autonomia às Entidades Sindicais.

Caso estivéssemos diante do sistema de liberdade sindical, estaria perfeito o veto, já que a Organização Internacional do Trabalho quando trata do tema em La Libertad Sindical, quinta edición (revisada) — Recopilación de Decisiones y Princípios Del Comité de Libertad Sindical Del Consejo de Administración de La OIT), no item 485 assim se pronunciou:

"C. Control y restricciones a la utilización de los fondos sindicales.

'Toda disposición por la que se confiera a lãs autoridades el derecho de restringir de um sindicato para administrar e invertir sus fondos como lo desee,dentro de objetivos sindicales normalmente lícitos, sería incompatible com los princípios de la libertad sindical".

Por último, mas não menos importante, é que não se pode perder de vista que as Centrais Sindicais, no Brasil, não fazem parte do sistema confederativo, são entidades de direito privado, regidas pelas leis civis, o que corrobora o nosso entendimento de que deveriam prestar contas sobre as arrecadações das contribuições sindicais ao Tribunal competente, isto é, o Tribunal de Contas.

7.8. Proteção contra a discriminação anti-social. Garantia dos dirigentes sindicais

Já se tratou, em capítulos anteriores, do problema da liberdade de constituição e de filiação a organismos sindicais, como expressão máxima da liberdade sindical, nos termos do art. 2º da Convenção n. 87 da Organização Internacional do Trabalho.

Dessa forma, a referida liberdade somente poderá ser concretizada quando não ocorrer qualquer discriminação ao exercício desse direito.

Assim, o fato de alguém filiar-se, ou exercer qualquer atividade sindical, não deve ser motivo para sofrer qualquer ato discriminatório no exercício de sua vida laborativa.

A legislação de um país, que pressuponha a liberdade do exercício da atividade sindical, deve, também, conter medidas protetoras para o trabalhador contra os referidos atos discriminatórios.

Tais medidas protecionistas, de acordo com a Convenção n. 98 da Organização Internacional do Trabalho, ratificada pelo Brasil, devem sempre ser eficazes, constituindo na abstenção por parte de qualquer autoridade pública de atos que possam provocar uma discriminação contra o trabalhador no emprego, por motivos sindicais.

No campo privado, isto é, pelo lado do empregador, a atividade ou a filiação a um sindicato não deve servir de razão para despedidas ou importar em prejuízos para os desempregados.[70]

Assim, o Poder Público deverá, realmente, procurar adotar medidas eficazes para proteger o empregado contra a contratação, as despedidas, ou outras medidas, como, por exemplo, transferências do local de trabalho, que porventura possam ocorrer.

Recomenda o Comitê de Liberdade Sindical da OIT que a legislação nacional estabeleça de maneira explícita os recursos e as sanções contra atos discriminatórios anti-sindicais e contra os atos de ingerência dos empregadores, dirigidos contra as

---

(70) URIARTE, Oscar Ermida. *La protección contra los actos antisindicales*. Montevideo: Fundación de Cultura, 1987. p. 47.

organizações de trabalhadores, com o objetivo de assegurar eficácia concreta à garantia contida no art. 1º da Convenção n. 98, *in verbis*:

> "Art. 1º-1 — Los trabajadores deberán gozar de adecuada protección contra todo acto de discriminación tendiente a menoscabar la libertad sindical en relación con su empleo.
>
> 2 — Dicha protección deberá ejercerse especialmente contra todo acto que tenga por objeto:
>
> a) sujetar el empleo de un trabajador a la condición de que no se afilie a un sindicato o a la de dejar de ser miembro de un sindicato;
>
> b) despedir a un trabajador o perjudicarlo en cualquier otra forma a causa de su afiliación sindical o de su participación en actividades sindicales fuera de las horas de trabajo o, con el consentimiento del empleador, durante las horas de trabajo."

A Carta Política de 1988, no inciso XLI do art. 5º, determina que "a lei punirá qualquer discriminação atentatória dos direitos e liberdades fundamentais".

Sendo a liberdade sindical um direito fundamental, tem-se que a sua discriminação é um ato ilícito, o que se coaduna, perfeitamente, com a orientação contida na Convenção n. 98 da Organização Internacional do Trabalho, ratificada pelo Brasil.

Raras são as legislações que contêm regras específicas sobre a repressão a essas condutas.[71]

Segundo *Alice Monteiro de Barros*[72], "os dirigentes de sindicato de empregados gozam da garantia a que se refere o art. 543 da CLT".

A garantia de emprego citada, hoje assegurada em preceito constitucional (art. 8º, VIII), traduz hipótese de estabilidade provisória, que atua como limitação temporária ao direito potestativo de resilição contratual por parte do empregador. Salienta-se que essa garantia é assegurada com o objetivo de propiciar ao representante da categoria independência e segurança no exercício do mandato. O direito à estabilidade provisória, de que trata o § 3º do artigo mencionado acima, nasce com o registro da candidatura do empregado ao cargo e, se eleito, estende-se até um ano após o cumprimento do mandato. Deve a entidade sindical, nos termos do § 5º do citado dispositivo, comunicar à empresa em 24 horas, e por escrito, o dia e a hora do registro da candidatura do seu empregado.

A comunicação prevista no § 5º do art. 543 da CLT é forma estabelecida *ad substantiam*, e não apenas *ad probationem tantum*, apesar do informalismo que norteia o Direito do Trabalho.

Isso porque a Lei não contém termos inúteis. Logo, o ato jurídico só se aperfeiçoa se atendido o requisito referente à forma prescrita em lei. Ademais, se a garantia de emprego daí advinda implica limites ao direito potestativo do empregador, como afirmamos, sua eficácia, independentemente do conhecimento deste último, infringe

---
(71) URIARTE, Oscar Ermida. *Op. cit.*, p. 53 e ss.
(72) BARROS, Alice Monteiro. *Curso de direito do trabalho*. São Paulo: LTr, 2005. p. 1173/1174.

o princípio da razoabilidade, e a omissão do sindicato não poderá constituir para o empregador restrição ao exercício desse direito".

No Brasil, segundo *Aluysio Sampaio*, em caso de demissão discriminatória, a sanção geralmente aceita pela jurisprudência é a nulidade do ato e a conseqüente reintegração.

À falta de norma legal, entretanto, existem julgados substituindo a reintegração por uma indenização.

Proteção expressa contra represália patronal encontra-se na Lei de Greve (Lei n. 7.783/89, art. 7º, parágrafo único), que veda a rescisão de contrato de trabalho durante a greve, bem como a contratação de trabalhadores substitutos, exceto em hipóteses expressamente previstas em lei.

Quanto aos dirigentes sindicais, a proteção contra a discriminação faz-se, particularmente, mais necessária, tendo em vista que, para o desempenho de suas funções sindicais, devem ter a segurança de que não serão prejudicados, em razão do exercício do mandato sindical.

A proteção contra ato discriminatório em face do dirigente sindical, na realidade, importa em permitir que esse desempenhe a sua atividade em defesa dos interesses dos integrantes do sindicato, sem a preocupação de sofrer qualquer medida contrária à mantença de seu emprego.

Dessa forma, uma das maneiras de assegurar a proteção dos dirigentes sindicais é a legislação dispor que não haverá despedida, no exercício do seu mandato, nem durante certo período que anteceda ou que seja posterior ao seu exercício, salvo em caso de cometimento de falta grave.

Obviamente, que o mandato sindical não pode dar ao seu dirigente imunidade contra despedida, qualquer que seja a causa, pois poderia conduzir à prática de atos abusivos.

A Constituição Federal de 1988 assegurou ao dirigente sindical estabilidade no emprego, quando no inciso VII do art. 8º vedou a dispensa do empregado sindicalizado a partir do registro da candidatura a cargo de direção ou representação sindical e, se eleito, ainda que suplente, até um ano após o final do mandato, salvo se cometer falta grave nos termos da lei, o que constava no § 3º, do art. 543 da Consolidação das Leis do Trabalho.

Valentin Carrion[73] afirma que "a Consolidação das Leis do Trabalho protege o dirigente sindical, o mesmo fazendo a Constituição Federal. A primeira refere-se aos ocupantes eleitos para o cargo de administração sindical ou representação profissional, inclusive a órgão de deliberação coletiva, que decorra 'de eleição prevista em lei'. A Constituição Federal protege o candidato ou eleito a cargo de direção ou representação sindical, inclusive suplente".

---

(73) CARRION, Valentin. *Op. cit.*, p. 422.

Os dois textos se complementam; percebe-se em ambos a vontade de restringir-se a proteção apenas a certos trabalhadores, dirigentes e representantes. Contra a vontade do sindicato de ampliar ilimitadamente essa proteção, chegando em tese até a eleger todos os associados como dirigentes ou ao menos centenas deles, têm de aceitar-se dois referenciais objetivos: a indicação legal dos cargos, de um lado, e, de outro, o que as convenções acordadas pelas próprias categorias fixarem.

Para mais, a Organização Internacional do Trabalho, na Convenção n. 135[74], que dispõe sobre a proteção aos representantes dos trabalhadores, determina que a empresa não deve entravar a eficiência do desempenho dos dirigentes, reconhecendo a proteção, tanto para os dirigentes sindicais, como para os representantes dos trabalhadores, sem enfraquecer os primeiros em proveito dos segundos e reconhecer a estabilidade declarada em convenção coletiva, sentença arbitral ou decisão judiciária.

7.9. Proteção contra a ingerência de outras categorias

Nos capítulos anteriores já se afirmou que a criação, a filiação e a atividade sindical devem ser livres, observados os parâmetros estabelecidos pela legislação vigente.

Assim, as organizações sindicais, sejam de trabalhadores, sejam de empregadores, para o exercício normal de suas atividades, não podem sofrer ingerências de umas ou de outras, conforme a hipótese.

O art. 525 da Consolidação das Leis do Trabalho determina que "é vedada a pessoas físicas ou jurídicas, estranhas ao sindicato, qualquer interferência na sua administração ou nos seus serviços".

De certa forma, do dispositivo transcrito verifica-se que a Lei trabalhista pretendeu proteger os organismos sindicais de ingerências estranhas à sua administração, em conformidade com o disposto no art. 2º da Convenção n. 98 da Organização Internacional do Trabalho, segundo o qual, "as organizações de trabalhadores e de empregadores devem gozar de adequada proteção contra todo ato de ingerência de umas com respeito a outras, seja diretamente ou por meio de agentes ou membros, em sua constituição, funcionamento ou administração".

Tão importante, ou mais, que a questão da unidade ou da pluralidade sindical, no dizer de *Valentin Carrion*[75] "é a do intervencionismo do Estado e sua ingerência na vida da instituição, chegando, em certos países, a descaracterizá-la totalmente, deixando-a formalmente como entidade de direito privado, mas atrelada funcionalmente à política oficial... . A liberdade sindical estuda-se em relação ao Estado, em relação ao grupo e em relação ao indivíduo".

---

(74) Ratificada no Brasil pelo Decreto-Legislativo n. 86, de 14.12.89.
(75) CARRION, Valentin. *Op. cit.*, p. 404.

O Comitê de Liberdade Sindical recomenda que a legislação interna explicite recursos e sanções contra esses atos de ingerência.[76]

O Direito brasileiro é omisso quanto a isso, salvo no art. 199 do Código Penal, que apena o crime de *constranger alguém, mediante violência ou grave ameaça, a participar ou deixar de participar de determinado sindicato ou associação profissional.*

Caberá à futura lei suprir essa lacuna.

7.10. *Prerrogativas dos sindicatos*

As Entidades Sindicais, para desenvolverem plenamente as suas funções, como já se disse antes, gozam de liberdade para a sua fundação; liberdade para redigir seus estatutos; liberdade para eleger os membros de sua diretoria, etc.

Esta liberdade, na realidade, é concedida para que a entidade sindical possa atuar cumprindo o papel para o qual foi criada.

Assim, a representação da categoria profissional ou econômica, perante as autoridades administrativas e judiciárias, na defesa dos seus direitos e interesses, constitui a prerrogativa essencial do sindicato.

A importância de que se revestem as organizações sindicais é tal que, em nosso País, mereceu galas constitucionais, como se vê no inciso III do art. 8º, de nossa Carta Política de 1988, que determinou que "ao sindicato cabe a defesa dos direitos e interesses coletivos ou individuais da categoria, inclusive em questões judiciais ou administrativas".

Aliás, o texto constitucional ora transcrito é, praticamente, reprodução do art. 513 da Consolidação das Leis do Trabalho, que dispôs sobre as prerrogativas dos sindicatos, enumerando-as em alíneas, com a seguir veremos:

a — representar, perante as autoridades administrativas e judiciárias, os interesses gerais da respectiva categoria ou profissão liberal, ou os interesses individuais dos associados relativos à atividade ou profissão exercida;

b — celebrar convenções coletivas de trabalho;

c — eleger ou designar os representantes da respectiva categoria ou profissão liberal;

d — colaborar com o Estado, como órgãos técnicos e consultivos, no estudo e solução dos problemas que se relacionam com a respectiva categoria ou profissão liberal;

e — impor contribuições a todos aqueles que participam das categorias econômicas ou profissionais ou das profissões liberais representadas.

---

(76) *Op. cit.*, p. 112.

Assim, dentro da ótica de que as entidades sindicais devem ter o direito de organizar as suas atividades e formular os seus programas, o direito de negociar, livremente, os interesses dos membros da categoria, seja coletivamente, seja individualmente, constitui a máxima do exercício de suas funções, já que o direito de poder negociar, com os empregadores, condições de trabalho é um elemento essencial da liberdade sindical.

As partes interessadas na negociação, Sindicatos de Empregadores *versus* Sindicatos de Empregados no caso de convenção coletiva de trabalho, ou Sindicatos de Empregados *versus* Empresas, na hipótese de acordos coletivos de trabalho, conforme ocorre no Brasil, devem ter ampla autonomia para negociar, sem a interferência de qualquer órgão público.

Aliás, outra não é a posição da Organização Internacional do Trabalho aduzindo que o "princípio da autonomia das partes no processo de negociação coletiva foi reconhecido durante as deliberações preliminares que conduziram à adoção pela Conferência Internacional do Trabalho, em 1981, da Convenção n. 154, sobre o fomento da negociação coletiva".[77]

Deste princípio deduz-se que as autoridades públicas, regra geral, não deveriam intervir para modificar o conteúdo dos convênios coletivos livremente pactuados. Tais intervenções somente poderiam justificar-se por razões imperiosas de justiça social e de interesse geral.[78]

O problema que pode surgir em termos de prerrogativa sindical, na negociação coletiva, pode ser encontrado quando estivermos diante de um sistema sindical plural, em que poderá surgir a dúvida sobre qual sindicato representará a categoria.

Nesta hipótese, acreditamos que a melhor solução será deixar que os trabalhadores tenham o direito de eleger sobre qual organização os representará na negociação.

Outra indagação que pode surgir é o fato de ocorrer frustração na negociação coletiva.

A Constituição Federal de 1988, nos §§ 1º e 2º, do art. 114, estabelece que:

"§ 1º Frustrada a negociação coletiva, as partes poderão eleger árbitros;

§ 2º Recusando-se qualquer das partes à negociação ou à arbitragem, é facultado aos respectivos sindicatos ajuizar dissídio coletivo, podendo a Justiça do Trabalho estabelecer normas e condições, respeitadas as disposições convencionais e legais mínimas de proteção ao trabalho."

A norma constitucional, ora transcrita, não interfere na prerrogativa sindical de negociar, pelo contrário, oferece soluções para os casos de inviabilidade da negociação, no que está de acordo com o Comitê de Liberdade Sindical da Organização Internacional do Trabalho, que recomenda que os organismos encarregados de resolver os conflitos entre as partes de uma negociação coletiva deverão ser independentes e o

---
(77) *Op. cit.*, p. 114.
(78) Obra e local citados.

recurso a tais organismos deverá ser exercido voluntariamente, isto é, sem pressões, pois somente assim estaremos diante da verdadeira liberdade no exercício das atividades sindicais.

A CLT, em outros dispositivos, dá aos sindicatos outras atribuições secundárias, algumas em caráter impositivo, como a manutenção de agências de colocação (art. 513, parágrafo único), a manutenção de serviços de assistência judiciária para os associados, a promoção da conciliação nos dissídios trabalhistas, a manutenção de serviços de assistência social (art. 514), a fundação de cooperativas de consumo e de crédito, de escolas de alfabetização e pré-vocacionais (art. 514, parágrafo único).

A lei não pode, num passe de mágica, transformar o sindicato em escola, em escritório de advocacia, em agência de colocação, etc., sob pena de o sindicato passar a ser tudo, menos um sindicato.

Ainda quando a lei pretenda dar caráter impositivo a essas atividades, não podem elas sobrepor-se às prerrogativas básicas e essenciais, que são as do art. 513, devendo todas essas outras atividades constituírem encargos acessórios ou suplementares, de que os sindicatos poderão desincumbir-se na medida do possível, sempre sem prejuízo de suas prerrogativas essenciais.

7.11. *Exercício pelos sindicatos de atividades econômicas e de funções delegadas do Poder Público*

Aos sindicatos, federações e confederações cabe o dever de defender os direitos e interesses dos membros das categorias profissionais e econômicas.

Esta máxima vem sendo reproduzida nos diversos capítulos que tratamos anteriormente.

Outra afirmativa que fizemos é a de que as entidades sindicais possuem liberdade de constituição, de administração e de gestão de seus fundos.

Diante de tudo o que foi afirmado, cabe indagar se as organizações sindicais possuem liberdade para exercer outras atividades, tais como atividades econômicas e funções delegadas do Poder Público.

O Comitê de Liberdade Sindical da OIT censura qualquer proibição ou limitação das atividades lícitas, em defesa dos seus interesses profissionais.[79]

No entanto, a CLT, em seu art. 521, letra *d*, veda o exercício de quaisquer atividades não compreendidas no estudo, defesa e coordenação dos interesses econômicos ou profissionais de empregadores ou trabalhadores.

E no art. 564 expressamente veda, direta ou indiretamente, o exercício de atividade econômica.

---

(79) *Op. cit.,* p. 72.

No mundo contemporâneo, não é mais possível imaginar um sindicato que, para bem exercer as suas missões precípuas de representação e defesa dos interesses da sua categoria, não seja obrigado a exercer atividades educacionais, culturais e, até mesmo, econômicas, como a venda de livros e publicações, e financeiras, como as aplicações e investimentos em títulos e valores mobiliários.

Quanto mais minguarem ou até desaparecerem os recursos da contribuição sindical, mais os sindicatos necessitarão, para robustecer-se, transformar-se em prestadores de serviços remunerados.

A liberdade sindical exige que os sindicatos tenham autonomia para exercerem essas outras atividades, sob pena de não poderem exercer a contento as suas finalidades principais.

Assim, entendo que essas proibições da CLT se encontram revogadas, porque incompatíveis com a liberdade sindical constitucionalmente assegurada.

Desde que mantido o caráter acessório ou suplementar dessas atividades, são todas elas lícitas e permitidas para as entidades sindicais.

Quanto ao exercício de funções delegadas pelo Poder Público, comungamos do ponto de vista de *Oscar Ermida Uriarte*[80], de que a organização sindical se subordina, entre outros, a dois princípios, a que denomina *princípio da pureza e princípio da autonomia*.

O *princípio da pureza* prescreve que o sindicato de empregados deve agrupar exclusivamente trabalhadores, e a organização de empregadores exclusivamente patrões. Seu cumprimento é base indispensável para a autenticidade e independência das respectivas organizações.

O *princípio da autonomia*, também denominado de *autarquia sindical*, infere-se do princípio da pureza e indica que o sindicato deve manter-se independente frente aos empregadores, frente às organizações patronais e frente ao Estado, em sua origem, desenvolvimento e estrutura.

Diante de tais princípios, é evidente que o sindicato não deve exercer quaisquer funções ou prerrogativas do Poder Público, como, por exemplo, as de fiscalização e imposição de sanções pelo descumprimento da legislação trabalhista, sob pena de perda da sua independência e de criação de relações de subordinação que, no Estado de Direito, o cidadão somente deve ter em relação ao próprio Estado, e não a associações representativas de grupos ou de categorias específicas.

O que cabe ao sindicato, em todos os níveis, é colaborar e atuar como órgão consultivo do Poder Público, como prevêem a Convenção n. 144 da OIT sobre *a Consulta Tripartite*, o art. 10 da Constituição Federal de 1988 e o art. 513, letra *d*, da CLT.

---

(80) URIARTE, Oscar Ermida. *Op. cit.*, p. 59.

VIII. CONCLUSÕES

A liberdade é um direito individual fundamental constitucionalmente assegurado, pertencente ao mundo jurídico, que deve ser disciplinada pela Lei, na medida em que a liberdade de cada um deve harmonizar-se com a liberdade de terceiros.

No Brasil, com a Constituição de 1988, os vínculos jurídicos do sindicato com o Estado foram quase totalmente rompidos, por força do disposto no art. 8º, acentuando o seu caráter privatista e a sua função de órgão de defesa de interesses coletivos e individuais dos trabalhadores e empregadores.

A personalidade jurídica do sindicato no Brasil é civil-sindical.

A aquisição da personalidade jurídica sindical se dá com o registro no Ministério do Trabalho.

O sindicato, para representar em juízo o interesse individual de qualquer membro da categoria, necessita de procuração, salvo quando legitimado extraordinariamente.

A liberdade sindical correlaciona-se num sistema integrado com as liberdades públicas em geral, em especial com o princípio da legalidade, com a liberdade de locomoção e com a de associação. Um movimento sindical livre somente pode desenvolver-se dentro do regime democrático em que se assegure o respeito aos direitos humanos fundamentais.

O art. 8º, II, da Constituição, consolidou a responsabilidade do sindicato de proteger os interesses individuais dos membros da categoria, como ocorre, por exemplo, na homologação da rescisão do contrato de trabalho (CLT, art. 477, § 1º) e na prestação de assistência judiciária (Lei n. 5.584/70).

A liberdade sindical deve ser um instrumento de apoio e de expressão da liberdade individual e não de sua limitação ou cerceamento.

As chamadas *cláusulas sindicais* somente são lícitas se não violam o princípio da isonomia e a liberdade de acesso a qualquer trabalho, ofício ou profissão, e desde que resultantes de negociação coletiva entre sindicatos e empregadores.

A ampla liberdade de reunião, independentemente de autorização de qualquer autoridade, é uma garantia fundamental da liberdade sindical. Qualquer restrição ao exercício desse direito somente pode ocorrer no estado de sítio ou de defesa, decretado com as formalidades exigidas pela Constituição.

A liberdade de expressar opinião, pela imprensa ou por qualquer outro meio de comunicação, é uma garantia essencial da liberdade sindical.

No sistema da unicidade sindical, é legitima a proibição de exercício de atividades político-partidárias pelos sindicatos, pois a única entidade que representa todos os membros da categoria não pode estar vinculada a um grupo político determinado.

São garantias específicas da liberdade sindical: a liberdade de formação de sindicatos; a liberdade de filiação e de desfiliação sindical; a liberdade de escolha dos dirigentes sindicais, a livre administração das organizações sindicais; a proibição de intervenção, suspensão e dissolução das entidades sindicais, salvo por ordem judicial; a liberdade de filiação a entidades sindicais de grau superior e às organizações internacionais de empregadores e de trabalhadores; a proteção contra a discriminação anti-sindical; a proteção contra a ingerência de outras categorias; o exercício de suas prerrogativas essenciais de representação e defesa dos interesses dos membros da categoria; o exercício de quaisquer outras atividades, desde que necessárias ou úteis ao preenchimento de sua finalidade essencial; e a independência em relação ao Poder Público, vedado o exercício de qualquer função estatal delegada.

A unicidade sindical é o sistema de representação dos trabalhadores mais apto a assegurar a defesa dos seus interesses. Para que não se torne um instrumento de ingerência do Estado na vida sindical, a unicidade não deve ser legalmente imposta, mas resultar da livre resolução dos próprios trabalhadores.

No regime da unicidade sindical, a liberdade sindical traduz-se fundamentalmente pelos poderes de auto-organização e auto-gestão.

A proibição de ingerência na atividade sindical pelo Estado, estabelecida na Constituição Federal, não afasta a disciplina legal para fixação de pré-requisitos necessários à sua formação, registro e funcionamento democrático e à garantia de sua representatividade.

A lei pode estabelecer formalidades para a fundação de um sindicato, a fim de assegurar a publicidade de sua constituição, o amplo acesso aos seus quadros e às suas deliberações por todos os membros da categoria e a sua gestão democrática. As formalidades legais não podem dificultar a criação de Sindicatos, nem sujeitar a sua criação à prévia autorização governamental.

São regras legais que não restringem a liberdade sindical as que versem sobre:

a) número mínimo de associados;

b) denominação, sede, categoria e base territorial;

c) atribuições, normas gerais sobre o processo eleitoral e das votações, casos de perda do mandato e de substituição dos administradores;

d) modo de constituição e de administração do patrimônio social e destino que lhe será dado em caso de dissolução;

e) condições para a dissolução da entidade;

f) registro sindical.

O amplo direito de filiar-se e desfiliar-se, estabelecido no inciso V do art. 8º da Constituição, revogou os benefícios e vantagens concedidas pelos arts. 544, 546 e 547 da CLT aos empregados e empresas sindicalizadas.

A lei pode estabelecer a desfiliação compulsória do empregado que deixa de exercer a atividade ou profissão da categoria para passar a exercer outra.

A lei não pode impor a desfiliação do empregado que deixa de exercer a atividade ou a profissão da categoria, sem se vincular a outra, como nos casos de assunção de mandato político e de desemprego.

A lei pode impor a conservação da filiação do aposentado que tenha deixado de exercer qualquer outra atividade laborativa.

A lei não pode estabelecer prazo de filiação para que o associado ao sindicato possa concorrer a mandato sindical, estando, pois, revogado o art. 529, letra *a*, da CLT.

A proibição de candidatura a mandato sindical por associado que tenha sofrido condenação criminal é matéria de alçada do estatuto de cada organização, vedada qualquer proibição fundada em delito que não seja incompatível com a atividade sindical, pelo seu caráter discriminatório.

A lei deve vedar a proibição de filiação por motivos político-partidários ou ideológicos.

A autoridade pública deve abster-se de interferir nas eleições sindicais, seja na fixação das condições de elegibilidade dos dirigentes, seja no desenvolvimento do pleito.

Estão revogados os arts. 524, § § 1º a 5º, e 529 a 532 da CLT.

A lei pode exigir que as eleições sejam convocadas mediante editais, com o prévio registro de candidatos; que os dirigentes sejam titulares de mandatos a prazo determinado fixado no estatuto; que o voto seja secreto; que das mesas eleitorais e de apuração participem representantes de todos os grupos concorrentes.

A lei pode fixar o limite máximo de cargos de direção, na proporção do número de trabalhadores filiados.

O Direito Eleitoral comum aplica-se por analogia às eleições sindicais.

O poder de auto-organização das entidades sindicais pode ser disciplinado pela lei, para prevenir abusos, proteger os próprios filiados e assegurar um procedimento imparcial por parte dos dirigentes sindicais.

Não ofendem a liberdade sindical as disposições legais que estabeleçam: a temporariedade dos mandatos sindicais, a obrigatoriedade de Assembléia Geral anual para aprovação do relatório, da prestação de contas e do programa de ação da Diretoria, o registro dos livros contábeis no Ministério do Trabalho e o arquivamento anual dos balanços em repartição oficial, a obrigatoriedade de submeter as contas anuais ao parecer de uma auditoria externa independente, a votação secreta nas Assembléias para aprovação das contas, para a eleição dos dirigentes e outras deliberações importantes (CLT, art. 524), registro em livro próprio dos associados (CLT, art. 527), exigência de avaliação prévia e de deliberação da Assembléia Geral para alienação, locação e aquisição de imóveis (CLT, art. 549).

São incompatíveis com a liberdade sindical, estando, pois, revogadas, as seguintes normas: a limitação do exercício de cargos eletivos por brasileiros (CLT, art. 515, *b* e *c*), a gratuidade dos mandatos sindicais (CLT, art. 521, *c*), a remuneração dos órgãos dirigentes e as suas atribuições (CLT, arts. 523 e 538), a interferência na administração do sindicato pelo Ministério do Trabalho (CLT, art. 525, parágrafo único, letra *a*), limitações na contestação de empregados (CLT, art. 546); limitações à elegibilidade de candidatos (CLT, arts. 529 e 530); intervenção administrativa e nomeação de junta interventora (CLT, art. 528); recurso ao Ministério do Trabalho contra as deliberações dos órgãos sindicais (CLT, art. 542) e a destinação da aplicação das receitas sindicais (CLT, arts. 592 e 593).

A contribuição confederativa pode ser exigida de todos os membros da categoria; o desconto em folha da contribuição assistencial depende de autorização do empregado.

Estão revogados os arts. 553, 554, 555 e 557 da CLT, que prevêem a suspensão e destituição de dirigentes sindicais, a suspensão das atividades dos sindicatos e a sua dissolução por decisão de autoridade administrativa.

Enquanto não for regulada em lei própria, a dissolução ou suspensão das atividades dos sindicatos por via judicial está sujeita ao disposto no art. 5º, inciso XIX, da Constituição, no art. 2º do Decreto-lei n. 9.085/46 e no Decreto-lei n. 41/66.

A lei poderá vir a regular a intervenção, a dissolução e a suspensão de atividades ou de dirigentes sindicais, desde que atendidos os seguintes pressupostos:

a) ser decidida por órgão judicial;

b) fundamentar-se em motivos precisos, caracterizadores de grave ilegalidade, desvio de finalidade ou exercício de atividades ilícitas pelo sindicato ou por seus dirigentes;

c) o processo judicial deve garantir aos sindicato e aos seus dirigentes o mais amplo direito de defesa;

d) a decisão não deve ser exeqüível antes do trânsito em julgado, salvo quanto ao bloqueio de fundos e outras matérias urgentes.

O parágrafo único do art. 556 da CLT é incompatível com a Constituição, por seu caráter nitidamente confiscatório.

Enquanto lei não dispuser a respeito, o destino do patrimônio sindical em caso de dissolução é matéria do estatuto de cada entidade, com suporte no art. 518, § 1º, alínea *e*, da CLT.

A liberdade sindical inclui o direito de constituir e de filiar-se livremente a federações e confederações.

Não mais vigoram, em caráter impositivo, o rol de Confederações estabelecido no art. 535 da CLT, nem os §§ 2º e 3º do art. 534 da CLT.

É livre a filiação de entidades sindicais a organizações internacionais, independentemente de qualquer autorização do Poder Público, estando, pois, revogados o art. 565 da CLT e o Decreto-lei n. 1.149/71.

Aplica-se à liberdade sindical a garantia contra atos discriminatórios prevista no art. 5º, inciso XLI, da Constituição.

A estabilidade do dirigente sindical, o disposto no art. 7º, parágrafo único, da Lei n. 7.783/89 e na Convenção n. 135 da OIT são algumas das aplicações dessa garantia.

A proibição de interferências estranhas na vida sindical, prevista no art. 525 da CLT, e o crime capitulado no art. 199 do Código Penal não são garantias suficientes da não-intromissão de terceiros na atividade sindical. A lei deverá regular a matéria, explicitando recursos e sanções contra esses atos de ingerência.

As prerrogativas essenciais dos sindicatos são as do art. 513 da CLT, entre as quais sobressai a de representar os membros da categoria na negociação coletiva. As atribuições previstas nos arts. 513, parágrafo único, 514, *caput* e parágrafo único, são secundárias, devendo os sindicatos exercê-las na medida do possível, sem prejuízo de suas prerrogativas essenciais.

O exercício de quaisquer outras atividades pelo sindicato, como as atividades econômicas, educacionais e culturais, não pode ser proibido, desde que acessórias e auxiliares da sua missão precípua de representação e defesa dos interesses da categoria, estando, portanto, revogados os arts. 521, letra *d*, e 564 da CLT.

A independência que o sindicato deve manter em relação aos empregadores, às organizações patronais e ao Estado impede que a lei lhe atribua o exercício de funções delegadas do Poder Público, devendo a sua colaboração com o Estado restringir-se à atividade consultiva, nos termos da Convenção n. 144 da OIT, do art. 10 da Constituição e do art. 513, letra *d*, da CLT.

BIBLIOGRAFIA

ARISTÓTELES. *A política*. São Paulo: Atena, 1963.

AVILÉS, Antonio Ojeda. *Derecho sindical*. 6. ed. Rio de Janeiro: Tecnos, 1992.

BARROS, Alice Monteiro. *Curso de direito do trabalho*. São Paulo: LTr, 2005.

BARROS, Hamilton de Moraes e. A proteção jurisdicional dos direitos humanos no direito positivo brasileiro. In: *Revista de Informação Legislativa*, p. 66, out./dez. 1971.

BASTOS, Celso Ribeiro. *Curso de direito constitucional*. 16. ed. São Paulo: Saraiva, 1995.

_____ . *Comentários à Constituição do Brasil*. 16. ed. São Paulo: Saraiva, 1995.

BERLIN, Isaiah. *Quatro ensaios sobre a liberdade*. Brasília: Universidade de Brasília, 1969.

BRITO FILHO, José Cláudio Monteiro de. *Direito sindical*. São Paulo: LTr, 2000.

BONNARD, Roger. *Sindicalismo, corporativismo, e estado corporativo*. Tradução, prefácio e anotação de Themistócles Brandão Cavalcanti. Rio de Janeiro: Freitas Bastos, 1938.

BOTIJA, Eugenio Perez. *Derecho del trabajo*. Madri: Tecnos, 1960. v. VI.

BUEN, Nestor. *Derecho del trabajo*. 3. ed. México: Porrúa, 1979. t. II.

BUENO, Pimenta. Direito público brasileiro e análise da Constituição do Império. Ministério da Justiça, *Serviço de Documentação*, 1958.

CABANELLAS, Guillermo. *Compendio de derecho laboral*. Buenos Aires: Omeba, 1968. tomos I e II.

CALMON, Pedro. *Curso de direito constitucional brasileiro*. Rio de Janeiro: Freitas Bastos, 1951.

CARCOPINO, Jérome. *La vida cotidiana em Roma*. Esp. por Ricardo A. Carminos. Buenos Aires: Hachette, 1942.

CARNELUTTI, Francesco. *Sistema de derecho procesal civil*. Trad. Niceto Alcalá-Zamora Y Castillo e Santiago Sentis Melendo. Buenos Aires: Uteha, 1944. v. I.

CARRION, Valentin. *Comentários à Consolidação das Leis do Trabalho*. 19. ed. São Paulo: Saraiva, 1995.

CATHARINO, José Martins. *Tratado elementar de direito sindical*. 2. ed. São Paulo: LTr, 1982.

CESARINO JÚNIOR, Antônio Ferreira. *Direito social brasileiro*. São Paulo: Saraiva, 1970. v. I.

CHAMOUN, Ebert. *Instituições de direito romano*. Rio de Janeiro: Forense, 1951.

CHAVES, Pires. *Da execução trabalhista*. Rio de Janeiro: Forense, 1955.

CINTRA, Antônio Carlos Araújo; GRINOVER, Ada Pellegrini; DINAMARCO, Cândido Rangel. *Teoria geral do processo*. 19. ed. São Paulo: Malheiros, 2003.

_____. *Convenios y recomendaciones del trabajo* — 1919-1984. Genebra: OIT, 1985, p. 707.

COLLIARD, Claude-Albert. *Libertés publiques*. Paris: Dalloz, 1972.

CONGRESSO NACIONAL. *Proposta de emenda constitucional n. 29/03*. Autoria: deputados federais Maurício Rands e Vicentinho. Disponível em: <http://www.adumesp.org.br/reformas/sindical/pec29.htm> Acesso em: 20 maio 2008.

COTRIM NETO, A. B. *Direito administrativo da autarquia*. Rio de Janeiro: Freitas Bastos, 1966.

CRETELLA JUNIOR, José. *Comentários à Constituição de 1988*. 3. ed. Rio de Janeiro: Forense, 1992. v. I.

_____. *Comentários à Constituição de 1988*. 3. ed. Rio de Janeiro: Forense, 1992. v. I.

CUPIS, Adriano de. Os direitos da personalidade. Coleção *Doutrina*. Lisboa: Morais, 1961. Tradução de Adriano Vera Jardim e Antonio Miguel Caieiro.

DELGADO, Mauricio Godinho. *Curso de direito do trabalho*. São Paulo: LTr, 2006.

DONATO, Messias Pereira. *Curso de direito do trabalho*. 2. ed. São Paulo: Saraiva, 1979.

DORIA, A. de Sampaio. *Os direitos do homem, curso de direito constitucional*. São Paulo: Nacional, 1946. v. 2.

_____. *Direito constitucional — Comentários à Constituição de 1946*. São Paulo: Max Limonad, 1960. v. 4.

DUGUIT, Leon. *Manuel de droit constitutionnel*. Paris: Albert Fontemoing, 1907.

DURAND, Paul; VITU, André. *Traité de droit du travail*. Paris, 1956. tomo III.

ESPÍNOLA, Eduardo. *Constituição dos Estados Unidos do Brasil, de 18 de setembro de 1946*. Rio de Janeiro: Freitas Bastos, 1952. v. 2.

FERREIRA, Luiz Pinto. *Princípios gerais do direito constitucional moderno*. Rio de Janeiro: Forense, 1951. v. I.

_____. *Curso de direito constitucional*. São Paulo: Saraiva, 1978. v. 1.

_____. *Comentários à Constituição brasileira*. São Paulo: Saraiva, 1989. v. 1.

FOLCH, Alejandro Gallart. *Derecho español del trabajo*. Barcelona: Labor, 1936.

FRANCO, Afonso Arinos de Melo. *Curso de direito constitucional brasileiro*. Rio de Janeiro: Forense, 1958. v. 1.

FRANCO FILHO, Georgenor de Sousa. *Liberdade sindical e direito de greve no direito comparado: lineamentos*. São Paulo: LTr, 1992.

GARAUDY, Roger. *La libertad*. Trad. do francês de Sara Manso. Buenos Aires: Lautas, 1960.

GARCIA, Maria. *Desobediência civil — direito fundamental*. São Paulo: Revista dos Tribunais, 1994.

GIANNOTTI, Edoardo. *A tutela constitucional de intimidade*. Rio de Janeiro: Forense, 1987.

GOMES, Orlando; GOTTSCHALK, Elson. *Curso de direito do trabalho*. Rio de Janeiro: Forense, 1968.

GRECO, Leonardo. O acesso ao direito e à justiça. In: *Revista Jurídica da Unirondon*, Cuiabá, Faculdades Integradas Cândido Rondon, n. 1, p. 19, mar. 2001.

HAURIOU, Maurice. *Princípios de direito público e constitucional*. Trad. esp. por Carlos Ruiz Del Castillo. 2. ed. Madri: Instituto Editorial Réus, s/índice de data.

IHERING, Rudolf Von. *El fin en el derecho*. Buenos Aires: Atalaya, 1945.

JACQUES, Paulino. *Curso de direito constitucional*. Rio de Janeiro: Forense, 1967.

KROTOSCHIN, Ernesto. *Instituciones de derecho del trabajo*. Buenos Aires: Depalma, 1947.

_____ . *Instituciones del derecho del trabajo*. 2. ed. Buenos Aires: Delpama, 1968.

LAFER, Celso. *Ensaios sobre a liberdade*. São Paulo: Perspectiva, 1980.

_____ . *Las partidas na quarta partida*. Glosadas pelo Licenciado Gregori Lopes, facsímile da edição de 1855, do Governo da Espanha.

LASKI, Harold J. *A liberdade*. Trad. de Pinto de Aguiar. Salvador: Progresso, 1958.

_____ . *A liberdade*. Trad. de Pinto de Aguiar. Salvador: Progresso, [s.d.].

_____ . *Los sindicatos*. Buenos Aires: Fondo de Cultura Económica, 1951.

_____ . *Los sindicatos en la nueva sociedad*. Trad. esp. México: Fondo de Cultura Económica, 1951.

LEITE, Julio Cesar do Prado. *Comentários à Constituição Federal*. Rio de Janeiro: Trabalhistas, 1989. v. 1.

LIMA, Oliveira. *História da civilização*. 13. ed. São Paulo: Melhoramentos, 1963.

MAGANO, Octavio Bueno. *Organização sindical brasileira*. São Paulo: LTr, 1982.

MAGANO, Octavio Bueno; MALLET, Estêvão. *O direito do trabalho na Constituição*. 2. ed. Rio de Janeiro: Forense, 1993.

MAGANO, Octavio Bueno. A Organização sindical na nova Constituição. *Revista LTr*, n. 53, 1989, p. 43.

MAIOR, Souto. *História geral*. 9. ed. São Paulo: Nacional, 1969.

MALTA, Christovão Tostes; FIORÊNCIO JUNIOR, José. *Introdução ao processo trabalhista*. Rio de Janeiro: Freitas Bastos, 1961.

MARANHÃO, Délio. *Direito do trabalho*. Rio de Janeiro: Fundação Getúlio Vargas, 1964.

MARQUES, Hernaniz. *Tratado elemental de derecho del trabajo*. 3. ed. Buenos Aires: Argentina, 1993.

MARTINS, Sergio Pinto. *Direito do trabalho*. 21. ed. São Paulo: Atlas, 2004.

MATOS, Leonardo Rabelo. *Centrais sindicais e as perspectivas de reforma sindical brasileira*. Rio de Janeiro: Câmara Brasileira de Jovens Escritores, 2006.

MAXIMILIANO, Carlos. *Hermenêutica e aplicação do direito*. 10. ed. Rio de Janeiro: Forense, 1951.

_____ . *Comentários à Constituição brasileira*. Rio de Janeiro: Jacintho Ribeiro dos Santos, 1918.

MELGAR, Alfredo Montoya. *Derecho del trabajo*. 2. ed. Madri: Tecnos, 1978.

MELLO, Celso. Comentários a voto proferido no STF-R-MS- 21.305-1-DF-AC.TP, 17.10.91.

Revista LTr, São Paulo, v. 56, n. 1, p. 16, 1992.

MILL, John Stuart. *Sobre a liberdade*. Petrópolis: Vozes, 1991.

MIRANDA, Francisco Cavalcanti Pontes de. *Comentários à Constituição de 1967 com a Emenda n. 1 de 1969*. Rio de Janeiro: Forense, 1971. tomo V.

MONTESQUIEU. *De l'esprit des lois*, lib. XI, cap. III, t. 1º, p. 162.

MORAES FILHO, Evaristo de. *O problema do sindicato único no Brasil*. São Paulo: Alfa Ômega, 1978.

_____ . *Introdução ao direito do trabalho*. São Paulo: LTr, 1971.

_____ . Prefácio e tradução ao livro de Florense Peterson, *Sindicatos operários-americanos: o que são e como funcionam*. São Paulo: Agir, 1953.

_____ . *Sindicato, organização e funcionamento*. São Paulo: LTr, 1980.

MOSSÉ-BASTIDE, Rose-Marie. *La liberté*. Paris: PUF, 1976.

NASCIMENTO, Amauri Mascaro. *Direito sindical*. 2. ed. São Paulo: Saraiva, 1991.

_____ . *Curso de direito do trabalho*. 10. ed. São Paulo: Saraiva, 1992.

_____ . *Curso de direito do trabalho*. 11. ed. São Paulo: Saraiva, 1995.

_____ . *Direito do trabalho na Constituição de 1988*. 2. ed. São Paulo: Saraiva, 1991.

NEVES, Celso. Legitimação ordinária dos sindicatos. *Revista LTr*, n. 53, 1989, p. 905.

OIT. *La libertad sindical, recopilación de decisiones y principios del comité de libertad sindical del consejo de administración de la OIT*. 3. ed. Genebra: OIT, 1985.

_____ . *La libertad sindical*. 3. ed. Genebra, 1985, § 140.

_____ . *Documents de droit social*. Genebra, 1993/1.

OLIVEIRA, Dalva Amélia. *Reformas — a atualização da legislação trabalhista e os direitos fundamentais no trabalho, segundo a declaração de princípios da OIT*. São Paulo: LTr, 2004.

OPPENHEIM, Felix E. *Conceptos políticos. Una reconstrucción*. Madri: Tecnos, 1987.

PAZ, Otávio. A experiência da liberdade. In: *O Estado de S. Paulo*, 14 out. 1990.

PELLEGRINI, Domingos. Nosso deserto. In: *O Estado de S. Paulo*, 4 dez. 1991.

PIMENTA, Joaquim. *Enciclopédia de cultura*. 2. ed. Rio de Janeiro: Freitas Bastos, 1963. v. II: Verbete Trabalho.

PRADO JUNIOR, Caio. *Dialética do conhecimento*. São Paulo: Brasiliense, 1955. tít. II.

RAMOS FILHO, Wilson. Novos sindicatos: desmembramento, registro, representatividade. *Revista LTr*, São Paulo, 56, n. 10, p. 1203, 1992.

RIVERO, Jean. *Les libertés publiques*. Paris: Presses Universitaires de France, 1973. I, Les droits de L'homme.

RODRIGUEZ, Américo Plá. *Liberdad sindical*. Genebra: OIT, 1959.

ROMITA, Arion Sayão. *Direitos fundamentais nas relações de trabalho*. São Paulo: LTr, 2005.

_____ . (Coord.) *Sindicalismo*. São Paulo: LTr, 1986.

_____ . *Sindicalismo, economia, estado democrático, estudo*. São Paulo: LTr, 1993.

ROUSSEAU, J. J. *Discurso sobre as ciências e as artes e sobre a origem da designação.* São Paulo: Atena, [s.d.].

ROZICKI, Cristiane. *Aspectos da liberdade sindical.* São Paulo: LTr, 1998.

RUSSOMANO, Mozart Victor. *Comentários à CLT.* Rio de Janeiro: Forense, 1993. v. II.

_____ . *Comentários à CLT de acordo com a Constituição de 1988.* 16. ed. Rio de Janeiro: Forense, 1994. v. II.

_____ . *Direito sindical:* princípios gerais. Rio de Janeiro: Forense, 2003.

SAAD, Eduardo Gabriel. Temas trabalhistas (9). In: *Suplemento Trabalhista,* São Paulo: LTr, n. 127/94.

_____ . *Constituição e direito do trabalho.* São Paulo: LTr, 1989.

SCELLE, Georges. *Precis de legislation industrielle.* Paris: Sirey, 1927.

SPENCER, Hebert. *Instituciones industriales.* Madri: La España Moderna, [19—].

SILVA, José Afonso da. *Curso de direito constitucional positivo.* 10. ed. São Paulo: Malheiros, 1995.

SPYROPOULOS, G. *La liberté syndicale.* Paris: Droit, 1956.

SÜSSEKIND, Arnaldo. *Instituições de direito do trabalho.* São Paulo: LTr, 2003. v. 1.

SÜSSEKIND, Arnaldo et al. *Instituições de direito do trabalho.* 15. ed. São Paulo: LTr, 1995. v. 2.

_____ . Formas de organização sindical. In: *Revista do Trabalho,* São Paulo: LTr, p. 9, jan./fev. 1953.

_____ . *Direito constitucional do trabalho.* Rio de Janeiro: Renovar, 2004.

TEIXEIRA, João Regis F. *Introdução ao direito sindical.* São Paulo: Revista dos Tribunais, 1979.

TORNAGHI, Hélio. *Compêndio de direito processual penal.* Rio de Janeiro: José Konfino, 1967. v. I.

TORRES, Ricardo Lobo. Os mínimos sociais, os direitos sociais e o orçamento público. In: *Revista de Ciências Sociais da UGF,* Rio de Janeiro, Edição Especial — Direitos Humanos, p. 70/71, dez. 1997.

URIARTE, Oscar Ermida. *Sindicatos en libertad sindical.* 2. ed. Montevideo: Fundación de Cultura, 1991.

_____ . *La protección contra los actos antisindicales.* Montevideo: Fundación de Cultura, 1987.

VIANNA, José de Segadas. *Organização sindical brasileira.* Rio de Janeiro: Cruzeiro, 1943.

Produção Gráfica e Editoração Eletrônica: **R. P. TIEZZI**
Capa: **ELIANA C. COSTA**
Impressão: **HR GRÁFICA E EDITORA**